ポール・ケリー

リベラリズム

リベラルな平等主義を擁護して

佐藤正志・山岡龍一・隠岐理貴・石川涼子・田中将人・森達也 訳

Paul Kelly

Liberalism

新評論

日本語版に寄せて

本書の英語版初版は二〇〇五年に『リベラリズム』(Liberalism)というタイトルで出版された(「リベラルな平等主義を擁護して」という副題は、邦訳出版にあたって、著者と相談のうえ付した)。本書はその翻訳なので、このタイトルには説明が必要である。このタイトルで出版社と合意した理由の一つは、原書が「キーコンセプト」(主要な諸概念)というシリーズの一冊であったことである。しかしながら、たとえそうでも、このタイトルとなったことの十分な説明にはならない。リベラリズムは幅広いトピックで、この同じタイトルで、かろうじて緩やかな結びつきをもつ広範囲の議論を扱ったたくさんの本がある。リベラリズムは、イギリスにおける政党政治の一つの伝統の名称であり、社会主義や保守主義と並ぶイデオロギーの名称でもある。私の本の主題は、それらのトピックとはせいぜい間接的につながっているだけである。イデオロギーとしてのリベラリズムを説明するくだりでは、ロックやミルといった主要な哲学者や、ホブハウスやグリーンといったマイナーな思想家への言及がなされるであろうが、ベンサムのように、最初のリベラルの一人とみなされたものの(特に一九世紀初頭のスペインにおける彼の党派的信奉者によって、英語のその用語が受け継がれた）、私が扱うアプローチには含まれない思想家たちもいるであろう。最後に、米国の一般的な言説では、リベラリズムとは、ヨーロッパで非マルクス主義的社会民主主義とみなされているものの簡略表現である。これも一つのイデオロギー的な立場ではあるが、本書とはより密接な関係がある。私が検討し、擁護するのは、そのような米国の慣用語法を支える政治的思考への哲学的アプローチである。そこでのリベラリズムとは、出版されてからちょうど五〇年を迎えたロールズの『正義論』〔初版一九七一年〕以来、英語圏の政治哲学において発展してきたリベラルな平等主義(liberal-egalitarianism)の伝統として理解するのが一番わかりやすい。この本を書くにあたって私が目指したのは、リベラルな平等主義が意味する政治哲学の一貫した説明を示すことだった。そのため、本書は、その伝統の本質や、リベラルな平等主義の秩序のために展開された議論として最も強力な議論になりそうなものに対して、現在も続いている論争の中で一つの立場をとることになる。

もちろん、異なる時代に構想されたこの本に戻るにあたって、論争がどのように変化し、進展してきたかに無関心でいることはできない。リベラルな平等主義の優位性は、とりわけリバタリアニズム（ロバート・ノージックによって鼓舞された）やコミュニタリアニズム（マイケル・サンデル、チャールズ・テイラー、マイケル・ウォルツァーによって鼓舞された）、また同様にフェミニズムによって常に異議を唱えられてきた。しかし、二〇〇八年の金融危機〔リーマン・ショック〕以降、リベラルな平等主義のヘゲモニーに挑戦する、これまでのものとは異なる様々な視点が生まれてきた。リベラルな平等主義を支えていたコスモポリタン国家のモデルの弱点は、金融危機の最悪の事態が海外に押しつけられるのにともなって、西側民主主義諸国により良い生活を求めて避難する無国籍の経済移民の挑戦によって白日の下にさらされた。移民や難民の問題は新しいものではなかったが（ハンナ・アーレントも扱っている）、自律的な国家のモデルを有するリベラルな平等主義にとって中心的なものではなかった。政治理論は、正義と平等を考える上で、国家の本質と位置づけの再検討に向かい、そのことがまた、政治的リアリズムが復活し、政治理論が倫理や道徳から遠ざかるという結果をもたらした。もし本書の完全な新版を出すとしたら、間違いなく、何をおいてもこれらの問題を取り上げることになるであろう。しかし、これらの問題における変化は、本書で擁護されている中心的な立場を損なうものではなく、また、筆者の考える限り、本書の根本的な議論を損なうものでもない。もちろん、議論は常に新しい学術的業績によって改善されうるが、それは、それらの議論が大幅に修正されたり、完全に置き換えられたりする必要があることと同じではない。とはいえ、すべての政治理論や政治哲学は、本質的に議論への招待であり、哲学における多くの議論は、簡単に脇に置いたり、解決したりすることができないゆえにこそ、最も興味深いのである。リベラルな平等主義の明確化と擁護は、本書が最初に出版されたときと同様に重要である。

本書の翻訳を手がけた佐藤教授とその仲間たちに感謝する。彼らは新しい文脈でこれらの議論を再検討するよう誘ってくれた。この文脈において、リベラルな平等主義の挑戦は依然として喫緊の課題なのである。

二〇二一年一一月

ロンドンにて

ポール・ケリー

わが両親G・W・グレッグ・ケリーとP・J・ケリーに捧げる

序文と謝辞

リベラリズムに関する本はたくさんある。そのすべてに共通する点がある一方で、重要な点ですべての本が異なっている。もし、あらゆる政治理論やイデオロギーが議論の余地のない単一の性格をもっているなら、書籍の数ははるかに少なくなり、政治理論家が為すべきこともはるかに少なくてすむだろう。幸いなことに、政治理論はそのような安定した性格をもってはいない。常に修正や書き直しの余地がある。それが、この本を出版する根拠の一部である。私は本書で、規範的な政治理論としてのリベラリズムを解説する。その際、何が本質的で今日的な意義があり、何が重要でないか、あるいはたんに歴史的興味にすぎないかの判断にあたり、私は一つの立場をとる。そのため、読者の中には、自分の好むリベラルの教祖的存在を私が取り上げていないことに驚く向きもあるかも知れない。しかし、私の目的は、可能な限りすべてのリベラルな思想の源泉や思想家を包括的に概説することではない。そのような計画が可能だとは私には思えない。とはいえ、私のアプローチはたんに恣意的で独善的なものではない。私が取り上げるタイプのリベラリズムは、現代の政治哲学や政治理論の中で生きている、ありふれたものである。好きでも嫌いでも、それを無視することはできない。だが、同様に、それとは大きく異なるリベラリズムの変種と取り違えないようにしなければならない。この変種が広く普及しており、絶えず他の理論や運動との混同あるいは融合が起こっている。この状況が、リベラリズムに関する新たな本が書かれる余地があることを私に示唆した。LSE〔ロンドン・スクール・オブ・エコノミクス、ロンドン大学を構成する社会科学専門のカレッジ〕の私の学生たちは、何年もの間、政治的リベラリズムについての、本書くらいのコンパクトな本による解説を求めてきた。したがって以下の内容については彼ら／彼女らにも責任の一端があるが、全面的にではない。この本は、ブダペストのCEU〔中央ヨーロッパ大学〕、北京の北京大学、福岡と東京の大学〔九州大学、東京都立大学、中央大学、早稲田大学、東京大学〕で行われた講義やセミナーからも恩恵を得ている。これらすべての場所での経験のおかげで、私は政治的リベラリズムの核心にある市民の平等という思想が、大西洋の民主主義諸国の出身で、象牙の塔の中で特権を享受する学者たちの空想にすぎないものではないと考えるにいたった。私を招聘し、このような機会を与えてくれたアンドラーシュ・シャイオ教授、チャン・リー教授、関源太郎教授に感謝する。とりわけ、かれらの寛大さ――イギリスの大学ではますます互いに与え合うことが難しくなっているもの――に感謝している。

特別に言及しなければならない多くの人が存在する。ブライアン・バリーは、自分の本を書き上げなければならないというプレッシャーの中、本書を読む時間をとってくれた。いつものように、私は彼の寛大さと賢明な助言に（またアニー・パーカーの助言にも）感謝している。マット・クレイトンはポリティ〔本書の原出版社〕のために原稿を読み、コメントしてくれた。本書に関する彼のレポートは良識の模範となるものであった。私は彼の批判のすべてに対応するよう努力したが、彼の助言に従わなかったところがあるとしても、それは意見の相違を示すものととられるべきではない。この本は、もっと長く、もっと詳しく、そしてもっとよく書けたかも知れない。ポリティでは、ルイーズ・ナイトの熱意とアンドレア・ドラガンの支援の恩恵を受けた。出版者でありり同僚でもあるデイヴィッド・ヘルドの貢献も特筆に値する。彼は素晴らしく協力的で情熱的な同僚であり、ポリティは彼のおかげで政治理論家が第一に選ぶ出版社となった〔ヘルド（一九五一～二〇一九年、イギリスの政治学者）は社会学者アンソニー・ギデンズとともにポリティを創設した〕。同じ階に出版社があるのも便利なものだ。とはいえ、彼は本書への助力を断ることもできた。彼がそうしなかったことに、私は心から感謝している。

最後に、そして恐らくはリベラルな平等主義をテーマにした本としては不思議なことに、この本では家族が重要な役割を果たしている。私は長年にわたり、しばしば本書で取り上げられている問題について、両親と議論を続けてきた。両親は私の道徳的・政治的思考の最初の教師であり、私は今でも両親から学び続けている。両親は、後に政治理論であることが分かるものへの情熱的な興味を植えつけてくれたし、私がこれまでに学んできたことに対して、常に納得しているわけではないにせよ、関心をもち続けてくれている。この本は両親のためのものである。また、私は自分の子供であるトムとルースからも学んできた。それは二人が成人してからも変わらない。二人は、本書に書かれている多くの問題について議論を重ねてきた。私が本書のどこでかれらの問いに答えようとしているか、二人には分からないかも知れないが、私には分かる。妻のアンは、懐疑的な対話者であり続け、私が行うすべてのことを大黒柱として支えてくれている。この賛辞は恐らく、彼女の上手なユーモア、サポート、そして忍耐力に報いるにはかなり粗末な見返りであろう。さらに、ほかにも家族がいる。本書を執筆するにあたり、私は二匹の猫との交友を楽しんだ。二匹は、猫にしかできない方法でこの本に貢献してくれた。

リベラリズム◆目次

＊原注は本文行間に番号を示し、巻末に掲げた。訳注および訳者による補足は本文中に〔　〕で示した。

第1章　序論——リベラリズムとは何か

リベラリズムは、不朽の価値をもつ不安定な成果である。ヨーロッパの歴史と哲学のこの重要な遺産——これを私たちはときに簡略化して、不正確にも啓蒙主義と呼ぶのを好む——は、たんに環大西洋の民主主義諸国や、それらに非常に近い親戚にあたるオーストラリアやニュージーランドといった国々にとってのローカルな重要性を有するにとどまらない。それは、ヨーロッパ内部で、また同時にそれをはるかに超えて、政治的解放を鼓吹し続けるほどの広がりと反響を有している。さらにそれは、哲学的混乱であるとか、還元主義的個人主義であるとか、政治的に単純素朴で無意味であるとか、あるいは文化的帝国主義であるとかといった、ますます常套句となってきた言い方で非難されるような成果ではない。少なくとも私は以下でそう強く主張する。本書は、政治権力の行使に対する適切な制限と、正しい政治的行為の範囲とに関する一つの理論としてのリベラリズムを語り直し、擁護しようとするものである。だが、リベラリズムは、学問の世界にも一般の人々の間にも遍在しており、しばしばヘゲモニーを握るイデオロギーとして、あるいは知的に正統な学説として提示されるほどである。それなのに、なぜあらためてリベラリズムを擁護する必要があるのだろうか。この素朴な疑問に答える中で、私たちは一つのイデオロギーとしての、あるいは政治運動としての、あるいは規範的政治理論へのアプローチとしてのリベラリズムの問題の核心に私たちを導くいくつかの論点を明らかにしてゆく。先の疑問に対して手短に答えるとするならば、それはこの主題に関する近年の書物の多くが、リベラリズムを称賛する（あるいは少なくとも擁護する）よりは、これを葬ってしまう傾向にあるからである。[1]

政治思想史やイデオロギーの歴史の研究者たちは、イデオロギーと政治運動と哲学的立場を結びつけて一つの首尾一貫した統合体にしようと試みて、しばしば複雑で興味深い話を紡ぎ上げる。そうした物語に強い不満をもつ人は常にいる。ちょうどマルクス主義者たちがマルクス主義の特徴についての説明を、不完全であるとか、偏っているとか、歪曲であるとして常に退けようとするように、リベラルたちもまた、リベラリズムとは何であるのかという核心に迫ろうとする試みには、いつも異議を唱えようとするものである。それゆえ、リベラリズムを擁護しようとするどの書物もきっと、次のような批判に直面することになる。すなわち、この本はリベラリズムを歪曲ないし戯画化している、あるいは別の角度から見れば、描かれているもののまさに対極を示すような、不完全な描写を提供しているといった批判である。現代の多くの政治的概念やイデオロギーと同様に、リベラリズムはきわめて論争的な概念であり、とりわけリベラルたち自身の間でそうである。リベラリズムの正史であれば、この競争的な伝統あるいはイデオロギー形態の中心的な構成要素を解きほぐそうとしなければならないであろう。幸いなことに、私は単一のイデオロギー形態としてのリベラリズムの真の歴史を提示することには関心がない。様々な理由——それらは本書における私の議論にとっては重要ではない——から、そのような単一の歴史が可能であるとは私は思わない。異なる国ごとに、リベラリズムについて人が語ることのできる、様々に異なる国民的物語が存在する。これらの歴史叙述のそれぞれが、それぞれに異なる概念、主要な思想家、政治的発展を強調する。こうした様々な国民的物語はすべてが興味深いものであり、一連の複雑な政治的伝統や政治的主張の源泉とその影響に関する私たちの理解を深めてくれる。私は以下においてそうした素材のうちのあるものを選択的に利用する。しかしながら、私はリベラリズムの単一で真のヴィジョンが存在すると主張したいわけではない。また、私が提示するリベラリズムの説明において、歴史はある役割を演じるであろうが、リベラリズムの歴史的説明それ自体を提供することに私の関心があるわけでもない。

どのような歴史的伝統やイデオロギーについても、そのアイデンティティを確立することは、たとえそれが首尾一貫した企てであったとしても、容易な課題ではない。現代の多くの政治思想史家たちが、真摯な歴史家はイデオロギーなどには関与すべきではないと警告している[2]。この警告を心に留め、また同じような哲学的陥穽を避ける必要も認識しているので、私は、本書の主題はリベラリズムと呼びうる多様なアプローチのうちの一つであるとだけ主張する[3]。私は、規範的政治理論としてのリベラリズム、もっと正確には、政治的リベラリズムと呼ばれうるものを扱う。政治的リベラリズムとは、もっと広いリベラルな伝統の中で、リベラルな平等主義的分配原理をその核心に据える一分枝である。それが政治的である理由は、自らの生をいかに生きるべきかについての諸個人の意見の多元性を受け容れることが意図されていることにある。政治的リベラリズムは、個人の道徳に関する完全な理論を提供するのではなく、代わりに現代のデモクラシー社会に見出される様々な道徳的および政治的視点に制限を課す。こうした制限は、各人格の平等な地位と扱いに対するその核心たる規範的な関与《コミットメント》によって決定される。生活の様式ないし三人称の〔第三者に対する〕道徳的要求（他者がどう生きるべきかについての私の考え）は、それらが他者の平等な地位の承認と両立可能な限りにおいてのみ、公共的理性として受け容れられうる。私は、他者がいかに生きるべきかについての私の見解を擁護するために議論し、それを広めるための運動をしてもよいが、他者を私の意見に同調させるために国家権力を用いることはできないのである。政治的リベラリズムは、平等な地位の承認と、しばしば私事化の戦略として言及されるものを包含している。それは、論争を招くような道徳的、政治的、宗教的な見解を、公的で政治的な対立の原因とするのではなく、私的な関心事とする必要性を承認する。ここで注意すべき重要なことは、政治的リベラリズムは道徳的懐疑主義を含意するものではない、ということである。政治的リベラリズムは、道徳化された政治理論である。それは、すべての個人の平等な道徳的価値と地位の承認に由来するが、この見解はまた、現代の民主的な社会における道徳的諸見解の理にかなった〔原語は reasonable、「道理的」「適理的」とも訳される。ロールズは rational（合理的）と区別して、人間は、社会的協働の公正な条項を尊重することができ、「理にかなって」いることができる能力をもつとともに、それぞれにとっておくるに値する人生だとみなすものについての概念を形成し、修正し、合理的に追求する能力をもつと説明する〕多元性という事実を仮定すると、道徳的主張の範囲に制限を課すことをも要求するのである。

私は、これがリベラリズムのすべてであると主張するわけでもなければ、政治運動としてのリベラリズムの歴史が不可避的に現代のリベラルな平等主義に結実すると主張するわけでもない。そうであればよいのに、実際はそうではないのである。私がここで提供しようとしているのは、リベラリズムの真の特徴の必然的な展開の歴史ではない。ある人々にとっては、私がここで擁護するものは、リベラルの中心を外れた一支流としか見なされないであろうし、古典的リベラリズムからの逸脱と見なされることさえあるかもしれない。それは、一九七一年にジョン・ロールズの『正義論』が出版されて以後の現代政治理論における流行にすぎない。人は、ハイエクとポパーの名前に結びつけられる、リベラリズムの「認識論的」変種の方が、一九世紀まで遡る古典的リベラリズムのより古い伝統にはるかに近いと主張することもできるであろう。この認識論的リベラリズムは、ロールズ的な政治的リベラリズムによって確かに部分的には覆い隠されてきたけれども、今でもしっかりと生きている。リベラリズムをどのように特徴づけるにせよ、特定の重要な人物が注目されることになるであろう。私は、J・S・ミルかフリードリッヒ・ハイエク、あるいはカール・ポパーを舞台の中央に据えた物語を語ることもできたであろう。しかしその代わりに、すぐに明らかとなるように、私の物語はジョン・ロールズを舞台の中央に据えている。ロールズと並んで、ともに彼の遺産を発展させ広めているロナルド・ドウォーキンとブライアン・バリーの考えも私は参照している。このことは、私のリベラリズムの説明に北米特有の趣を加えるものと映るかもしれない。確かに、ジョン・グレイのような論者たちは、ロールズの遺産は、ヨーロッパ・リベラリズム由来の別の重要な声を締め出してしまうという否定的な効果をもたらしたと主張してきた。[4] グレイの論難には一理あるとしても、ロールズの遺産を狭く北米に限定するのはやはり曲解である。むしろ、ロールズが展開するリベラルな平等主義のモデルは、ヨーロッパの伝統に、そしておそらくは最も興味深いことに、イギリスの道徳・政治理論に深く根差しているのである。

　これらすべての理由を考慮すると、思考と実践の複雑な歴史的伝統についてのいかなる解釈も、根本的に論争的なものであり続けるだろうということを認めるのは重要である。だから私は、以下で論じることになるリベラリズムの変種に関する自分の主張を弱めたいと思う。だが私は、自分がハイエクもしくはポパーの認識論的リベラリズムよりも、ロールズと彼の追随者たちの政治的リベラリズムに焦点を定めるようになったのが、たんに個人的好みや偏見による偶然だと言いたいわけではない。私が政治的リベラリズムに焦点を定めた理由は、その歴史的必然性ではなく、現在におけるその政治的・哲学的重要性のためである。これは善かれ悪しかれ本気で疑うことはできない。その究極の起原がどこに存するにせよ、リベラルな平等主義は、私の見るところでは、リベラリズムの伝統の内部では依然として最も魅力的で説得的であり、余剰物との非難にさらされることが最も少ない。リベラルな平等主義は現代の民主的な国家にとっての妥当性を有し、そのことが英米圏の政治理論家たちの想像力をとらえて離さない一つの理由となっている。現代の民主主義国家とのこの結びつきは、リベラルな視座を「唯一の選択肢」とし、歴史の終わり〔リベラリズムが勝利した冷戦の終焉を、イデオロギー対立の弁証法を通じた発展という意味での歴史の最終到達点、すなわち終わりとする見方〕とするのか、あるいはそれはたんに、より国家中心的ではない形態の政治的アソシエーションに道を譲る過程に存する偶発事にすぎないのか。この非常に論争的なテーマについては、私は本書の最後の章において扱うことにしたい。[5]とはいうものの、現実のものであれ想像上のものであれ、外的脅威への恐怖が他のすべての政治的争点を棚上げにしているのである世界において、リベラルな平等主義に由来する諸原理を取り戻し、再提示すること、そして誰であれ、またどこから来た人であれ、すべての諸個人がもつ平等な道徳的地位の要求よりも、共同体や文化や多数派の世論を優越させる過ちがもたらす破壊的な影響から私たち自身を解放することは、かつてなく重要である。

私が本書で描き、擁護するリベラリズムの構想は、残念ながら現代の民主政治の現実において、必ずしも広く信頼されているわけではない。実際、それを非難することがますますもてはやされるようになってきている。あまりにもしばしば「リベラル」という語を政治的蔑称の一種として用いるアメリカの一般的習慣が、英国においてさえ、メディアやいわゆる中道左派によって行われている。また、それほど愚かではないはずの人々の間で、市民的自由の縮小に対する懸念を、「弱者に同情しすぎる」リベラルたちが気をもんでいるだけだと片づけてしまうこともよくある。こうした反応に関して最も憂慮すべきは、それらがたんに右派の評論家や保守的な政治家たちの条件反射であるだけでなく、左派の人々の間でもますますありふれたものとなっていることである。だが、彼らが批判するか退けてしまうリベラルな平等主義は、多数派の世論による専制と恣意的な権力の強制に対して左派がなすべき、十分に原理づけられた唯一の応答なのである。もしリベラルな平等主義が社会民主主義の政治運動の中心にあり続けなければ、その伝統は、そのいくぶん曖昧な歴史と、経済の領域で市場に代わりうる選択肢を提供するのに失敗したことの他は何の魅力ももたないことになるが、この〔曖昧な歴史も失敗した代替案も〕どちらも特に強力なセールスポイントにはならない。

リベラルな平等主義の衰退が見られる、おそらくはもっと驚くべきもう一つの世界は、学界である。なぜ驚くべきことであるかというと、そこではロールズ以後のリベラルな平等主義が、英米圏の政治理論にとって支配的な正統学説ないしはパラダイムだと想定されているからである。ロールズ『正義論』の公刊が、ピーター・ラスレットによる政治哲学の早まった死亡記事を最終的に否定してからずっと、リベラリズムはしばしば政治理論を指す婉曲表現ないし略称として用いられている。[6] 多くの政治理論家たちは今でも著述の中で、ロールズの多大な影響下から逃れることの難しさを嘆いており、リベラルな平等主義は学界において衰退しているという私の主張におそらく驚くことであろう。だが、ロールズ派の政治的リベラリズムの主導的役割というのは、現実というよりもむしろ見かけ上のものである。今日の政治理論の教育と研究においては、依然として非ロールズ的な視点が優勢だし、ロールズのリベラルな平等主義の遺産が擁護されるとしても、通常それは『正義論』の特定の数ページに関わる些細な論点をめぐる無味乾燥な「極小討論《マイクロディベート》」においてである。リベラルな平等主義は〔研究の〕価値はあるが退屈であり、ポスト構造主義や脱構築主義のもっとエキサイティングで秘教的な広がり、あるいはニーチェやカール・シュミットのような人物が提供する危険との戯れにはかなわない。〔研究の〕価値があるものの間でさえ、リバタリアニズム、コミュニタリアニズムあるいは多文化主義の魅力が、政治的リベラリズムの一貫性と望ましさに対して挑戦し続けている。

リベラルな平等主義者として、私はこうした複数の声が有益でもあり重要でもあることを否定はできないし、否定したいとも思わない。対抗的な複数の見方の挑戦は欠かせないものであり、それらを超越した独断的真理として自らを提示することは、リベラルな平等主義の望むところではない。とはいうものの、リベラルな平等主義がますますロールズあるいはドウォーキンの議論の瑣末な点に拘泥するようになってきているという傾向は、他の共感的な批評者たちに、リベラルな平等主義の立場へのより広範な関心を取り戻すよう努める責任を課す。これこそ、私がこの小著において第一に提供しようと目指すものであり、本書は、リベラルな平等主義の見方についての、哲学的あるいは社会学的に隙のない擁護ではない。代わりに私が目指すのは、リベラルな平等主義の見方を概観し、推奨すること、また、それは哲学的に一貫性を欠いているとか、政治的な余剰物であるといった、よくある議論のいくつかを退けることである。

この課題は、リベラルな平等主義が、中道左派の政治に対して一定の啓蒙的な影響力を保持すべきだとするなら、重要かつ急を要するものである。中道左派の政治においては、残念なことに、リベラルな平等主義が唱えるような、政治権力への確固たるアプローチの擁護者が不足しているのである。このことが、大学のカリキュラムに政治思想を残すことが必要であり、かつ望ましい理由である。そうしてこそ、リベラルな平等主義が、能動的で人道的な市民の教育に貢献するという役割を果たしうるのである――私はそう信じるほどには合理主義者であり続けている。

リベラルな平等主義は定期的な語り直しと擁護を必要とし、同時にそれに値する――私は本書でそのような擁護を提供することを目指している。だが、リベラルな平等主義とは何であろうか。この問いに答えるには、本書の残りの部分すべてを必要とするだろうが、それでも哲学的・政治的に隙のない擁護をするために要求されるであろう議論のほんの一部にすぎない。とはいえ、そのもっと長い物語を始める前に、リベラルな平等主義のいくつかの重要な特徴を確認しておきたい。

多くの解説者や哲学者たちが、リベラリズムを第一義的には自由に関わるものと見なし続けている一方で、他のリベラルな思想家たちは、リベラリズムの中心に存する核心的な価値は自由よりもむしろ平等であると主張してきた。この見解は最近ではロナルド・ドゥウォーキンによって最も力強く主張されてきたが、リベラルな政治理論家たちの間で広く共有されており、後に見るように、リベラルな平等主義の歴史に深く根差すものである。[7] しかし、平等をリベラリズムの中核的な価値として認めることは、多くの問題と曖昧さを生じさせる。多くの人にとって、平等は同一性と差異の否定とを連想させ、それ自体としては価値であるどころかリベラリズムと正反対のものに映る。たとえば一九世紀のリベラルたちの多くは、平等を「平準化システム」と見なしたが、それは常に下方への平準化であり、平等とは人間存在に価値を授ける差異や多様性や自律を否定するものとされた。そのようなリベラルたちは、反平等主義者であり、民衆運動が掲げる政治的解放を、文化や文明に対する脅威と見なすのである。これがまさしく一九世紀のフォン・フンボルトとJ・S・ミル両者の見解であった。[8] こうした一九世紀の一般的見解は、フリードリッヒ・ハイエクなど、二〇世紀のリベラルたちの多くにも共有されていた。それほど保守的な気質をもたない他の哲学者たちでも、平等はそれ自体が価値なのではなく、むしろ多くの異なる価値に付加されうる分配関係であるという見方に同意している。[9] 分配関係（ジョセフ・ラズが「閉鎖原理」と呼ぶもの）としての平等の無価値性は、次のような思考実験によって示されうる。病気や障害といった望ましくないものの分配において、分配の基準として平等を適用した場合に、望ましくないものの価値が上がったり下がったりするかどうかを問うてみるのである。たいていの人は、障害を分配して環境を平準化するなど、馬鹿げているし不快だと主張するだろう。

これらの挑戦に応えて、リベラルな平等主義者たちは、平等とは人格に関わる諸価値と諸関係の複合体であると主張する。この立場の核心は、最も価値を有するのは人間の人格であり、その価値をどのように特徴づけようとも、それは万人の人格によって――つまり平等に――体現されるべきものである、と主張する根本的な倫理観である。すべての人間は、平等な道徳的主体として共通の道徳的地位をもつというだけで、等しく重要なのである。この信念は、宗教的なものから人文主義《ユマニスム》に至るまで無数の起原をもつが、その核となる理念はそれらの源泉のいずれにも制約されない。またそれらの包括的な道徳的、哲学的あるいは神学的視点が導き出すいかなる真理にも依存しない。重要なのは、平等な配慮と尊敬(equality of concern and respect)という理念が、広く支持されていると同時に、個別の制度や文化の違いを超えて諸個人や諸集団を惹きつけてもいることである。もちろん、すべての人格が平等な配慮と尊敬をもって扱われるべきであることに同意しただけでは、すべての問いに答えたことにはならない。とりわけ、どのような扱いをすれば平等な配慮と尊敬を保証できるのかという問題が残される。リベラルな平等主義に立つ哲学者や理論家たちの間では、私たちがその問いにどう答えるべきかについて意見が分かれる。とはいえ、人類の歴史の大部分において、そして世界のほとんどの地域で、この理念はけっして規範ではなかったのだから、地位の基本的平等が擁護されるようになったことは小さくない成果である。社会的地位、人種、民族、ジェンダー、年齢、判断力あるいは教育など、実際ほとんどすべての差異の基準が、平等な配慮と尊敬に対する挑戦や否定のために用いられてきたのである。現代における差異、偏向性、集団に基礎を置くアイデンティティなどへの関心の転回は、平等というこの貴重で不安定な成果を覆す危険を招く。それゆえ、平等の絶えざる語り直しと擁護が必要なのである。この真理の生命力と執拗さは、その哲学的擁護の必要性と同様、重要である。

ほとんどのリベラルな平等主義者たちは、自らの核心的な信念《コミットメント》について、唯一かつ決定的な擁護を提示することをためらう。ここで、平等な配慮と尊敬を支持する決定打となるような唯一の論拠は存在しないことを、彼らが認めることは間違いなく正しい。とはいうものの、この事実から、反平等主義者であることの理由よりも説得的な理由が、平等主義者であるべき理由として存在するわけではないと推測すべきではない。それは、たんに理性的根拠を欠く選択の問題ではない。道徳的地位の平等を支持する哲学的議論は、不安定で批判を受けやすいが、反対の立場を支持するためにこれまでに提示された議論ほど疑わしくはない。階層性や集団差を生まれつきのものとするとして支持するあらゆる神学的な議論や疑似科学的な議論は、なおいっそう疑わしい。しかも、そうした議論をもって、地位を否定されている人々に対して、あなた方は他の人々に比べて道徳的配慮に価せず、差別されてしかるべきなのだと説得してもとうてい効果はない。結局、これまでのところ力と強制のみが、不平等な社会関係を支えてきたのである。現在は、純然たるリベラルで平等な体制はどこにも存在しないとしても、われわれはよりリベラルで民主的な諸国家の経験から、次のことを十分に知っている。そうした国家では、少なくとも等しく市民的自由、権利、そして福祉を享受するに価するということを市民たちに確信させる上で、強制や力に依存する度合いがより少ないということを。

私たちは、本書で擁護するリベラルな平等主義の原理に、異なる二つの構成要素を認めることができる。哲学的レヴェルには、平等な人格性(personhood)という基本的な実質的価値が存在する。政治的レヴェルには、人格性の平等の保護に必要な権利と経済的資源を分配するための諸原理が存在する。政治的リベラリズムは、前者に導かれながらも、その平等への基本的な哲学的関与《コミットメント》によって導かれる政治的諸原理の形成に主として関心をもっている。

人間の人格の道徳的重要性こそが、なによりもまずリベラルな平等主義の中心にある。このことがリベラリズムを個人主義的教義にする。個人主義は、社会を極端に原子化し、社会的紐帯を断ち切ることで、誤った社会的存在論を前提するものとして、しばしば問題視される。確かにリベラリズムの多くのヴァージョンはそうした批判を受けやすいが、「原子論的」でなければならないというのは、リベラルな平等主義的個人主義の本質的特徴ではない。リベラルな平等主義は、倫理的で規範的な意味でのみ、個人主義的なのである。これは、リベラルな平等主義が、すべての人間の人格は等しく尊厳を有すると主張することで、人間の人格に至上の倫理的意義を付与することを意味する。このことは、いかなる特定の社会的存在論も否定するものではない。人が自らのアイデンティティを、集団の一員であることに見出したり、そこからアイデンティティを授けられたりすることは十分にあり得る。それはただ、アイデンティティに関する社会学的あるいは社会心理学的説明は、倫理的あるいは規範的意義を決定するものではないと主張しているにすぎない。リベラリズムに対する批判者の多くはいまだに、それが私たちの個人的アイデンティティを作り上げる社会的コンテクストや他者への構成的愛着（構成的(constitutive)という語は、マイケル・サンデルが、たんに当事者の利益だけでなくアイデンティティにもかかわりを持つ「構成的意味におけるコミュニティ」という表現で用いた。私のアイデンティティ意識にとって欠かすことができない、私を私たらしめるようなものを意味する」を明白に否定するとして、リベラリズムを頭ごなしに退ける。この批判は大々的になされてきたが、最終的に否認されている。リベラルな平等主義者は、マーガレット・サッチャーに倣って、「社会などというものは存在しない」と主張する必要はない。リベラルたちが実際に主張するのは、国家、国民、家族、文化的集団などへのいかなる構成的愛着も、個人の要求とその基本的な権利や地位に優先してはならないということである。

　また、すべての人間の人格は平等だと見なすことから、リベラルたちの第一の関心は当然ながら個人の自律にあると考えられてきた。だが、リベラルな平等主義者が自律に価値を付与すべきかどうかは二次的な問題であり、それは平等な配慮と尊敬への関与《コミットメント》をどのように具体化するかによる。しばしば自律がリベラルの中核的な価値であると見なされるのは、それがリベラルな平等主義者たちが中心に据えるリベラルな権利とその保護の考え方を最もよく説明できるとされているからである。確かにリベラルたちは、道徳的な地位の平等という理念を、一連の基本的な権利と資格の分配の観点から具体化する。これらは市民的および政治的権利とその保護、ならびに経済的資源と富の要求の双方からなる。第４章と第５章で見るように、これらが政治的リベラリズムの主題をなすことになる。これらの権利は、個人を国家ないし社会の強制的な要求を超えたところに置く、保護された領域を構成する。もちろん、こうした保護はたんに倫理的なものであって、実際的なものではない。政府は個人の正当な要求を退けたいと望めば、実際にそうすることができる。そうした保護を支える唯一の力は道徳的なものであり、国内的であるか国際的であるかを問わず、世論によって行使される。懐疑論者たちはしばしば、権利に関するこの事実（法的権利と政治的権利の両方に当てはまる事実）を、「権利や市民的自由は、政治権力や強制力がものを言う現実世界を前にしてはあまり役に立たない」という主張の根拠として用いる。また、権利の文化が、政治の現実的な要求を妨げる不都合なものとして切り捨てられることもよくある。アメリカの政治理論において時おり見られるように、権利の意義が誇張されることがありうるとしても、私たちは規範的な理由としての権利要求の力を見失ってはならないし、政治的行為を動機づけたり、抑制したりする理由の力を見失ってはならない。

リベラルな平等主義の中心にある市民的および政治的諸権利は、道徳的に保護された領域を個人に提供するのであり、このことこそが、自律の理念を含むと見なされる。この領域の中では、道徳的、政治的、宗教的な問題や人生の選択に関して最終的な判断の自由は個人にある。このことは、道徳的観点の権威を決定する際、個人の選択と承認こそが最も重要であるということを示唆しているように思われる。確かに、リベラルな平等主義者たちは、道徳的観点の選択や承認に重要性を置いている。しかしそのことが、リベラルな平等主義の基本的な価値としての自律に関する強い学説への彼ら／彼女らの傾倒を意味するのかどうかは明らかではない。リベラルたちは承認と選択に価値を置いているから、人格の尊重は自律重視の考え方であるということに過ぎないのであれば、自律に関するその主張にはあまり意味がなく、リベラルな平等主義者たちはそれを認めるかもしれない。しかしながら、自律に価値を置く理論家たち、とりわけカント主義の伝統に属する理論家たちは、一般に自己立法〔カントの用語。自身が従うべき法を自ら定めること〕として自律的選択の理念を用いる。このやや複雑な理念は、私たちを自由意志の形而上学と積極的自由の理念へと連れ戻すが、これについては第４章で考察することになるであろう。自律に関する強固な理論は、個人の意志という理念を重視するので、誤った種類の選択をした個人は非自律的だと見なされることがある。リベラルな平等主義者たちは選択を尊重する傾向があるが、それは、選択が外部からの直接的な政治的強制を受けたものではなく、個人の裁量の範囲内で行なわれる限りにおいてである。その相違は選択の果たす役割にかかっている。カントやルソーが唱えたような強い自律の理論は、どのような選択がなされるかに焦点をあてる。一方、弱い自律の理論は、選択の性質よりも、むしろ個人がもつ一連の権利と自由の範囲内での選択に焦点をあてる。リベラルな平等主義者たちは、確かに、この強い意味での自律の立場はとっていない――なかにはそのような哲学的立場を支持する者もいるとしても。自律の概念を用いる際には、これら二つの意味の間であるずれが生じるので、この概念は強い積極的自由の主張のためにとっておき、代わりに、政治的リベラリズムの核心にある権利と機会の平等に焦点を合わせるのが有益である。平等な配慮と尊敬は確かに、個人が、道徳の源泉として自律をほとんど、あるいはまったく重視しないような人生の選択をしたり、道徳的観点を支持することと矛盾しない。リベラルな平等主義は、自律の代わりに、合法的な強制力をいかに規制するかに関わる政治的価値としての平等に関心をもつのである。特定の道徳的、宗教的あるいは政治的見解を、政治的共同体の強制的な権力によって押しつけることは、個人の地位の平等を否定することである。その意味において、そのような押しつけは平等な配慮と尊敬の否定であり、まさしくそれだけで間違っている。このように、市民的・政治的権利は、国家やより広範な社会による合法的な強制の限界を画する境界を定め、同様の境界を、個人の裁量の範囲にも設ける。個人の裁量の領域内では、個人は、事実上、悪事をなす権利を有する。[10] ここで強調しておかなければならないのは、この悪事をなす権利が、ある重要な理由から生じるということだ。その理由とは、リベラルな平等主義が、客観的な道徳的価値は存在せず、それゆえ個人の選択だけが、私たちが価値と呼ぶものの唯一の決定要因だとは考えないということである。[11] リベラルたちの中には懐疑主義者もいて、まさにこのような見方をする者もいるが、すべてのリベラルが必然的にそうでなければならないということにはならない。政治的学説としてのリベラルな平等主義は、強制力や政治権力の合法的な行使に関するものであり、ある選択が道徳的に間違っていたり、個人にとって有害であったりしても、それらが政治的強制や力の対象となるのは適切ではないと合理的に主張できる。このように、平等な配慮と尊敬を享受している個人が、自分を傷つける権利をもったり、他者にとっては間違った、あるいは不快に感じる信念や価値観をもつことが、純粋にありうるのである。これは、リベラルな平等主義の見解の中で、理解を得るのが難しい特徴の一つであり、また多数派の意見を前にすると最も切り捨てられやすい特徴でもある。だが結局のところ、この見解こそが、人間的で市民的な政治的共同体を支えるのである。またこの見解こそが、リベラルな価値の範囲を政治的領域に限定し、その領域内で社会的協働の公正な条件を支えることで、政治的リベラリズムを支えるのである。人間の完成を促したり、人々を道徳的にすることは、リベラルな政治の目標ではない。

　権利と市民的自由に関するリベラルな平等主義の見解のもう一つの重要な特徴は、それが権利を過度に強調し、責任を十分には重視しないという政治的な非難を受けるべきではないということである。「責任なくして権利なし」とは、イギリスの「新しい労働党《ニュー・レイバー》」、トニー・ブレアのような「第三の道」の唱道者、そして元アメリカ合衆国大統領ビル・クリントン、また大西洋両岸のコミュニタリアンや多くの社会民主主義者たちが喧伝してきた決まり文句である。だが、あらゆる決まり文句がそうであるように、これも権利に関するリベラルな平等主義者の理解の中心をなす真理を無視している。

リベラルな平等主義者たちは、ロバート・ノージックのようなリバタリアンとは異なり、個人が一連の限られた前政治的権利を有しており、それが人間の相互交流に「側面からの制約」を加えることで問題は解決するという考えには与しない。リベラルな平等主義者たちはむしろ、平等な配慮と尊敬が、市民の保護を受ける権利のみならず、経済的公正への積極的な権利をもたらすのだと常に主張してきた。どちらの権利も、社会正義や社会における最も恵まれない人々のために応分の負担で貢献することへの強い責務(obligations)と義務(duties)を個人に課すのである。こうした責務、義務、責任への要求の強弱は、リベラルな平等主義者たちの間でも異なっている。しかしリベラルたちが権利にのみ関心をもち、責任については無関心だと主張するのは、単なる無知にすぎない。〔権利と責任という〕この二つの概念は、ジェレミー・ベンサム以来、権利に関する理論家たちのほぼすべてが認めてきたように、常に密接に関連している。リベラルな平等主義者たちの間で争点となっているのは、いかなる種類の権利か、そしていかなる種類の責任かということなのだ。

本書において焦点となる平等主義的な政治的リベラリズムの基本的な関与《コミットメント》を要約すると、四つの構成要素を挙げることができる。初めの二つはその哲学的基礎に、続く二つはその政治的主張に言及したものである。

1　すべての個人は平等で、究極の道徳的価値を有する。
2　この個人主義は、倫理的なものであり、社会学的あるいは心理学的なものではない。
3　平等な配慮と尊敬は、一連の基本的権利、市民的自由、および経済的権利付与として具体化される。これらの権利には、必然的に責任と義務が付随する。
4　倫理的個人主義と平等な配慮と尊敬は、客観的な価値に関する懐疑主義を必然的に伴うわけではない。むしろ、それは強制や政治権力に対する道徳的な制約に関心をもつ。

本書の最初の数章は、リベラルな平等主義の哲学的起原と、政治理論としてのそのもっと最近の展開についての説明を提供するであろう。本書の残りの部分は、近年における四つの批判の流れに対する、リベラルな平等主義の擁護に関わっている。これらの批判は相互に重なりあっているが、リベラルな平等主義の理論的基礎に対する攻撃を形成するものと、リベラリズムに対する三つの政治的な批判からなるものとに区別されうる。政治的リベラリズムをこれら三つの政治的挑戦に対して擁護することは、政治的リベラリズムの哲学的な信頼性を擁護することと同様に、重要である。というのは、リベラルな理論家たちはたんに哲学的演習に従事しているのではなく、自らの理論を政治の現実世界に接合することに関心をもっているからである。もし政治的な反論を退けられなければ、そのときには、哲学的な課題は、完全に、あるいは部分的に成功したとしても、潜在的に不要なものとなることを覚悟しなければならない。とはいえ、リベラリズムに対する哲学的な批判と政治的な批判は相互に関係している。本書の最後の三つの章で扱う、四つの批判の潮流は次の通りである。

1　政治的リベラリズムは、政治の本質と要求を誤解している、というもの。この批判、とりわけグレン・ニューイ[12]が提示した形においては、リベラルな平等主義は政治的要求を本来の場所から退かせ、それを政治哲学者の特権的役割に従属させる恐れのある、極めて反政治的な学説であるとされる。

2　第二の争点はリベラリズムを支える哲学的な主張に向けられる。本書では特に、私が自民族中心主義的《エスノセントリック》な反論と呼んだものを取り上げる。これは、リベラリズムが中立性という誤った概念に立脚しているだけではなく、狭隘で文化的に特異な一連の政治的偏見を、普遍的な価値や原理として前提しているという批判である。この反論は、コミュニタリアニズムと、多文化主義の中のその最も一般的な現代的変種の両方を支えるものであり、文化帝国主義の偽装された形態としてリベラリズムに挑戦する。本章における私の課題はリベラリズムの完全な哲学的擁護ではないが、私はリベラリズムを支える哲学的正当化の概念が、偽装された文化帝国主義の政治に依拠しているという考えには反論するつもりである。

続いて、リベラルな政治理論とその国家との関係に関する二つの主張に眼を向けよう。

3　これらのうち第一の主張は、多文化主義者と集団的権利の理論家たちによって提起されている。ここで私は、たんに平等主義者たちが文化を真剣に受け止めることができるかどうかという問題ではなく、むしろ、ビーク・パレク[13]のような人たちによって提示されている、リベラルな平等主義者が狭隘な国家中心主義的政治観を有しているという、もっと根本的な主張に取り組む。この批判は、クェンティン・スキナーとジェイムズ・タリー[14]によって提示された次のような類似の主張を反映している。それは、近代のリベラリズムは、その根底にある近代的な司法国家の構想に制約されており、その結果、個人と国家の中間に存するいかなる集団やアソシエーションの主張も真剣に受け止めることができないという趣旨の主張である。

4 第二の批判は、グローバル化と国家の後退の結果として、リベラルな平等主義が不必要になる可能性を取り上げる。この見解は、最近ではデイヴィッド・ヘルドとピーター・シンガー[15]によって提示されている。両者とも、リベラルな平等主義の理想は、リベラリズムの限界を超えて、コスモポリタン的な政治的アソシエーションの概念構想によって、最もよく追求されると主張している。

最後の三章において、私は基本的な疑義を列挙し、リベラリズムがそれらに影響を受けないか、あるいはそれらに耐えうるかどうかを示すつもりだ。各章では、これらの根強い批判のうちでも、最も現代的で、それゆえ最も喫緊のものが特定されるであろう。もちろん、本書のような小著において、批判のすべてのニュアンスを受け止めることはできないが、こうした根強い批判の波に対するリベラルの応答の基本的な概要を確認することは可能である。以前に指摘したように、私の主たる関心は、リベラルな平等主義の意義と生命力を再確認することにある。もしこの課題に成功すれば、こうした争点を、リベラルな平等主義の同時代の偉大な思想家たちとともにより詳細に追究していく使命は、学生や読者に委ねられることになる。至極もっともな理由から、政治理論や思想史に専念しようとは思わない学生や読者であっても、リベラルな平等主義の観点を改めて提示することで、そこから何かしらの価値を引き出すことができるであろう。ジョン・スチュアート・ミルは、『自由論』において言論の自由を擁護する中で、真の信念であっても、それに対する否定的な批判は、その信念が公衆の間で生命力と意義を保つために必要な手段として重要であると主張している。[16] 政治理論は、現代の大学において、そのような否定的な批判を通じた知的訓練の重要な源泉であり続けている。実際、ほとんどの政治理論教育は、「プラトンの『国家』、ヘーゲルの『法の哲学』、あるいはロールズの『正義論』の三つの誤り」を見つけるという形式をとっている。英米圏、大陸圏いずれの伝統においても、建設的な理論化は、標準的なものではなく、むしろ例外である。これはなんら間違ったことではない。否定的な批判は、まさしくミルが示したような理由で重要なのであり、また建設的な理論の構築は、最も聡明な人にとってさえ途方もなく困難なものである。しかし、ちょうど否定的な批判にも、建設的理論の稀な閃きにも持ち場があるように、肯定的な再提示にも、ミルが指摘するような過程の一部として、固有の役割がある。否定的な批判は、それ自体で比類なき重要性をもつとはいえ、完全な懐疑主義を招くという腐食性の傾向をもちうる。学者、知識人、哲学者にとって、ある一つの政治的見解が、他のどんな見解よりも優れている理由など存在しない。マイケル・オークショットの影響を受けた多くの反合理主義者たちは、こうした懐疑的な見方をする傾向にある。ただし、私はそれがオークショットの見方だとは考えていない。この種の懐疑的な考え方は誤っているばかりでなく、私たちの政治文化に影響を及ぼすものとして危険でもある。これに対抗するために、私たちはリベラルな平等主義を肯定的に語り直し、擁護する必要がある。それはちょうど、リベラルな平等主義のより傲慢な主張に対する批判と挑戦が必要なのと同様である。私はリベラルな平等主義に対する批判者たちを黙らせようと企ててはいないので、本書はリベラリズムの謙虚な擁護となっている。実際のところ私が示したいのは、批判者たちが必ずしも最後の言葉をもつ〔相手を論破して議論を終わらせる〕わけではないということである。

第2章　リベラルな平等の源泉

平等は、リベラルな平等主義者が政治的リベラリズムを支えるために用いる意味では、特に近代的な価値である。平等な配慮と尊敬(equal concern and respect)の起源は、前近代や古典古代の神学的・哲学的世界観のうちにも見出されうるが、独立した価値としての平等の理念は、人格の不可侵性と平等との結びつきと同様、近代に発展したものである。プラトン、キケロ、アウグスティヌスといった人たちの前近代的な世界観においては、独立した価値としての平等のための場所はほとんどなかった。このように、リベラルな平等主義のルーツを、アリストテレス哲学の中だけでなく、ユダヤ教やキリスト教の弁神論の中に、あるいはイスラム教の弁神論の中にさえ、辿ってみることはできるが、しかしリベラルな平等主義の最も重要な源泉は、近代ヨーロッパの思想――ここで私はポスト宗教改革期を意味している――の中に見出されるべきである。この事実は、リベラリズムの射程と権威を限定するものと考えられるため、しばしばリベラリズムにとっての問題と見なされている――この批判については後に第7章で詳しく論じる。初期近代に、近代的な個人の理念が、最も一般的には義認〔神が人の罪を赦し、正しいと認めること〕に関するプロテスタントの説明の帰結として、倫理的な重要性を明確に担った者として出現した。この個人の理念は、宗教的側面にだけではなく、生の様々な側面にまで瞬く間に浸透することになった。倫理的個人主義のこの核心理念は、その後のヨーロッパの啓蒙主義の発展の中心にあり、そこではこの理念は、次第に神学的義認のための直接的な必要から引き離されていく。私は本章において、契約主義(contractualism)と功利主義の伝統――そこから今日のリベラルな平等に関わる理念の多くが引き出されている――の中で探求されているような、この倫理的個人主義の理念の発展について説明するであろう[1]。この部分ではリベラルな平等主義の中心的な倫理概念の源泉を論じるため、何人かの重要な哲学者と抽象的な哲学議論に焦点を合わせることになる。このことから、平等主義的な政治的リベラリズムに至るためには、リベラルな思想の哲学的起源さえあればよいと考えられてはならない。とはいえ、契約主義の発展は、リベラルな平等主義者たちが自分たちの核心的な倫理的コミットメントを説明する際に必要とする哲学的語彙や議論を提供しているという点で重要である。

リベラルな平等主義の立場の起源を説明するにあたり、私はリベラル思想の歴史に関する完全な理論を提示するつもりはない。すでに示唆したように、私はそのような歴史を語ることができるかどうかについて懐疑的である。リベラリズムは、端的に言って、扱いうる規模の単一の歴史によって把握するには、あまりに複雑なイデオロギー的、哲学的、社会学的な概念である。しかしながら、私が選択的に歴史を物語る主たる理由は、私が、現代政治理論の観点から、現在から過去に遡って、この現代的視座の原因というより、むしろ源泉を特定しようとしていることにある。このことは私の「歴史」に、現代の多くの政治思想史家が異議を唱えがちなホイッグ史観〔過去を啓蒙に、特に政治的には近代立憲主義とリベラル・デモクラシーに向かう不可避の進歩として記述する歴史観〕的性格を与える。それが、現在の政治的関係の因果的必然性を主張しているように見えるからである。そのような単純な因果関係を主張することが私の目的ではない。リベラルな平等主義の台頭が不可避なものであるとは到底いえず、このことは国民国家についても同様である。とはいえ、国家と同様、リベラルな平等主義の理念は、いくつかの哲学的・イデオロギー的な源泉から構築されたものであり、私が概要を示したいと思うのはこれらの源泉である。さらに、リベラルな平等主義の理論は、様々な別個の価値から構成されており、それらは互いに組み合わされることによって初めてリベラリズムの一形態となるのである。また、リベラルな平等主義の源泉としては功利主義のようなものもあるが、これはその後の発展の中で、リベラルな平等主義の立場を支持するのではなく、むしろそれと敵対するようになったと考えられている。政治的・イデオロギー的運動としての功利主義が、リベラルな思想の出現に大いに貢献したという事実が一般に認められているにもかかわらず、である。

　リベラルな平等の構想の出現、および功利主義に由来するそれへの反発に関する簡潔な歴史と分析に目を向ける前に、ここでいくつかの簡単な定義を示しておくことが有益かもしれない。われわれが考察する契約理論の最初の形式は、相互利益理論として説明されうる。相互利益理論における合意とは、それにすべての当事者が便益や利益を認めるものである。しかしながら、その理論は、われわれのすべてが平等に利益を得なければならないとは主張しない。たとえば私は、たとえあなたが私より多くの財産を得るとしても、私の利益になるものとして、財産のある分配に合意することができる――少なくともその分配によって、私は異なるシステムの下で得るであろうよりも多くを得ることができるからだ。次に重要な区別は、不偏性(impartiality)理論と非人格性(impersonality)理論との間の区別である。この二つの視座の間には共通するものもあるが、政治理論家たちは二つの概念の間に重要な区別を設けることを好む。不偏性は、ある人を他の人よりも優遇しないことを意味する。そのためそれは、各人が等しく分配の受益者であるように諸人格の個別性を尊重するという点で、平等主義的（すべての人を平等に扱う）であり、かつ人格を尊重するものであると主張される。一方、非人格性は、いかなる特定の個人(particular person)にも言及しないがゆえに、公正な分配の基礎であると主張される。このようにしてそれは、分配の受益者のアイデンティティを考慮に入れることのない、公正な分配の基準を提供しうるものであると主張される。その結果として非人格性は、諸個人の間の資源の不均等な分配を帰結しうる。いかなる特定の個人へも言及しないということは、〔非人格性が〕それぞれの特定の個人に便益の取り分を保障するための理由を提供しえないことを意味するのである。

　私が本書で擁護したいと思っている平等主義的リベラリズムの発展の中心にあるのは、不偏性の理念である。平等な配慮と尊敬を不偏性の理念に還元することはできないが、それでも不偏性がリベラルな平等概念の重要な特徴であることに変わりはない。不偏性と平等な配慮と尊敬とのこの関係を探究する際には、われわれは契約主義と功利主義の伝統にまで範囲を広げる必要がある。不偏性の理念は、誰にもその取り分以上には与えないことを含意しており、正義や公正といった概念を理解するうえで重要である。不偏性は、その最も単純な形式においては、他の人々を犠牲にしてある特定の人々に特別に配慮したり、関心を向けたりしてはならないことを含意する。それはしばしば手続き的な徳として説明される。したがって不偏性は、政治的共同体の集合的強制力を分配するための秩序立った手続きとしての法的正義や、政治的支配に関する立憲主義的理念と結びついている。現代の政治哲学において不偏性は、社会契約の伝統と、それに関連した分配的正義の言説への関心が近年復活していることと密接に関連している。[2] しかし、不偏性の理念は、契約主義の伝統に固有のものではなく、一八世紀のアダム・スミスや、R・M・ヘアのような現代の功利主義者など、様々な思想家のうちに見出される不偏的〔公平な〕観察者という理想にとっても重要なものである。[3] この理念はまた、イマヌエル・カントの思想に由来する構成主義的倫理学の理論の発展においても枢要な位置を占める。[4] これらの説明の間には多くの重要な相違があるにせよ、いずれにおいても不偏性の理想は、決定や規範が理にかなっている(reasonable)ことを手続き的に保証するものとして展開されている。理にかなっていることは、規範、政策、行為を正当化する「善」であるが、理にかなっていることの判断基準や試金石を提供するのは不偏性である。そこでは、理にかなっていることは、たんに一人称の「私にとっての理」ではなく、三人称の「すべての人にとっての理」を意味する。このように、不偏性の重要性は、道徳哲学あるいは政治哲学の役割を遮断的なものとみ見なす社会契約論の伝統に最も明瞭に示されている。それは、主観的自由の行使を制限し、また国家ないしは政体の強制権力の行使を制限する公的な理由の規定である。（私は政体 polity の概念を、あらゆる形態の政治的アソシエーションを指すのに使用している。国家 the state は、歴史上の特定の時点で出現した政体の一類型にすぎない。）このことは、近代以前の倫理学や政治理論における不偏性の理念を否定するものではない。道徳性を、恣意性や自己優先、あるいは特別な愛着の特権化を排除するような、個人間の相互行為を支配する規則からなる特殊な制度として理解するとき、そこで不偏性が特別な役割を果たすのを認めることを意味する。同じように近代立憲国家の政治理論も、その国家を構成する行為主体——個人であれ、統治者であれ、集団であれ、企業であれ——の間の相互行為に限界を定めている。

道徳的推論と政治的正当化との間の平行関係は、少なくとも英国の哲学者トマス・ホッブズ（一五八八年〜一六七九年）の著作にまで遡る契約論の伝統の例において、最も明瞭に見られる。ホッブズは、政治的権威の起源と主権者への服従を説明するために、合意の概念を用いたことで有名である。彼は、自然状態に生きる前‐社会的個人に関する一つの説明を提示する。それは、社会や、あるいはより重要なことには政治的共同体が存在する以前に、欲望や欲求をもって生きる人々に関する説明である。そこでは、いかなる社会的愛着心も、規則も、権威ある道徳原理もないため、諸個人は無制限の主観的権利、すなわち他者の同様の自由を含め、なにものにも制約されない自由を享受する。この自然状態においては、各人は、他者の生命や身体も含め、あらゆるものに対する主観的権利を有している。その結果が、絶え間ない戦争である。この万人の万人に対する戦争の重圧は、各人に、その主観的権利を放棄ないし譲渡して、単一の主権的権力に授権する理由を与える。そしてこの主権的な政治権力が、行動を規制し、権利や責務ないし義務を生み出す法を、すべての人々に平等に課すのである。ホッブズは秩序なき世界について、また政治社会、道徳原理、法の人為的性格について暗いヴィジョンを描き、その後の国家や政治権力の理論家たちに多大な影響を与えてきた。この複雑な議論の中では、不偏性の理念は弱く些細な役割しか果たしていない。ある人が自らの自由ないしは主観的権利を譲渡することに合意するのは、「他者がすべてのものに対するこの権利を（すすんで）放棄しようとするとき、また他者が彼に対してもつことを彼が許すであろうと同じだけの自由を、彼自身が他者に対してもつことに満足しているとき」[5]だという認識にのみ、不偏性の理念が適用されるのである。とはいえ、ホッブズの議論は、政治的主権の出現と権威を説明するために、少なくともこの時点では、各個人があらゆる他者の主張に平等の重みを認めるべきであることを確かに要求している。各人が平和を欲し、自分の目先の利益を諦めようとしていることを誰もが認識できるのでなければ、ホッブズの議論は前に進めず、結果として、自然状態からの脱出もありえないことになる。ホッブズはそのように議論することで、弱いながらも不偏性と平等の理念の結びつき――それは契約主義的な政治思想と立憲主義思想のその後の発展の中心となる――を示しているのである。ホッブズにおける平等の理念は、力の自然的平等という理念に根ざしている。これによってホッブズは、自然状態においては、実は各人は力の点で平等なのだということを暗に示そうとしている。その理由は単純で、身体の強さは優れた策略と狡智によって打ち負かされることがあり、最も力の強い者でさえ眠っている間は脆弱だから、というものである。この仮定にどれほどの妥当性があるかは、今も未解決の問題である。ホッブズにとって重要なのは、自らの平等についての説明が、いかなる道徳的規範の人為的な創造にも先立つものとして、経験的であり、記述的であり、規範的ではないことである。ホッブズ的な自然的平等は、潜在的な交渉力の平等に変換され、それによって自由で公正な結果が保証され、それゆえすべての合理的個人が是認しうる平等となるのである。

　交渉力の平等という論点は、まさしく現代の契約主義思想においてもなお、極めて論争的な考えであり続けており、社会契約思想において相互利益および不偏主義の変種と呼ばれるものの間の根強い不一致の因となっている。[6]その理由の一部は、各個人はすべての実際的な目的のために力の平等を享受している、という絶望的に非現実的な考え方にある。これは明らかにホッブズの見解であったが、同じくらい明らかに非現実的である。とりわけ、たんに主権的な政治権力への授権にとどまらず、道徳的原理や分配的正義の正当化にも関心をもつ今日の議論においてはそうである。身体障碍者、高齢者、病弱者、扶養されている子どもたちといった、絶対的に不利な立場にある人々の正当な要求を考慮しなければならないような、最も道徳的に切迫したケースでは、そのような人々が他の人々と同等の交渉力を有すると考えることは明らかに誤りである。もし諸個人が交渉力の平等を享受していないとすると、より恵まれた交渉者は自らの立場の優位性や運を反映した条件を課すことができるため、契約主義の議論は公正をもたらすのに失敗する可能性がある。後に見るように、権利や機会、また人生におけるチャンスの分配に対する運の影響を取り除きたいという願望は、平等主義的なリベラルの心を占めてきた。デイヴィッド・ゴーティエのような現代の相互利益契約論者は、こうした批判に対して、その厳しい帰結を受け入れる用意ができている。つまり彼らは、いかなる契約も社会的協働の便益に貢献する者だけで構成されなければならないと主張し、それによって、私が先に言及したような問題のあるケースのほとんどを除外するのである。ホッブズは、現代の理論家たちが分配的正義として説明するものについては、言うべきことをほとんど、あるいはまったくもっておらず、大方の注釈者たちは、彼をせいぜい非常に特殊なタイプのリベラルにすぎないと見なす傾向にある。[7] しかしホッブズは、リベラルな平等主義的観点の中心的な構成要素のいくつかと、その発展のための出発点をうまく説明している。ホッブズには、道徳的・政治的正当化の基本的な構成要素としての個人と（一種独特な）地位の平等の概念を見出すことができる。さらに、個人の欲求や願望、また他者との関係などの特殊性は無視しなければならないとする正当化の構想も見られる。

ホッブズの「相互利益」契約主義は、契約主義の思想の唯一の発展方向ではない。実際、ホッブズの議論のこの側面はすぐにどちらかというと注目されなくなり、その状況は二〇世紀になるまで続いた。ホッブズ以後に契約論が発展した方向は、彼がきっぱりと拒絶した方向であった。契約論は、ほとんどもっぱら同意理論(consent theory)と結びつくようになったのである。契約論のこの方向転換に最も密接に関係した立役者は、ジョン・ロック（一六三二～一七〇四年）である。現代の多くの研究は、ロックを一七世紀の宗教的、哲学的、政治的な議論の特殊性のうちに位置づけ、近代的な平等主義的リベラリズムの理論化における彼の重要性を否定しようとしてきた[8]。しかしロックの理論は、リベラルな平等主義の基本的な構成要素のいくつかに関する力強い言明を含んでいる。このことは、社会契約論についての彼の説明、およびそれに基づいた政治的アソシエーションに関する同意理論の発展において最も明瞭に見られる。このように、社会契約は、政治社会（市民社会ではなく）の起源とその持続的正統性を説明するために用いられている。ロックは、ホッブズに見られるような政治的「絶対主義」の議論を回避することに関心をもっており、彼の契約論では基本的な道徳的規範のための基礎を提供することは意図されていない。これは、ロックがホッブズに直接応答していると主張しているのではない。政治社会の本質と限界に関して、それに先立つ全人類の平等な道徳的地位を承認することによって、ロックの（ホッブズとは〕別の理解は、すべての人間の自然的ないし基本的平等が政治的絶対主義を必然的に伴うという考えを直接否定していると主張するのである。『統治二論』[9]の第二論文におけるロックの議論は、契約主義に関する純粋に政治的な議論の一つである。なぜならそれは、道徳規範を基礎づけるために合意そのものを用いるというより、むしろ前政治的な道徳規範を生命、自由、財産への権利を分配するために用いているからである。ホッブズにとって、すべての道徳的・政治的規範は派生的なものであり、それゆえ絶対的な主権に由来することを忘れてはならない。その結果、主権的な政治権力に限界はなくなる。他方ロックにとって、政治権力はそれに先立つ権利の平等という道徳規範を常に前提としており、この道徳規範は政府がそれらの権利を侵害することなく合法的になしうることに制約を課す。この規範は、あらゆる物質的あるいは身体的な不平等の実際的意味を制限し無効化するような、道徳的平等の一形態を体現している。その結果、ロックの契約論は、ホッブズのそれよりも実質的な平等の構想を採用しているのである。ロックにとって平等とは、道徳的平等のことであり、それゆえ少なくとも一連の基本的権利に関しては、平等な配慮と尊敬を要求する基礎となるものである。ロックの契約論主義(contractarianism)が直接に提供しないのは、道徳的承認という基本的な規範の正当化、いいかえれば、なぜわれわれは他者を自分と同じ地位と要求を有する道徳的に対等な存在として承認し、そのように扱わなければならないか、その理由である。不偏性と基本的平等の理念が何らかの規範的な拘束力ないし義務を創出するような拘束力をもつためには、それら拘束力の起源に関して何らかの説明を示すことが重要である。社会契約とそれに関連する同意の概念は、明らかに、それに先立つ基本的平等が有する権威に依存している。この前提を支えられなければ、ロックの平等主義の理論は確かに脆弱なものとなるように思われる。さらに、ここまで見てきたように、基本的な平等の規範は倫理的なものでなければならず、ホッブズにおけるようにたんに経験的なものであってはならない。今日のわれわれは平等主義理論の不完全さという結果を受け入れる傾向がもっと強いのかもしれない。現代の民主的な文化の下で、人種差別主義者、偏見をもつ人、同性愛嫌悪者を除くと、すべての人に何らかの平等の構想が当然のこととして受け入れられているのだから。ロックにとって、状況はかなり異なっていた。それゆえ彼は、サー・ロバート・フィルマー（一五八八頃～一六五三年、王権神授説を唱えたイングランドの政治思想家）の、聖書に基づき、自然的で基本的な平等に反対して自然の階層制を是とする議論に対して、持続的に（そして、二一世紀の読者から見れば取り憑かれたように）反論し続けなければならなかった。この基本的な道徳的平等の擁護のために、ロックは彼の道徳理論の基礎として、より伝統的で神学的に認可された自然法の構想に頼った。しかしながら、彼のこの基本的な道徳的規範の正当化は、自然法の本質、射程、そして認識論的地位に関する理にかなった（キリスト教徒の間でさえ存在する）意見の不一致を前にすると、脆弱であり論争の的となる。実際、多くの人は、ロックの議論は彼の『人間知性論』において展開された経験的心理学によって事実弱体化していると考える傾向にある。[10] ロックの議論は、平等のこの規範（平等な自由への基本的権利）を疑問の余地なく正当化することには失敗している。とはいえ彼は、不偏性、同意あるいは是認、人格の還元不可能な倫理的重要性など、平等主義的リベラリズムのいくつかの重要な構成要素についてのさらに踏み込んだ洞察をわれわれに与えてくれる。ロックは、これらの考えを組み合わせ、同意と政治的義務の政治理論を作り上げたが、同意の概念はそうした狭い政治目的の範囲を超えて拡張されうる。政治的義務に関する契約理論と同意理論に対しては、一八世紀を通じてデイヴィッド・ヒューム、エドマンド・バーク、ジェレミー・ベンサムなどが批判を強めていったが、理にかなった同意や是認や合意の考え方は、後の他の契約論者たちによって、道徳的規範の権威を説明するために取り上げられるようになった。[11] この転換は、イマヌエル・カントの場合に最も明瞭に見てとることができる。カントが厳密な意味で契約論者であるか否かは、重大な学問的論争の主題であり、たとえばオノラ・オニール（一九四一年〜、英国の哲学者）のような著名な学者の多くはそれを否定している。カントは確かに、われわれがロックに見たような政治的義務に関する同意理論をもちあわせていないし、ホッブズに見たような相互利益に基づく譲渡契約の類も支持しない。とはいえ、カントによる契約論的議論の要素の再構成は、契約論のその後の発展、とりわけここ四〇年の不偏主義的契約主義の発展に大きな影響を及ぼした。われわれの目的からいえば、後世の思想家たちがカントを契約主義者と解釈してきたというだけで十分である。そのような思想家として、彼はリベラリズムの契約主義的変種の発展に多大な影響を及ぼしてきたのである。

カントは規範の出現を説明する際、合意や取引の概念を用いていないので、彼の議論は多義的な意味でのみ契約主義的であるにすぎない。規範は、それが道徳的なものであれ自治都市のものであれ、たとえば王の命令、神の意志、特定の都市における慣行といった、様々な源泉を有する。しかしカントにとって重要なのは源泉ではなく、その規範の権威あるいは「規範性」である。カントによれば歴史や文化、また個人や集団の利害は法や規範の権威とは関係なく、したがって責務や義務を発生させる力には何の影響も与えないのである。法や道徳的規範の正統性は、その規範が、理性的な人間が仮説的合意の結果として同意しうるものである限りにおいて保証される。しかしロックの場合、この同意は、明示的な合意か暗黙の同意を体現するなんらかの行為を通じた現実のものでなければならなかったのに対して、カントにおける合理的同意の理想はそれとはまったく異なっている。彼にとって合理的な同意の過程とは、たんに道徳法則が理にかなっていることを認識することであり、それゆえ、合理的な同意と表現されうるにしても、個人間の合意を意味するものではない。（多くの人にとって、これがカントが契約主義者ではない理由である。）このように議論することで、カントは契約論の伝統を、その起源とされてきた主意主義――契約を理性ではなく意志の表出と見なす――から解放する。もはや契約は選択の一例、それどころか仮説的な選択の一例でさえなく、むしろ、権威ある理由のもつ義務創出の拘束力を、われわれがいかにして認識するかを説明する装置となる。その根拠が、征服の事実もしくは出自によって権威を与えられた君主の意志に由来するものであるか、共和制の憲法に由来するものであるかは、重要ではない。重要なのは、法が理にかなった人々の同意の主題となりうることである。このようにして、カントにとって契約という装置は、想定される道徳的および政治的規範の正当性や真正さを判断するための純粋に仮想的な手続きとなり、自然状態の説明は不要となるのである。

正統な法とは、理にかなった人間同士の仮想的合意から生まれたと見なされうるような法である。しかし、カントはこの文脈で、「理にかなった」という言葉で何を意味していたのだろうか。確かなのは、彼の念頭にあったのは、個人的ないし集団的利益を最大化しようとする人々ではなかったことである。少なくとも、カントが道徳的規範を仮言命法ではなく、明確に定言命法とすることによって除外しようとしたのは、まさしく道徳性は有益性に還元されなければならないとすることの考え方である。その代わりに、理にかなっていることという概念は不偏性と承認の平等という理想に密接に結びつけられる。それゆえ理にかなった合意とは、有益性や不平等、あるいは自己優先に依存せず、社会的立場がどうであれ、誰に対しても正当化されうるものとなりうる。カントにとって道徳の正当化は、理にかなった同意を要求するという形式をとるが、その場合、理にかなっていることは、有益性の観点ではなく、理性的な意志に基づく不偏性の観点から定義されることが条件となっているのである。

われわれにとって、カントが社会契約論の伝統を変容したことの真の意義は、道徳的・政治的正当化の適切な形式としての手続き主義のモデルに見出されるべきである。道徳的・政治的規範は、ある種の手続きから生じることで権威づけられ、正当化される。カントにとってこの手続きは、個人の実践的推論の形式であり、個人間の交渉や合意の結果ではない。それは、いかなる個人でも身をもって経験することのできる思考過程である――自らの道徳的格律を普遍化し、定言命法として法則の形をとることができるようにすることで、不偏性の視座を採用する限りにおいて。カントが『道徳形而上学の基礎づけ』において展開する定言命法の概念は、しばしば空虚なものと誤解される。しかし、カントの意図は、行為を導く規則そのものの創出ではなく、格律の権威の検証にあることを理解することが重要である。カントの理論は、あらゆる道徳的規範の基礎に適用されることを意図している。それゆえその適用範囲は極めて広く、そのために論争を呼んでいる。とりわけ、道徳性を原理としてよりも徳や人格の問題として考える人々の間でそうである。道徳的規範の権威についてのカントの説明は、道徳の実践や制度的構造がどのようなものであるかについて、ある特定の見解を前提としている[12]。この説明は、われわれの最も基本的な道徳的コミットメントを正当化するものであると考えられているため、複雑な哲学的人間学と結びついており、道徳的な行為主体であることはいかにして可能か、またそれはどのような行為主体でなければならないかを説明する。このようにカントは、ロックと同じ状況、すなわち承認の平等と不偏的な扱いを基礎づけるために自然法の伝統的・神学的構想に後退しなければならない状況に、いつのまにか陥ることを避けたいと思っていた。カントの議論は複数の重要な論点を提起しており、それらは今でも彼に批判的な学者や彼を支持する学者の関心を惹きつけている。

とはいえ、自由や行為主体性(agency)、あるいは道徳的主観性に関する根本的な疑問に対するカントの答えが、偏りのない正当化や平等な承認という彼の考えを適用し発展させるのに不可欠であるかどうかは、けっして自明ではない。現代の契約主義的議論の展開を見れば、道徳的規範の本質やその適用範囲に関してカントから洞察を得ている多くの人々が、偏りのない正当化や平等な承認を道徳的動機に関する自然主義的説明と結びつけていることがわかる。そうした理論は、ホッブズ、あるいはベンサムのような功利主義者に見られるように、人間の営為すべてを欲求充足についての粗雑な経験的説明に還元するものではない。にもかかわらず、この理論は、動機と行為主体性を説明する際、まさしくわれわれが人間の心理について知っていることを条件としている。現代の契約論者であるT・M・スキャンロンとブライアン・バリーは、自我の本質とか、人間の行為主体性や道徳的動機の条件をめぐる複雑な議論に巻き込まれるのを避けるために、合意への動機という事実に訴えかける。つまり両者とも、理にかなった合意を求めたり、道徳的にふるまおうとする動機が存在するという限りでは、われわれは、道徳性やリベラルな正義の要求を特徴づける問題に取り組み続けることを可能にする十分な心理学をもっていると主張している[13]。この動機の存在は、人は他者に対する義務の範囲について、擁護することも異議を唱えることもあるという事実によって裏づけられる。そうした動機がどれくらい広く普及しているか、またそれが十分に優先されているかは、重要な問題として残っている。というのも、それが自己優先の利己的な動機に常に道を譲るとしたら、実際には何ら役に立っていないことになるからである。とはいえ、道徳的正当化の実践によって証明されるその動機の存在が意味しているのは、われわれが道徳的・政治的正当化について考えるに先立って、完全な道徳心理学や人格についての形而上学を提供する必要は必ずしもないということである。議論の余地のある哲学的・倫理的な理論や視座に関しては、弱い要求しかしたくないという政治的リベラリズムの切なる望みを考えると、この事実は極めて重要である。

ジェレミー・ウォルドロンがロックを論じる中で思い出させてくれているように、平等な配慮と尊敬へのわれわれのコミットメントの根拠ないし基礎は、明らかに瑣末な問題ではない。しかしわれわれは、たとえカントの人格の形而上学には従わないとしても、彼の手続き主義が、処遇の平等に関するいくつかの考え方を形作る仕方から、多くを引き出すことができる。そこでは、義務を課す、あるいは承認する条件として、理由付与の最も基本的な点において処遇の平等が提起されているのである。リベラルで民主的な二〇世紀の思想家の多くにとって、契約主義が魅力的なものであったのは、まさしくこのような理由からである。これは単なる偶然ではない。なぜなら、カントの規範的手続き主義はまた並行して、いかにして正当な政治的決定はなされうるか、またそうした決定はどのようなものでありうるかを定める手続きとしての立憲主義という政治的理想をも反映しているからである。彼は、公正な憲法上の手続きの理念を、実践的熟議の基本的な方法へと一般化したと見なされうる。この動きは、個別的な実践的熟議を絶望的に要求の厳しいものにすると、しばしば見なされている。なぜなら、われわれは実践的熟議のほとんどの事例において、他者を対等に扱って純粋に偏りのない判断を下すということができないからである。確かにカントは道徳性の要求に関する厳密な説明を行った。しかし、現代の契約主義理論のほとんどは、個々の実践的推論における不偏性の要求を緩和し、分配的正義のような問題に適用される政治理論としての手続き主義の考えを発展させることに関心をもってきた。

契約主義の伝統に対するカントの貢献は、政治的意思決定のための公正な手続きの本質について考える際の、重要なインスピレーションを与えていることである。だがこれは、最も重要なのは、たんに憲法の本質的要素(constitutional essentials)と呼べるもの、つまり市民的・政治的権利の分配であることを示唆しているように思われる。しかし、リベラルな平等主義はこれに尽きるものではない。実際、ここ数十年の間に、たんに一連の市民的・政治的権利を明確化することからは関心が離れ、物質的平等や資源の問題に注目が集まるようになってきた。興味深いことに、境遇の平等への配慮は、契約主義と同様に功利主義の伝統をも起源としている。

リベラルな思想の成長と発展にあれほど重要な貢献をなした功利主義の伝統が、いまやほとんど反リベラリズムの代名詞と見なされているというのは、近代政治哲学最大の皮肉の一つである。事態のこうした変化は、リベラルな精神をもつ功利主義者の多くにとっていまだに謎であり続けている。「リベラル」という用語は歴史的には、ジェレミー・ベンサムのような功利主義者の無神論的な教説に向けられた罵倒語として、一九世紀初頭に英語に導入された。そして、ジョン・ロックやイマヌエル・カントと肩を並べるべき、リベラルの殿堂《パンテオン》における最も偉大な人物の一人はジョン・スチュアート・ミルである。彼はおそらく最も重要な功利主義哲学者であろう。功利主義の伝統は、一七〜一八世紀の道徳理論に複雑なルーツをもっているが、その最初の明白な提唱者であり擁護者であったのは、イギリスの哲学者ジェレミー・ベンサム(一七四八〜一八三二年)である。ベンサムは、行為や行動規範が道徳的な義務であるかどうかを判断する基準は、そうすることが最大多数の最大幸福を最大化するか否かにある、という考えを普及させたことで知られている。かくして、われわれが権利や義務、あるいは責務を有するか否かは、それらが快楽を最大化し、苦痛を最小化するかどうかにかかっているのであり、ベンサムはこれを幸福の意味と見なしたのである。行為は、それが最大多数の最大幸福を最大化する場合にのみ、たとえ法律にはそう書いていなくても正しい[14]。一八世紀の法律がしばしば実際に別のことを語っていたがゆえに、ベンサムは法律の見直しと改革が必要だと考えたのである。

ベンサムやそれに続くジョン・スチュアート・ミルなどの功利主義者は、哲学の改革者であるのみならず、政治と法の改革者でもあった。両者ともに、政治的権利の拡大、憲法の改正、いわゆる「無害な」違反を法の処罰対象とするのを止めること、そして広範な社会的・経済的改革を提唱した。ベンサムやミルのような初期の功利主義者は、急進的な改革者であったという点では現代のリベラルな平等主義者と多くを共有しており、私有財産の範囲に関して非常に保守的な見解をもっていたカントやロックのような人たちよりも、おそらくより多くの共通項がある。ロックやカントは、私有財産権を説明するにあたり、資源をより平等に分配するためには国家の活動を制約すべきだと述べる。これに対して功利主義者たちは、資源や経済力の分配は幸福や福祉を最大化するために構築（必要な場合には再構築）されるべきという考えに対して、より柔軟である。このように、功利主義の主要な理論家であるベンサムとミルは、平等な配慮と尊敬の含意として、経済的財や経済力に関わる社会正義の可能性を切り開いたのである。もし個人が平等な配慮と尊敬を享受すべきであるならば、たんに歴史の偶然によって、あるいは市場メカニズムを通じて適切な資源を獲得することができないというだけで、貧困や不利益を被ることがあってはならない。現代のリベラルな平等主義者たちは、こうした考え方を極めて詳細に、またベンサムやミルが支持しなかったかもしれない方向に展開している。ベンサムは、所得の平等化にはごくわずかな意義しか認めず、それよりも必要最低限の生活を営む平等な権利を重視していた。ジョン・スチュアート・ミルは、初期はベンサムに近いリベラルな立場をとっていたが、晩年には妻のハリエット・テイラーの影響を受けて社会主義に関心を向けるなど、社会正義の問題については様々な見解を示した。いずれにせよ、両者とも、処遇の平等が市民的・政治的権利の平等な分配だけで成り立つとは考えなかったが、一九世紀にはこの立場自体、広く支持されていたとは言いがたかった。法の下での狭く形式的な平等を否定し、ロック的そしてカント的な契約主義という狭いリバタリアン的な要素を根本的に是正する手段として、社会的・政治的平等のより厚みのある構想を支持すること、これは二〇世紀におけるリベラルな平等主義の思想の出現にとって枢要である。リベラルな平等の源泉を評価するときには、これを忘れないことが重要である。とはいえ、ベンサムやミルといった功利主義者は、契約主義的な権利の狭い形式主義に対する是正策を提供する際、リベラリズムの重要なコミットメント、すなわちすべての個人が平等な配慮と尊敬を追求することを、付随的な事柄と見なす理論を用いている。このことは、功利主義の根底にある不偏性と平等の理念を見れば明白に理解されうる。

不偏性の理念は契約主義の伝統に特有で特権的なものではない。このような考え方にとって代わりうる重要な要素の一つとして、功利主義者が用いる「不偏的観察者」の理論がある。これはもともとはアダム・スミスの『道徳感情論』に由来する。[15] スミスはこの不偏的観察者という考え方を用いて、他人の性格に共感的に対応することの妥当性を検証した。不偏的観察者は、ある個人や集団の感情に対して、その他の人々の感情と比べて過剰に共感したり、それを過度に重視したりしない。判断に際してこうした距離を確立することで、観察者は、道徳的判断を行うための理想的規準を提供する。スミスにとって、道徳的判断の一つの特徴とは、それがたんに個人の利害や利益の反映ではないことである。ここで中心を占めるのは再び、カントにおける契約論的な普遍化可能性テストに見られるのと似て、道徳的観点とは、目先の情念や私的利害、偏見から自由な不偏的な観点だという考え方である。スミスは、議論の余地のない意味での功利主義者ではない。しかし不偏的観察者というこの考え方は、効用計算の対象となる人々の選好や利害のバランスをとる装置として、功利主義の伝統において採用されてきたものである。ただしこの装置は、功利主義の伝統と強く関連づけられるようになったとはいえ、ジェレミー・ベンサムとジョン・スチュアート・ミルという二人の重要な古典的功利主義者によっては採用されなかったことを指摘しておく。ジョン・ロールズは『正義論』において、不偏的観察者の考え方は功利主義的な実践的推論の構造的欠陥の一つであると批判している。他方、おそらく功利主義の現代における最も重要な擁護者であるR・M・ヘアは、この考え方を「批判的な」道徳的思考のモデルを使って展開している[16]。この不偏主義的な思考方法が契約論の伝統に由来するそれと異なる重要な点の一つは、前者が不偏性の観念を非人格性に置き換えることである。その理由は、功利主義の不偏的観察者の理論が、平等な配慮を解釈する仕方にある。契約論主義と同様、功利主義も平等な配慮の概念を導入している。しかしながら、契約論者にとって、平等な配慮は人格の個別性を尊重する考え方を伴うのに対し、功利主義者にとって平等とは「誰をも一人として数え、誰をも一人以上として数えてはならない」[17]という「ベンサムの金言」によって実現されるものである。一般に「ベンサムの金言」は、すべての選好は効用計算において一度だけ数えられることを意味すると解釈されている。これは、各人の選好に対して形式的に平等な重みを付与する。この考え方を不偏的観察者の人格に適用すると、不偏性よりもむしろ非人格性を生み出す効果がある。というのも、そのとき価値をもつのは、その利益が顧慮される特定の人物ではなく、個々の「欲求」や「選好」であるためだ。これがなぜ問題なのかといえば、個人の意思決定の次元においては、将来の福祉を増大させるために現在の満足を多少なりと犠牲にすることは理にかなっているが、この理想が個人間の意思決定に適用される場合には、大多数の人の利益のために一部の人の利益を犠牲にする効果を有するからである。このように功利主義の価値理論は、その平等の構想と結びついて、不偏性から非人格性を生み出すのである。現代の政治哲学者たちの多くは、人格を顧慮することで実際の意思決定に制約を加えるという考えを弱めるものとして、功利主義のこの側面を拒絶する。もし、究極的な善が快い状態や欲求の充足であるならば、こうしたものの総和こそが最善であり、それゆえ行為主体の追求すべきものとなるであろう。これは、行為者が私人であろうと、議員であろうと、投票権をもつ一般市民の多数派であろうと、またそれらの総和が他の個人や集団に害を及ぼす場合でさえ変わらない。あらゆる公的意思決定が、一部の個人の利益を他の人々の利益に比して軽視することを含むとはいえ、こうした措置はどの程度まで認められうるのか、またどのような問題でそうした犠牲が許容されるのかについて、制約が設けられなくてはならない。たとえば、多数派の福祉を向上させるために、少数民族《エスニック・マイノリティ》の利益を犠牲にすることは許容されるだろうか。あるいは強盗などの犯罪に対する断固たる措置《ゼロ・トレランス》を徹底するために、無実の人を処罰することは許容されるのであろうか。功利主義の問題点は、その価値の構想と平等の構想が、契約主義のそれとは異なるということだけではない。功利主義の不偏性に関する説明が、各人の自己利益や私的コミットメントから距離をとる必要性を認めながらも、人格の個別性という重要な考えは拒んでいることもまた問題なのである。ここにいう不偏性の理想の根底にある平等の構想は、それ自体人格を顧慮するものであり、たんに効用や欲求を顧慮するだけのものではない。こうした不偏主義的観点は、立憲主義の理想が多数派や党派的政治権力の行使を制約する市民的・政治的権利をもたらすのと同様の仕方で、実践的熟議に、人格の顧慮によるその制約という考え方を導入する。現代のリベラリズムの理論家たちにとって中心的な課題は、功利主義の伝統に由来する社会正義への関心を、契約主義の政治社会モデルに組み込まれた人格の顧慮による防御策と結合することである。現代のリベラルな平等主義者たちは、初期の契約論者の遺産と同じほど、初期のリベラルな功利主義者の遺産にも触発されている。だが、契約主義の枠組みの方が、効用計算の考え方よりも依然として魅力的である。なぜなら、契約主義の枠組みは、すべての個人が別個の人格として、たんに数えられるだけではなく、等しく心からの配慮と尊敬をもって扱われることを要求してしかるべきだという根本原則を前提としているからである。次の二つの章では、その遺産がどのように発展していくかを見ることにしよう。

第3章　社会契約論

われわれはここまで、現代リベラリズムの基本理念の起源を、社会契約の伝統の中に辿ってきた。また社会契約の伝統が、リベラルな平等主義の理念の唯一重要な源泉ではないことも見てきた。平等な配慮や尊敬と、物質的平等との間のリベラルな結びつきは、契約主義者たちよりも、むしろジェレミー・ベンサムやジョン・スチュアート・ミルのようなリベラルな功利主義の思想家たちに由来する。私は現代へと至る複雑な伝統の極めて簡略化された歴史を示したにすぎないが、現代リベラリズムの起源を確認するにはこれで十分である。とりわけ論争の的となっている政治的理念を扱う場合には常に、より複雑な歴史を語ることも可能ではあるが、それは本書の目的ではない。現代のリベラルな平等主義者たちは、二つの大きく異なるリベラル思想の源泉——一方は権利を重視し、もう一方は結果を重視する——から生じた複雑な遺産を組み合わせて使っている。たとえ彼らがしばしば、この二つの陣営間の論争を紹介する際、どちらか一方だけに価値があるかのように見せるとしても、である。現代の政治理論家の間、そして政治家の間で行われる論争において鍵となるのは、権利や手続き上の保護、もしくは結果のうち、どちらが優先されるべきかという論点である。本章では、現代のリベラルな平等主義者たちが福祉よりもむしろ手続きの優先を強く求めることを論じ、手続き的正義の骨子を示す。

本章で紹介する権利と手続き上の保護の優先についての議論では、抽象的な政治哲学と政治理論の研究を用いる。しかしだからといってこれらの議論が学術的で難解であり、現実の政治世界とは無関係だと見なすのは大きな間違いである。だから私は、本章の多くをロールズと、彼に対するリベラル陣営からの批判に割くことについて謝罪はしない。政治とはたんに政党間の競争を指すのではない。正当性や権力の分立、説明責任《アカウンタビリティ》をも指すのである。もしわれわれが正当性の条件や意思決定手続きの公正さについての真剣な思索を放棄するなら、政治的・経済的権力が少数の手に集中し、その行使に何ら制約がない世界にわれわれが直面したとき、それについて何も言えなくなるだろう。もちろん、政治権力の行使は様々な仕方で正当化できるし、道徳的正当性だけが意味のある問題ではないかもしれない。[1]とは言っても、リベラルの特徴は、政治体制の道徳的ないし規範的正当性を優先することにある。正当性は、政治的な強制力の行使について、それに従うすべての人々に受け入れられるような理由を示すという形をとる。規範の正当性は、特定の集団や階級に向けてではなく、政治権力に等しく服するすべての人々に向けて理由を説明することによってもたらされる。このようにしてリベラルは、特に正当化の主旨に関して、平等な配慮と尊敬についてのすべての人々の要求を認める。これは一部の人々が主張したがるのとは反対に、すべての人が実際に公的正当化の主旨を受け入れなければならないことを意味しない——自らの特権や地位に由来する利益を守りたがる集団や個人もいるだろう。だが公的正当化の主旨は、どのような人もそれを不合理だとして拒否することができないようなものでなければならない。そして合理性が他の何を伴うのだとしても、それは一部の人たちの基本的権利や利益を、他の人々の福祉を向上させるためだけに一方的に犠牲にすることは否定する。

本章では、ジョン・ロールズの『正義論』によって広まった社会契約論という装置の役割を分析することを通じて、現代のリベラル派による議論の基本構造を検討する。そこでは現代のリベラリズムの理論家が、正当かつ公正な国家をどのように構想し、リベラルな政治社会に根拠を与える原理を正当化するためにどのような戦略を用いているかを検討することになるだろう。第一節では、契約論という装置がリベラリズムの理論家によって、政治的アソシエーションの一つの比喩として、また正当化の一つの戦略としていかに展開され、理解されているかを分析することから始める。次に第二節では、リベラルな契約主義を根拠づける中心的な価値としての不偏性の理念の分析に向かう。特に、一階と二階の不偏性の間の区別、そしてこの区別が公正で自由な政治秩序の理念をどのように根拠づけているのかを探る。そのような政治秩序は、強制力の公的正当化と、個人の目標や大志の追求の双方を実現するための公正な手続きとなる。この第二節では、リベラルな契約主義が、個人が道徳について熟慮する際の一階の原理としてではなく、道徳性や善き生の希求に関する多種多様な見解と両立可能な政治理論として展開されているさまが詳らかにされるだろう。

社会契約としての政治社会

リベラル思想は、政治的アソシエーションが課す条件や強制力の行使を、それに従うすべての人々に対して平等な配慮と尊敬を認めることを条件に正当化する。この考え方は、社会契約論の伝統の中心にある理念に厳密に倣っている。そのため、現代リベラリズムの最も力強い再表明が、晩年のジョン・ロールズの契約主義理論であることは決して偶然ではない。ロールズは社会契約の理念を、公正な政治秩序の根拠となる市民権、憲法による保護、経済的資源への権利などの権利のセットをモデル化するために用いる。正義と公正さとの結びつきを示すことで彼は、ある政治体制が規範的あるいは道徳的正当性を確保していると言えるための条件を提示する。政治的アソシエーションの正当性と正義の理念との間のこの結びつきが、現代政治理論の中心にある平等主義的正義についての議論を可能にした。事実、それ以来、自由主義政治理論《リベラル・ポリティカル・セオリー》という用語が、「正義を理論化すること」の略語として採用されているほどである。ロールズの理論における契約主義的転回は、『正義論』の冒頭で彼が次のように述べるくだりに要約されている。

真理が思想の体系にとって第一の徳(the first virtue)〔=何はさておき実現される価値〕であるように、正義は社会の諸制度がまずもって発揮すべき効能(the first virtue)である。どれほど優美で無駄のない理論であろうとも、もしそれが真理に反しているのなら、棄却し修正せねばならない。それと同じように、どれだけ効率的でうまく編成されている法や制度であろうとも、もしそれらが正義に反するのであれば、改革し撤廃せねばならない。すべての人々は正義に基づいた〈不可侵なるもの〉を所持しており、社会全体の福祉〔の実現という口実〕をもちだしたとしても、これを蹂躙することはできない。こうした理由でもって、一部の人が自由を喪失したとしても残りの人々どうしでより大きな利益を分かち合えるならばその自体を正当とすることを、正義は認めない。少数の人々に犠牲を強いることよりも多数の人々がより多くの量の利便性を享受できるほうを重視すること、これも正義が許容するところではない。したがって、正義にかなった社会においては、〈対等な市民としての暮らし〉を構成する諸自由はしっかりと確保されている。つまり正義が保障する諸権利は、政治的な交渉や社会的な利害計算に左右されるものではない。[2]

この一節からは、ロールズの、そしてそれ以後のリベラルの関心が、政治社会の基本構造の規範的正当性にあることがよく理解できる。ロールズによれば基本構造とは、意思決定権の分配、個人に課された、また個人が有する権利のセットと義務、そしてそれらを分配する制度を意味している。この基本構造には主要な政治制度、市場経済、法的規範が含まれ、市民社会における民間団体を規制している。これは規範理論であるため、政治的アソシエーションの起源や、それらが歴史的にどのような自己理解を経てきたかについては多くを語らない。基本構造に焦点を合わせることは、ロールズが政治思想の非リベラルな伝統、すなわち社会主義に際立った借りを負っていることを示している。社会構造が一番の関心事であるという考え方は、ほぼ間違いなくマルクスの資本主義批判の核心にあるものである。だがロールズはこの不正義の構造的条件についての関心を、人格の規範的重要性に関するリベラルな関心に結びつける。この規範的関与なしには、マルクスの例において見られるように、権力や利益の構造的分配のどこが間違っているのかについて批判を開始するのは困難である。この規範的正当性を示すことで、ロールズはわれわれの注意を、功利主義の伝統に結びつけられた福祉優先の理念から、すでに見た社会契約の伝統の中で発展してきた理念へと引き戻す。彼はこれを二つの重要なやり方で行う。第一に、彼は政治社会を社会的協働の公正な体系として特徴づけるために契約の比喩を用いる。第二に、利益や目的を追求する際の成員間の公正という理念に内実を与えるような正義の諸原理を生み出すための理論の中で、契約あるいは仮想の合意の概念を用いる。

ゆえに契約の概念は、理論的道具であると同時に比喩でもある。現実の政治的アソシエーションが、自由で平等な人々の間の自発的合意によるものだと前提されていないのであるから、それは最も根源的なレヴェルにおける比喩である。社会契約は、諸国家の起源についてのありのままの歴史ではない。国家の誕生に合意が伴わないことは明らかである。ほとんどの国家は暴力か詐欺、よくても歴史の変動の結果として生じたにすぎない。だがリベラルにとってこの歴史的事実は、それがどれほど名誉に値するものだとしても、政治的アソシエーションの成立条件や強制力の行使を正当化するのに決して十分ではない。そのかわりにわれわれは契約の比喩を使って、正当な政治的アソシエーションのあるべきモデルを描くことができる。そしてそれは、根本的な〔人生の〕目的、あるいは政治的アソシエーションの目的について意見を異にする人々の間で社会的協働が行われるための公正なシステムとして理解することができる。この後者の点は最も重要である。というのは、これが近代民主主義社会の実際の経験——ときに理にかなった多元性の事実と呼ばれるもの——を特徴づけるものだとされているからである。このような社会（つまりわれわれ自身の社会と同様の社会）では、自らの生をどのように生きるのが最善なのか、そして道徳的規範や目標を課す上で国家の集団的強制力がどの程度行使されるべきかについて、人々の意見は分かれる。真に同質的な社会（ほとんど存在しないが）においては、理にかなった多元性の事実は成立しないので、契約の比喩は、平等な配慮と尊敬というリベラリズムの核心的価値をモデル化するのに最適の方法ではないだろう。そのような状況下では、有効範囲が限定されるのは契約の比喩であり、それがモデル化しようとする価値ではない。とは言っても、理にかなった多元性の諸事実は大多数の国家、特に民主主義国家であろうとする国々においても成立するし、それは西欧諸国に限らないとリベラルは考えている。根本的な目的や道徳律についてのこの不一致は、単なる社会学的な事実ではなく、理性の限界ゆえに、実際上取り除くことのできないものである。これは、たんにわれわれが真理や正義、生の意義（あるいはその欠如）についての究極的な問いに、何らかの最終的な決着をつけることができるほど賢くはないということではない。むしろ問題は、そのような大きな問題の最終的な正当化が、どのようなものであるかが不明確だということ

――われわれの信念と、「諸事実」から複数の教訓を引き出す可能性との間の複雑な結びつきゆえに――なのである。

契約の比喩においては、政治的アソシエーション（国家）が、究極的な目的について意見を異にする諸個人間の社会的協働の仕組みとして描かれる。そしてこの比喩は、対等な人々の間の理にかなった合意が正当性の必要条件となるという考えに基づいている。契約論者が政治社会の人為的性質を強調するのは、諸個人の主張の対立を仲裁するための手続きとしてであり、それは細部ではロールズの正義論に大いに異論のある多くのリベラルにも共有される力強いイメージとなった。契約の比喩を認めない、極めて影響力の強いリベラル派哲学者の一人が、ロナルド・ドゥオーキンである（彼については第5章でより詳しく扱う）。ドゥオーキンは次のように述べる。「仮想の契約は、その契約条件を履行することの公正さを是認する自立した論拠を提供しない。仮想の契約は、たんに実際の契約の劣化形であるだけでなく、そもそも契約でも何でもないのである」[3]。彼の批判は主に、ロールズの議論における正当化の手段としての契約という装置の使い方に向けられているが、彼はこの所見を、リベラルな政体のイメージとしての契約の比喩から得られる洞察を拒否するために一般化してもいる。だが、このイメージに注目してみよう。するとドゥオーキンもまた、自身の断言にもかかわらず、政治社会を諸個人間の協働の仕組みとして描き出していることがわかる。そこでは諸個人が地位の平等を享受し、それぞれの人が抱きうるいかなる特殊な目的や計画であれ、誰もが合理的に是認できる仕方で物事を管理している。[4] ドゥオーキンを契約主義者と呼ぶべきかどうかが問題なのではない。重要なのは、構成員の理にかなった是認に依拠する公正な手続きとしての政治共同体の理念こそが、リベラリズムの理論における契約主義の伝統の真の遺産だということである。政治社会のこのモデルは、説明手段として支持されている仮想の契約の考え方よりもずっと広く普及している。それゆえ無知のヴェールの背後にある意思決定の構造だけに注目すると、ロールズが促した契約主義的転回の意義を見誤ることがある。

契約は、公正な政治秩序がどのようなものであるかを理解するためのイメージ、あるいは比喩であることを忘れてはならない。それは国家がどのように出現するかを説明する命題ではないし、われわれがその創造に集団として合意したことをもって、近代国家は自発的かつ人為的に生じたとするのは明らかに事実に反する。リベラルな契約の比喩が強調するのは、正義と正当性の本質を決定する際の、社会学的・歴史学的要因の限界である。これらの要因は重要ではあるが、正義を保証するのに十分ではない。物事をどのように行うかについて、われわれはいつでもそのやり方の望ましさと正当性に異議を唱えることができる。契約の比喩は、ユートピア的理想に陥ることなしにこれを可能にする。なぜならそれは、合意の利点だけでなく限界も認めるからである。

リベラリズム、中立性、不偏性

政治的アソシエーションの契約モデルは、リベラルが政治的アソシエーションを思い描くうえで魅力的なものである。なぜなら、それは政治社会が何らかの実質的な目的や目標に方向づけられていることを前提としないからである。[5] 政治社会はそのかわりに、諸個人の多種多様な協働の企てが追求されるための枠組みを提供する。リベラルな国家は、善き生の構成要素についての実質的な見解をもたず、むしろ人々が自らの権利と自由の条件の範囲内でどのように関わりあうかについての手続き的な見解のみをもつ。そのため、しばしば究極的な目的について中立的であるとされる。中立的国家は、何らかの基本的価値や善の概念を前提としない。国家はこのように、国民の一部がローマ・カトリック教徒であろうと、マルクス主義者であろうと、無神論者であろうと、彼らが他者を等しく尊重する限りにおいて、国民を公平に扱わなければならない。これは、人生をどのように送るかについて他人に反対されようとも、あなたの権利や資格の享受には何の影響もないことを意味している。

中立性の概念は複雑で、紛らわしいことに、いわば「政策の帰結の中立性」と、「政策の帰結を正当化する際の中立性」とを包含している。[6] 前者では、政策の帰結が特定の善の概念や究極的な価値の概念を特権化してはならないことが意図されている。この考え方は一部のリベラルの特徴とされるが、つじつまが合わない。人工妊娠中絶の禁止や規制のような、論争の的となる公共政策の領域を見れば、政治的に中立の立場に立つことなどできないのは明らかである。国家が中絶を禁止し、胎児の権利が優先されるべきだと考える人々を特権化するか、あるいは中絶を許可し、出産するかどうかを決める母親の権利を特権化するかのいずれかしかない。第三の道がないのならば、必然的にどちらかの側を特権化せざるをえないのである。同様に、リベラルな寛容政策には、不寛容な非リベラルの意見に対して寛容なリベラルの意見を特権化する効果がある。このような意味での中立性についての話は気散じであり、リベラリズムの不可欠の要素ではない。こうした理由から、リベラルな平等主義者は「政策の帰結を正当化する際の中立性」により関心を抱く。こうすることで彼らが意図しているのは、リベラルな原理の正当化は、特定の善き生の概念が真であることをたんに前提とするのではない手続きによってなされるのでなければならないということである。リベラルたちはいまだ細部については意見を異にする傾向があるけれども、リベラルな価値観からリベラルな原理が生じることを示すだけでは大した仕事にはならない。本当に困難なのは、まだリベラルな平等主義者でない人々に対して、リベラルな政治秩序を受け入れるための理由を与えることである。だが、ここまで見てきたように、リベラリズムは倫理的意義の核心は諸個人にこそあるという見解をもつ。このことはきっと、共同体、国家あるいは教会との関連において個人をより全体論的に説明する道徳的、政治的、宗教的原理の間で、リベラルが中立的ではありえないということを意味するのではないだろうか？[7] ここでもまた、中立性という言葉がいかにリベラリズムに問題を引き起こすかがわかる。この理由から、ブライアン・バリーのような、ロールズ的プロジェクトに共感するリベラルは、中立性の概念を捨てて不偏性を選んだのである。[8]

不偏性を支持する理論家たちは、リベラリズムが特定の基本的価値をもたらすコミットメントから自由であるとは主張しない。リベラリズムは、平等な配慮と尊敬、そして人格の個別性の理念——すなわち、個人は究極的な道徳的意義をもつのであり、個人としても、また集団としても、他者の利益のために犠牲にされてはならないという理念を優先させなければならない。むしろリベラルは、善き生についての単一の概念を前提とすることなく、そして他の様々な非リベラルな道徳的、政治的、宗教的観点からも受容できるような形で、これらの基本的価値をモデル化することを試みる。善き生についてのいかなる概念をも真理として前提とすることのない、不偏的な論法をモデル化するこの試みこそが、ロールズの『正義論』における社会契約の第二の、そしておそらく最も有名な用法にわれわれを導くのである。

リベラルな社会の基本構造を規定するための二つの候補原理を、なぜわれわれが受け入れるべきかを示すために、ロールズは自身が「無知のヴェール」と呼ぶものの背後にある契約あるいは同意の概念を用いる。これは、公正な基本構造を保証するために必要な正義の原理は、特定の集団を特権化せず、特別な合意において合意に達するものだという考え方である。しかし、もし社会における自分の立場や、信念、価値観について熟知した上で合意に臨むことが許されるのであれば、人は自分自身の利益を最大化するために交渉する傾向をもつだろう。この理由から、最初の合意または選択の局面は、ロールズが呼ぶところの無知のヴェールの背後に現れる。無知のヴェールに課せられた仕事は、個人の意思決定から自己の優先や党派性といった偏向を取り除くことにある。

この状況の本質的特徴の一つに、誰も社会における自分の境遇、階級上の地位や社会的身分について知らないばかりでなく、もって生まれた資産や能力、知性、体力その他の分配・分布においてどれほどの運・不運をこうむっているかについても知っていないというものがある。さらに、契約当事者たちは各人の善の構想やおのおのに特有の心理的な性向も知らない、という前提も加えよう。正義の諸原理は〈無知のヴェール〉に覆われた状態のままで選択される。諸原理を選択するにあたって、自然本性的な偶然性や社会状況による偶発性の違いが結果的にある人を有利にしたり不利にしたりすることがなくなる、という条件がこれによって確保される。全員が同じような状況におかれており、特定個人の状態を優遇する諸原理を誰も策定できないがゆえに、正義の諸原理が公正な合意もしくは交渉の結果もたらされる。[9]

ロールズの基本的洞察は、公正さあるいは不偏性が、無知を利己心と組み合わせることによって実現できるとしたことにある。もしわれわれが、自分が誰であるかを知らず、それにもかかわらず自分の生の状態をより良くしようという気があるのならば、われわれは自分が誰であろうとも、ロールズの正義の二原理を選択することになるだろう。

ロールズの議論のこの側面は、その後の規範的な政治理論の多くの論争の焦点となった。リバタリアンやコミュニタリアンの陣営の数々の哲学者が、無知のヴェールの奥にいる人格という概念を、個人は社会に先んじて存在するという考え方を暗示するものだとして退けてきた。[10]これが意味するのは、ロールズはホッブズやロックの社会契約論に倣って、社会が存在する以前から人間は利害関心、欲望、野心をもって存在すると前提しているように見えるということである。だが、心理学者、人類学者、歴史家、そしてロック以来のほとんどの哲学者は、人間は生まれつき社会的な存在であって、この人格の概念が受け入れがたいことを告げている。[11] マイケル・サンデルのようなコミュニタリアンは、契約主義的リベラリズムの社会的存在論に対するこうした異議を、次のような主張と結びつける。サンデルによれば、ロールズの「無知のヴェールの背後における選択」という構想は、彼があらかじめ道徳的観点とは不偏性のことだという考え方を前提としているからこそ成り立つのだという。だが、道徳的観点としての不偏性があらかじめ正当化されていなければ、ロールズの理論における道徳的行為者にとって、原初状態の観点を採用し、無知のヴェールの背後で契約を行う理由はなくなる。不偏性を特権化することで、アリストテレス主義のように実践的熟慮において不偏性に同様の重みを付与しない道徳的観点は排除される。ロールズの理論はこのように、正義の原理の正当化に際して、善の諸概念の間における不偏性を欠いているとして非難されている。この批判に対するリベラル側からの応答については、第7章で触れたい。

ロールズの理論の批判者はサンデルだけではない。ロールズのリベラルなプロジェクト全体には基本的に賛成する人であっても、その多くは彼の原初状態の説明については、それが不偏性を十分に擁護できておらず、それゆえ究極的にはリベラリズムに同調しない人々に言質を提供しているという理由から批判的である。ブライアン・バリーのような契約論的リベラルは、ロールズの原初状態は求められているような正当化の議論を提供できていないだけでなく、契約論的立場の本質を見誤ってもいると主張している[12]。

バリーによれば、ロールズの原初状態についての議論は余計である。なぜならロールズ自身が無知のヴェールの背後での討議を、たとえば「コミットメントによる制約」の議論など、原初状態の設計図の外にある理由によって補足しなければならないからだ。この「コミットメントによる制約」の議論によれば、無知のヴェールの背後でなされたいかなる決断も、人為的な選択の状況から現実に戻った諸個人が従うことのできる根拠とならなければならないことになる。ロールズはこの議論を用いて、契約者たちが功利主義的な分配の原理を選択する可能性をあらかじめ除外する。そのような原理は、原初状態の制約を前提とすれば魅力的に映るかもしれないが、契約者たちが無知のヴェールの外に出たことに気づいたとたん、不当に耐えがたいものとなるだろう。というのは、他者の利益のために自己の福祉を一方的に犠牲にする可能性を受け入れなければならなくなるからである。ロールズは、無知のヴェールの背後で行われた選択が遵守されない可能性があるので、この犠牲を要求するのは理にかなっていないと認めている。この事実を踏まえて、ロールズは「コミットメントによる制約」を、無知のヴェールの背後で選択されうるものに対して自律的な制約として用いている。だがバリーの論点は、このことはたんに、原初状態に立脚した議論が逸脱であって、正義の二つの原理の全体系を損なう可能性があると示しているにすぎないということである。この契約論的装置は、正義の実質的な理論を支えるどころか、むしろ危ういものにする。なぜなら無知のヴェールは、候補となる原理のうち、どれが正しい原理なのかを決定するために必要な情報源を個人に与えないからである。ロールズの戦略は、自立的な正当化の方法というよりも、二原理を補強するために設計された脆い装置と見なされる危険をはらむ。これに対してバリーは、ロールズと契約主義者の正当化の議論を、T・M・スキャンロンの「理にかなった拒絶可能性」という考え方に照らして考えるべきだと論じる。スキャンロンは次のように述べる。「一定の状況の下で遂行されたある行為が、行為の一般的規制のためのいかなる規則体系によっても許されない場合、その行為は不正である。その際その規則体系とは、情報に基づき、強制されない一般的合意の基礎として、誰も理にかなった仕方で拒絶しえないものでなければならない」[13]。バリーは、道徳的不正についてのこの契約主義的な説明は、ロールズの原初状態の理論よりも、より有益な正当化のモデルだと論じる。彼によれば、スキャンロンのこの議論はロールズの理論の基本的な要素を、その不必要な複雑さを排除しつつ取り入れることができる。その要素とは、人々を差別的に処遇するには理由がなくてはならないという基本的平等の前提、およびその理由は権利、自由、あるいは社会的協働がもたらす利益を最も少なく受けとる人々にも受け入れられるものでなければならないということである。そしてこの基本的平等の前提は、誰かの地位の悪化が、たんに別の誰かの地位の向上によって正当化されてはならないという理由から、「人格の個別性」が維持されるという考え方を含んでいる。バリーの「スキャンロン型の」社会契約論の変種は、正当化の過程において、契約や交渉の概念に実質的な重要性をまったく与えていない。かわりにバリーは、契約の比喩が有用なのは、それが不偏的な熟慮の形式という理念をモデル化するものだからであると述べる。バリーの議論は、平等と不偏性と公正さの間の親密なつながりをまとめるものであり、この点においてのみ、彼は彼自身を、またロールズのような同時代の論者を契約論の系譜に位置づけるのである。正当化の戦略としての契約の使用ではなく、リベラルな平等主義の核心的価値に基づく社会の比喩としての社会契約こそが、ロールズの原初状態の明らかな失敗にもかかわらず、契約論の伝統の魅力を維持しているのである。[14]

バリーの不偏主義理論が社会契約論の伝統と呼応することについて、もう一つの重要な点がある。前章で私は、契約論的な熟議の実践は、公正な合意という立憲主義の理念を、道徳的正当化の理念に適用するものだと論じた。熟議についての立憲主義的、あるいは政治的アプローチは、ロック[15]やカント、特にカントの理にかなった合意の説明において用いられた実践的推論の説明に見ることができる。ロールズやバリーの現代的な契約論的アプローチは、この伝統の政治的／立憲主義的起源に立ち戻るものである。バリーの場合、契約論的アプローチを、個人が自身の熟議の実践に適用する規則ではなく、社会の基本構造を形作る規則に関する独特な政治理論として最も明確に擁護していることがわかる。

このようなリベラルな平等主義がもつ政治的特性の重視は、不偏性としての正義の理論が二階のレヴェルにおいてしか適用されないというバリーの主張に示されている。つまり、契約論的アプローチが適用できるのは、意思決定権の分配と限度を決定する規則を構築するレヴェルにおいてであり、実質的な政治的・道徳的決定のレヴェルではないということである。この二つのレヴェルは、次のように区別できるだろう。憲法の一階の規則とは、たとえば黄色の二重線の上に駐車してはならないというように、特定の行為を命令あるいは禁止するものである。二階の規則は、憲法上のより高次の規則であり、一階の法律に制約を加える権利と意思決定権を分配する。この例としては、人身保護令状(habeas corpus)の根底にある諸権利、あるいは国家でさえも法の適正な手続きなしには個人の権利を剝奪することはできないという事実が挙げられる。不偏性の理念は、究極的な目的についての理にかなった多元性を特徴とする社会の基本的規則や憲法の本質的要素を決定するのに適している。バリーは、この「憲法の本質的要素」という考え方が、政治的・市民的権利だけでなく、公正な機会均等に必要な条件にも及ぶと確信しているが、この点は第5章で論じよう。同じく重要なのは、二階の不偏性というこの理念を採用したとしても、各主体がどのように行為すべきかを熟慮する際に、「理にかなった拒絶可能性」のテストを直接行う必要はないという主張である。このような仕方でバリーは、自身の理論が、標準的な不偏主義者の議論に対するおびただしい数の批判、すなわち特別な義務や個人としての全一性（personal integrity）、他者への配慮のための余地をもたず、あまりにも要求が厳しいといった批判を克服していると述べる。[16] 二階の概念の下では、不偏性の理念は規則と意思決定権の体系、つまり憲法に適用されるのであり、どのように行為するかについての個人の意思決定には適用されない。公平な課税の後に所得をどのように配分するか、また慈善の要求を退けて愛する人の境遇を向上させるべきか否かを決定するときに、不偏主義的な観点を採用することは個人には期待されていない。のちに見るように、道徳的動機づけや資源の分配に関しては、リベラルな平等主義者が単純な平等主義者ではない理由の一つがこれなのである。実践的推論のあらゆる場合において、各主体が不偏性の観点を採用すると期待すれば、個人の負担がいかにも過重になるため、不偏主義の理論家は動機づけの問題をつきつけられる。もしこの理論が不当に厳しい要求をしているのなら、主体は他の動機をもつ可能性が高まり、それらの動機は不偏主義的観点と対立し、それを覆しかねない。そしてこれらの動機のすべてが、必ずしも非道徳的であるとは限らないのである。

リベラルな契約主義が一階の不偏性を前提とするという主張は、サンデルによるロールズの原初状態論への批判の一部をなしている。サンデルは、ロールズが不偏主義的観点こそが道徳的観点だと前提としていると論じる。バリーの議論はこの批判を克服している。なぜなら、彼は不偏主義的な観点が他の観点に優先されることを提案しているが、それが道徳や政治のすべてだとは主張せず、それゆえに彼の理論は偏向や個人としての全一性に価値を見出す多様な観点をも容認することができるからである。現実世界での実践的熟慮においては、各主体が不偏主義的な観点を採用することはまったく期待されていない。各主体が受け入れるべきは、不偏性の観点が採用されるのは、ある政体の「憲法の本質的要素」および意思決定権と立法権の分配を正当化するためだということだけである。

二階の不偏主義の観点はまた、立憲主義の理念を反映している。なぜならそれは、論争の的となっている政治的・道徳的問題に正しい解答を与えるとは主張しないからである。不偏主義的な正当化は、政治的アソシエーションの基本構造や憲法の本質的要素に適用されるものである。これまで見てきたように、これらは意思決定権の分配および市民的・政治的権利といった憲法による保護をもたらすが、道徳的拘束力のある公共政策の具体的な課題を規定することはない。公共政策に関する争点の多くは、異なる集団や派閥の間で激しく戦われ続けるだろうし、理にかなった意見の不一致がある状況においてはそれが必然である。これらの基本的権利と利害についての問題の一部は不偏主義的手続きによって解決するだろうが、異なる個人が各々の権利をどのように行使すべきかというもっともな問いの余地は残る。リベラルな憲法の下では、一部の人々が、他の人々が道徳的に間違っている、あるいは受け入れがたいと見なすことを行う権利を（許容という形で）もつことになる。そのような場合、ある権利の付与によって、行為そのものが道徳的あるいは非道徳的な行為となることはない。権利の付与はむしろ、国家や共同体から個人に分配される自由裁量権に関係しているのである。基礎的なレヴェルにおいては、個人は立法や公共政策の有効範囲を制限することのできる基本的な市民的・政治的権利をもつ。それゆえ、たとえ議会での多数決による決定であっても、同性愛者の基本的権利や女性、人種的少数派の投票権を否定することはできない。これらの基本的な市民的・政治的保護は、平等な配慮と尊敬の理念から導かれるものである。しかし論争的な問題のすべてが、基本的権利に訴えることで処理できるわけではない。この見解こそが、ロバート・ノージックやヒレル・スタイナーによる権利に基づくリバタリアニズムからリベラリズムを区別する点なのである。[17]ノージックとスタイナーは、個人とその権利で道徳的領域は論じ尽くされるのだから、個人が権利を有していればそれが道徳的な問いへの答えとなるのだと主張する。同様の考えが、ロナルド・ドゥオーキンの初期の著作における権利の役割に示唆されている。ドゥオーキンはリバタリアンではないが、自身の「切り札としての権利」の概念を、関連するすべての道徳的問題を解決する方法として用いていると見なされることがある。[18]深い対立のあるすべての問題の解決のために基本的権利への訴えに依存することは、コンセンサスの理念に法外な重要性を与えることになる。リベラルは、一定の基本的権利や利害についての合意は可能だと主張するが、ここから、これらの権利を拡張すれば激しい論争の的となる周知の道徳的問題すべてを解決することができるという主張へと進めば、リベラリズムが理にかなった多元性の事実を承認することの真の効力を否定することになる。だからこそリベラリズムは、これらの論争を呼ぶ道徳的問題に対して、手続き的な解決策を提供するのである。こうした解決策の長所は、それらが手続き的であり、実質的ではないことにある——それらは最終的な道徳的真理を主張しないかわりに、ただすべての当事者の忠誠を要求する。それもある決定の帰結が、公正で不偏的な手続きから得られ、それによって他のより論争的でない道徳的主張が具体化する範囲において、である。この手続き的観点は、英国が妊娠中絶の問題にどのように対処してきたか、およびそれと対照的な米国の例を使って説明できるかもしれない。米国では、かの有名なロー対ウェイド裁判の判決〔一九七三年最高裁判決。合衆国憲法修正第一四条が、妊娠についての女性の自己決定権を保証していると初めて示した〕によって、中絶の憲法上の権利が確立した。多くの人が、この判決は論争に決着をつけるどころか、対立する当事者間の意見の相違を固定化し、米国最高裁を不必要に政治化させただけだと論じてきた。英国では、一九六七年に合法化された限りにおいて中絶の権利が認められている。しかし、この決定は明確に立法府によるものであった。この権利は立法決定により付与された法的権利であり、したがって道徳的権利あるいは自然権を含意するものではない。とはいえ、立法過程に関与した人々は明らかに、一つの法的権利として認められるべき道徳的主張が存在すると考えているだろう。こうして、様々な集団が様々なやり方でロビー活動を行い、個々の議員は各自の良心に問いかけることができる。その結果は不確かであり、反対多数であれば覆される可能性もあるが、どの当事者の道徳的観点にも予断をもたないという重要な結果をもたらす。中絶合法化に反対する人々は、合法化が道徳的に間違った決定だとなお主張することはできる。しかし彼らは、その決定が生じた手続きの構造全体に異議を唱えない限り、その決定がルール違反だと主張することはできない。中絶合法化に賛成する側はこれと対称的な位置にあり、寛大な法律が根本的な道徳的問題を解決すると主張することはできない。

このように手続きというものは、正当で理にかなった意見の不一致がありうる問題に対して最終的な道徳的解答を与えるのではなく、むしろ必要に応じて意見の不一致を決定に導くのである。このようにして二階の不偏性を擁護することは、究極的な目的についての多元性の事実という考え方とは矛盾しない。たんに多元的な状況下で画一的な信念や判断や価値を押しつけることで生じうる潜在的な対立に代わるものとして、不偏的な憲法を承認しているにすぎないのである。

政治社会の契約主義的モデル、そして一階の不偏性と二階の不偏性の区別の重要性から、現代のリベラルな平等主義者が社会正義の政治的概念を提案する方法が見えてくる。これによって彼らは、政治的共同体の基本構造に適用される道徳理論を示しているのである。ロールズ、バリー、そしてその他のリベラルな契約論者は、個人の行為についての完全な道徳理論を意図してはいない。行為功利主義やカントの定言命法のような一階の不偏主義の道徳・倫理理論とは異なり、二階の不偏性の政治的概念は、諸個人を自らの実践的熟慮へと導くべき規範には関係がない。リベラルで契約主義的な正当化の方法から導かれる意思決定権の分配や個人の権利と自由は、疑いもなく各個人が隣人をどのように扱うかということに関係している。リベラリズムは一連の道徳的規範を提供するのであり、倫理的問題について完全に中立的ではない。実際、各人格の倫理的重要性を前提としている以上、中立はありえないのである。リベラルの展望について重要なのは、この倫理的見解は政治的領域に限定されたものであり、個人の領域や善き生についての完全な概念には及ばないという点である。善き生についての根本的な意見の不一致、つまり理にかなった多元性は、多元的な民主主義社会において善の完全な包括的概念を強制することに対して、実践的かつ規範的な制約を課す。社会正義についての政治的概念を提案しようというリベラリズムの野心は、意見の不一致を前にしての次善の策ではなく、現代の民主主義社会の要求に対する積極的な応答である。最終的には、リベラルなプロジェクトが成功するか否かは、現代民主主義国家の性格としてわれわれが熟慮の上で期待するものにリベラリズムの理論が適合するかどうかにかかっている。契約の比喩は、現代の民主主義国家が、すべての個人の平等な市民としての地位と要求を育み、擁護する仕方を理解する一つの方法を提供しているのである。

第4章　リベラリズムと自由

現代政治理論の契約主義的転回は、ロールズとバリーという著名なリベラリズム理論家と関連しており、現代民主主義国家における理にかなった多元性の事実を表している。市民生活や政治的アソシエーションの最終的な目標や意義についての考え方は、人によって様々に異なる。憲法の本質的要素と公共政策の双方に対する完全主義的なアプローチは、社会の中の人口の多い諸集団が熟慮の上で示した意見や価値観に対立することになり、それゆえ長期的に見れば社会的・政治的合意を不安定にする。完全主義的な考え方とは、他者の生全般にわたって、その人が追求しうる目的や抱くべき信念や価値観に要求を課す社会的・政治的道徳を意味している。政治的リベラリズムは、リバタリアニズムのように、あらゆる形態の国家的パターナリズムを排除することはしない。毒物や危険な薬への警告ラベル貼付や、家庭用電気器具の接地義務化を要求することは、分別のあるリベラルが反対する類いのパターナリズムには該当しない。むしろリベラルが懸念しているのは、各人格に対して完全に平等な配慮と尊敬を与えないような道徳的、政治的、文化的コミットメントの強制である。契約主義は、究極的な目的についての理にかなった多元性の事実を受け入れるリベラル社会のモデルを提供する。しかしそれは、平等な処遇を求める各人の主張をいかに引き受けるかという点でも、各人の行為を公平かつ公正な仕方で規制する規範をいかに正当化するかという点でも、依然として一つの手続き的理想にとどまる。前章ではこうした社会的協働の公正なシステムとしての政治的アソシエーション、あるいは国家のモデルを概観した。本章では、社会的協働の公正なシステムとしての政治社会の像を形作る原理に関するリベラルの説明に目を向ける。第3章、4章、5章を総合すれば、現代リベラリズム政治理論の主要な流れが網羅される。前章では、しばしば「基礎づけ問題」と呼ばれるもの、すなわちリベラルな政治秩序をどのように説明し正当化するかについての問題を検討した。本章と次章では、実質的問題、すなわちリベラルな政治秩序を形作り、リベラルな正当化の戦略から生じるはずの原理の説明にとりかかる。

本章と次章（経済的平等を検討する）は、ロールズが彼の正義の二原理に与えた順序と大まかに対応するが、彼が論じた内容の単なる説明を超えた範囲を扱うことになるだろう。だがそれは、ロールズによる優先性の説明を是認することは意味しない。本章では自由と、リベラリズムにお

ける その地位を論じる。次章では、資源の平等、あるいはリベラルな平等主義の経済的要素を扱う。

自由の諸類型

本書の序章で私は、現代西洋の民主主義国および政治理論において支配的な政治的リベラリズムの形式を根拠づけている核心的な価値は、自由よりもむしろ平等であると主張した。この理由から、ここまでリベラリズムのルーツを契約主義の伝統、そして功利主義の中に見てきた。だがまた同じこの理由から、自由そのものを最重要と捉えるより広範なリベラルなイデオロギーの他の源泉を取り上げてこなかった。このアプローチを部分的に正当化するものとして、こうしたリバタリアン寄りのリベラリズム理解が、理論的にも実践的にも現代保守主義の発展に組み入れられてきたということがある。[1] 米国では、私が説明しようとしているリベラリズムの形式は左派的なイデオロギーあるいは政治理論と見なされている一方で、共和党と民主党の保守派がいずれも何よりも自由に価値を置いている。その好例がジョージ・W・ブッシュJr.大統領〔任期二〇〇一〜二〇〇九年〕である。彼は（支持者から）保守派と評されているが、彼の政治的言辞《レトリック》はもっぱら自由とその延長に限られている。米国とヨーロッパの保守派のほとんどは、英国保守党とその指導部の例に見られるように、自分たちの第一の関心事は自由だと主張するだろう。

左派、右派のリバタリアン（現代保守主義のほとんどの変種を含む）はともに、自由を基本的な政治的価値と見なす。自由の概念は様々な仕方で理解することができる。現代の最も一般的な見解は、消極的自由、積極的自由、共和主義的自由の三つである。[2] この章ではまず、議論の多くを形作るこれら三つの自由の観念を説明することから始めたい。

これらの対立し合う解釈のうち、消極的自由の概念は、リベラリズムおよび右派・左派両方のリバタリアニズムと最も密接に関連している。[3] この概念の最も有名な提唱者がアイザィア・バーリンである。消極的自由とは、拘束（restraints）と制約（constraints）の両面で強制力の働かない状態として自由を捉える考え方である。個人が拘束されている状態とは、投獄されたり、手枷や錠や格子窓によって行為を直接的に阻止されている場合である。刑務所に入れられた人は、当人がその投獄についてどう感じようとも、その人にはここで議論している意味での自由はない。一方で制約とは、行為の阻止ではなく、行為の強要である。もしある人がある仕方で行為することを強要されるならば、その人もまた自由ではない。制限も強要も強制の類型をなすのであり、強制のあるところに自由は不在である。強制は定義するのが困難な概念として有名で、消極的自由論者の多くは、直接の制限だけが自由の束縛の事例と見なされると考える傾向がある。一七世紀の哲学者トマス・ホッブズの次のような見解はその典型である。彼は、人は「剣で脅迫」されていても自由でありうると主張する。干渉すると脅すだけでは、人が受け入れがたい帰結を選択することを妨げはしないからだという[4]。消極的自由論者たちは、強制と見なされうる範囲の狭さあるいは広さについての説明において意見を異にする。これらの違いは、人格の形而上学や、行為の哲学における自由意志と決定論をめぐる議論にまでさかのぼることができる。

いずれも重要な問題ではあるが、ほとんどの消極的自由論者はこれらについて見解を共有していないので、これ以上探究する必要はない。重要なのは、消極的自由論者が自由に課されるすべての妥当な制限を、人格とは無関係なものと見なすことである。人は自身の信念や道徳的状態によって自由でなくなるわけではない。消極的自由論者にとっては、何らかの決定を受け入れがたいと感じたり、ある選択肢が自分の根本的信念に反するというだけの理由で、人が自由でなくなることはありえない。ゆえに、悪事をなす行為、あるいは他の基準で不道徳な行為を選択することは、自由に振る舞えないことの例とはならないのである。この見解は、消極的であることを口実に、法によっても、社会福祉や平等のような共通善の追求によっても自由が制限されるという重要な帰結をもたらす。法は、ある人に他の人々が危害を加える機会を制限したり、何らかの選択を容易にするために資源を分配することによって、自由により多くの価値を与えるかもしれないが、やはりそれは自由を制限することになる。ロバート・ノージックのような厳格なリバタリアンにとっては、もし社会正義や平等という尺度によって自由が制限されるのであれば、こうした強制を伴う価値は自由に道を譲らなければならない。ノージックが、分配的正義を実現するための課税はもとより、個人の自由を保護することのみに役割を限定した最小国家の維持以外のあらゆる営為は、実際には強制労働の一形式なのだと断じたことは有名である。[5]

消極的自由の概念を用いる他のリベラル、たとえばアイザィア・バーリンは、ときには自由よりも安全、平等、あるいは社会正義といった他の価値が優先されるべきだということは否定しない。これは多元論者であるバーリンが、自由以外の価値の重要性も言明していることによる。バーリンが主張するのは、そうした自由への制限が必要な場合、他の何らかの善のために自由を犠牲にしているのであり、自由の新たな概念を提示しているのではないことを明確にしなければならないということである。バーリンのような消極的自由論者は、人は自由になるべく強制されうるというルソー派の主張を、自由ではなく全体主義につながる考え方としてはっきりと退ける。自由とは、ルソーやカントら積極的自由論者が論じてきたような、道徳律に従ったある種の自己統治や自律性の獲得ではない。消極的自由は、ある種の魅力的な単純さをまとっている。バトラー司教〔ジョセフ・バトラー、一六九二〜一七五二年、英国国教会の司教、神学者〕の言葉を借りれば、自由は「それそのものであり、他の何ものでもない」[6]。自由とは、社会正義でも、道徳でも、平等でも、人類の繁栄でもなく、たんに自由を妨げる類いの有意な干渉の不在である。こうした単純さこそが、近代国家の支配に挑戦しようと欲するリバタリアンや保守派にとってこの概念が魅力的に映った要因であることは間違いない。

国家が行うことの多くは、法律による行動制限、義務教育、国民皆保険、安全保障、そして多くの場合、兵役や投票までもを通じて行為を制約するという意味において強制的である。国家は自由を制限する。だが自由の消極的分析を支持する人々が、必ずしも保守的あるいは反国家的な政治的アジェンダを支持する義務はないということを忘れてはならない。消極的でリバタリアン的な自由の分析を受け入れながらも、ある種の価値が常にある種の自由の制限を正当化する別の根拠を支持することは可能である。たとえば安全や平等といった価値がその例である。バーリンが指摘するように、消極的分析がわれわれに示すのは、自由は正義や平等、安全のような他の個別的な価値と同じではないという考え方だけである。リバタリアンや保守派が提起するような、自由は他のあらゆる価値に勝るものでなければならないという議論は、自由の単なる概念分析以上のものを必要とする。政治的リベラルが自由の概念をどのように用いるかを探る際には、この点を心に留めておくことが重要である。自由概念の消極的分析を受け入れたからといって、必ずしも特定のイデオロギーに基づくアジェンダにコミットするとは限らない。

消極的自由の概念とは対照的に、積極的自由は阻止や無理強いという意味での外的強制の考え方には焦点を合わせない。それがより重視するのは、道徳律に従って行動するという考え方である。自己統治としての積極的自由の概念は、物議を醸す古典的でキリスト教的な自制の理念、およびそれと結びついた合理性や道徳性、共通善といった客観的規範に従って行為するという理念に依拠している。この意味で、自由であることとは、外的な制約から自由であることとまったく同じように、自分の情念や基本的欲望を制御できることなのである。キリスト教的な道徳教義の影響を受けている人にとっては、真の自由とは、より罪深い本性から魂を遠ざけることにある。だがこの考え方は、キリスト教だけのものではない。プラトンやアリストテレスが示した古代の自由概念もまた、理性や道徳に従って本性を克服し、魂や精神そして本当の自己を秩序づけることを真の自由と見なす。その限りにおいて、消極的自由論者の見解に反して、自由は法に敵対するものではなく、むしろ法を必要とするものである。積極的自由の概念の起源は古いが、近代における最も力強い再説は、一八世紀フランスの思想家ジャン＝ジャック・ルソー（一七一二〜七八年）の考えに見出される。ルソーにとって、自己を統治しているという意味での自由は、他者の強制的意志に従うことと完全に両立する。ただし、その意志が「一般意志」に現れた自分の本当の、あるいは真の意志である限りにおいてであるが（その場合は強制とは見なされない）[7]。この「一般意志」という概念は、われわれの真の意志として政治的に発現するものであり、人々を強制的に真の自由に導くというルソーの逆説的な見解の源である。もしも法に従って行動することが真に自由であるならば、国家や警察による強制は単なる平和と秩序の条件なのではなく、人が実際に自由であることとの条件となる。国家は人にある特定の仕方で行為させるとき、実はその人を自由にしているということになる。ルソーはこの議論の中で極めて特殊な国家概念を抱いており、キリスト教神学でおなじみの考えを用いている。とはいえ、二〇世紀の歴史に照らして、国家による強制が自由の源であるという考え方はほとんどのリベラルを不快にした。ルソーの積極的自由の原理は、しばしばヒトラーやスターリンによる現代の全体主義の前兆と見なされる[8]。バーリンが近代的自由の分析と歴史として自身の自由の二概念を提示しながらも、積極的自由よりも消極的自由を明確に支持する理由は間違いなくここにある。J・L・タルモンやカール・ポパーが示唆するように、積極的自由の原理が全体主義的な傾向をもつかどうかは、個人の行為が確かにその人の真の、あるいは本当の利害に合致しているかどうかを裁定する権威をどのように捉えるかにかかっている。その権威が「特定の政党」であるとしたら、自由を強制されることは、懸念されているような傾向をもつかもしれない。いずれにせよ、積極的自由論が主張する重要な点は、自分の利害が何であるか、またどういった行為や規則や障害が自由への制限と見なされるかを最終的に判断するのは、必ずしも個々の主体とは限らないということである。それゆえ、人がある法に自由を制約されていると感じるかもしれないが、その同じ法がその人の自由を構成してもいるのだ。繰り返すが、積極的自由は、その明らかな傾向にもかかわらず、必ずしも特定のイデオロギー的アジェンダに人をコミットさせるものではないことを心に留めておくことが重要である。カナダの哲学者チャールズ・テイラーが一貫して主張しているように、積極的自由の概念は、たんに自由と、道徳性や合理性との結びつきを示しているにすぎない[9]。道徳性や合理性ということで何が求められているのかということは、もちろん別の問題である。だが積極的自由の概念をリベラリズム理論に活用してはいけない理由はない。とはいえ、それが自己とその本当の利害についての説明にかかっている以上、積極的自由の概念を用いるリベラリズム理論は常に極めて完全主義的なものとなってゆき、理にかなった多元性の事実に直面したときにはこの点が問題となるだろう。かくして、積極的自由の概念は政治的リベラリズムよりもコミュニタリアリズムとより密接に結びつくことになる。

バーリンの消極的自由・積極的自由に並ぶ、第三の自由の概念は、共和主義の影響を受けた理論家たちから提示されている[10]。クェンティン・スキナー、フィリップ・ペティット、マウリツィオ・ヴィローリのような共和主義論者は、政治的自由の別の概念を取り戻し、擁護することを試みた。それによれば、政治的自由の行使が、個人的自由を守る政治体制には不可欠であるという理由から、特定の形式の市民活動が個人的自由の条件と見なされる[11]。これは自由についてのあらゆる議論を個人の自由へと縮減する消極的・積極的自由論者や、特定の政治的自由の概念の存在を否定する消極的自由論者の見解と対照的である。共和主義論者の目的は、政治的自由と市民的徳を、自由を非支配の状態と捉える考え方と結びつけることにある。それによって彼らは、自分たちが懸念しているような、無制限の消極的自由論が無政府主義的あるいは反政治的な含意をもつ事態を避けようとしているのだ。消極的自由が無政府主義的な帰結をもたらす可能性については、ロバート・ノージックの『アナーキー・国家・ユートピア』における描写が有名である。この本で彼は、最小国家、あるいは夜警国家こそが、自由への強力な個人的権利と両立しうる唯一の政体だと主張している。共和主義者にとっては、このリバタリアニズム的傾向は公論に有害なものである。というのは、それは課税や福祉の提供のような一般的な政治的努力をすべて自由への制限として退けるからである。アメリカとヨーロッパの保守的なリバタリアンたちは、この帰結を喜んで支持してきた。だがより重要なのは、この傾向が自由な政治体制を守るための手段として、市民の関与という徳を養うことをも排除することである。「メディア王」のような「強大すぎる臣下」〔元来は莫大な富を背景に、王と同等あるいは王をも超える権力を行使した中世後期イングランドの貴族を指す〕の手から立憲的・個人的自由を守り抜くことに関心を抱く能動的な市民を育成しようとするありふれた試みもまた、消極的自由の侵害と見なされるだろう。消極的自由の言説は、人を底辺への競争〔規制緩和により環境や福祉が最低水準へと落ち込んでゆくこと〕に巻き込む。なぜならそれは、実際にはある種の憲法上の制限や権力の分配よりもはるかに個人的自由を脅かすような仕方で、われわれの市民的文化を痩せ細らせるからである。

共和主義的自由の概念に関する哲学的に最も洗練された記述は、ペティットの著書『共和主義』に見られる。それは単なる歴史的伝統の回復を謳うものでも、特殊なコミュニタリアン的政治を支持するものでもない。彼は〔自由の概念には消極的自由と積極的自由の二つしかないというバーリンの有名な議論にちなんで〕「第三の」自由概念を提起し、自由とはたんに意志の実現を妨害されないことではなく、むしろ支配を受けないことであると主張する。彼がこの見解を採用する理由の一つは、消極的自由論は、たとえ自由な体制を維持するために生み出されたものであっても、あらゆる干渉を自由への制限と見なしてしまうという、共和主義者におなじみの主張である。共和主義者は干渉という行為のみならず、誰がどのように干渉するのかに関心を抱く。それゆえ政治的自由を優先するのである。

他者を支配する関係を享受するということは、その他者の意志、選択、承認に関係なく、その他者の利害に影響を及ぼす立場にあるということである。この他者の立場は、古典的には奴隷のそれである。奴隷は自身の行為についてかなりの裁量権を与えられ、主人は温厚かもしれないが、にもかかわらず他者の意志に服従し続ける。共和主義者にとって不干渉のモデルは、奴隷制という不正について不適切な説明しか与えない。その説明が強制的介入に依存せざるをえないからである。ほとんどの奴隷が残酷で強制的な、そしてしばしば命を脅かしかねない処遇を受けてきたが、例外もあった。というのは、一部の奴隷は幅広い裁量権や人間味のある主人に恵まれていたからである。問題は、彼らの身分が常に主人の意志という偶然性に左右されることにある。共和主義者にとって重要なのはその関係性であり、帰結ではない。

だがこうした懸念は、不干渉という考え方からの大きな前進を意味するのだろうか？　多くの消極的自由論者は、干渉のリスクを不自由の原因に含めてきた（ホッブズとは異なり、ベンサムは拘束や制約を自由への制限として論じている）。ペティットに言わせれば、共和主義者がリベラルと異なるのは、前者が「弾力性のある」不干渉に関心をもつことである。[12]弾力性のある不干渉とは、たんに干渉しうる主権を「抑制する」のではなく、制度的制約に基づいて干渉がなされないことである。不干渉を「弾力性のある」ものにするのは、干渉行為を妨げる制度的制約の存在である。留意すべきは、たんに有意な干渉がないということだけではなく、なぜ干渉がないのかという理由である。つまるところ、不干渉は干渉の脅威に直面した際の自己検閲の結果にすぎないかもしれないのだ。ペティットは政治的権力に対峙しても自己検閲しないことをとりわけ重視し、それによって支配的な権力関係の不在としての自由と、腐敗を危惧する共和主義的伝統との結びつきを描き出す。干渉の脅威に直面した国民にできることといえば、支配者の利害関心を推測して自身のふるまいを検閲することだけである。家父長制がまさにこのようにして女性を自己抑圧に加担させることがありうるというのは、フェミニストによく見られる議論である。さらに、自己検閲的な傾向があることで干渉の必要性が減るので、おそらく干渉のリスクも減少するだろう。

ペティットが最も危惧するのは、自己検閲である。自由主義国家においては、干渉が存在しないケースが著しく多くなることはないかもしれないが、そこでは干渉の不在はもはや自己検閲の効用ではなくなる。だがこの自己検閲の不在は、ペティットの議論を支えるのに十分だろうか？というのは、支配的な権力は、少なくとも干渉の重大なリスクあるいは脅威がなければ、自己検閲を引き起こしそうにないからである。それゆえ自己検閲は、強制的干渉の理念に追随している。干渉あるいはその脅威がないのなら、自己検閲の必要はない。もちろん、自己検閲こそが干渉の不在の原因だと示唆するペティットは正しいのかもしれないが、それが自由の束縛の一事例を構成していると論理的に主張するためには、やはり干渉という害悪が必要である。歴史上の共和主義論者にとっては、自己検閲の問題は、現実的あるいは潜在的な干渉のリスク――「トルコ人」や「教皇」や「皇帝」の統治下で生きる際のリスク――に直面して初めて生じるものである。

ペティットが提案する自由論は、非支配の理論と不干渉の理論との間の問題を、干渉の蓋然性についての判断から分離する。非支配理論の妥当性は、リスクの存在や干渉の蓋然性についての判断にかかっている。弾力性のある不干渉は、標準的な不干渉理論が提示する自由概念と様態の上で異なるのか否か。ペティットにとってこれと並んで重要な問いは、支配をどのようにカテゴリー分けするかである。支配とは権力や権威の不平等から成る構造的関係である。だが支配それ自体は有意なカテゴリーとはなりえない。というのも、支配に服従する人々に対して、法が不平等な権力関係を課するからである。同様に、完全に温情的な権力関係であるならば、その下に身を置くことも可能だ――たとえば私がピアノ教師の権威に身を委ねることができるように。ペティットは、共和主義論者は支配そのものよりも、恣意的な支配に関心をもっていると主張することで、自身の懸念を限定する。ペティットは恣意的な支配の種類を確定するために、強制力の行使はそれを被る市民が共通に承認できる利害に従っているときに非支配的なものになると論じる。[13] 明らかにペティットは、積極的自由につながるような、見かけの利害と本当の利害との間のルソー的な区別を念頭に置いてはいない。消極的自由論と同じように、ペティットの非支配モデルはありうる支配の実例の大きな分類を特定するが、自由への制限の構成要素とならないような有意な干渉の種類を区別する際にはリベラルな社会理論や政治理論に頼っている。だがもしもペティットの理論が、ロールズや功利主義者の実質的な立場を広く反映しているとすれば、自由を支配の不在であると特徴づけることによって厳密には何が得られるのか、というもっともな問いが生じるだろう。支配の不在としての自由という共和主義的レトリックは、すでに不干渉や悪政に対する防御という言葉によってリベラルが利用可能なレトリックに対して、どのような改良をもたらすのか?

自由の新たな言説としての非支配理論の利点について懐疑的にならざるをえない理由の一つは、それが個人的自由と政治的自由との間で必ず生じるトレードオフを覆い隠してしまうことにある。不干渉理論の長所は、こうしたトレードオフの可視性を維持することである。ペティットの説明は、そのようなトレードオフを覆い隠す傾向がある。それどころか、われわれの利害に沿った干渉を自由の束縛の例ではないと解釈することで、それがトレードオフであることを否定する。それゆえペティットに従うなら、資源や権力の再分配を通じて地位の平等や公正な処遇を保証するための行為は、自由への干渉ではないことになる。より重要なのは、公共の利益のために個人の自由を制限することが、自由の制限にはあたらないということである。

もしも共和主義的言説が概念的な区別を提供し、不干渉としての自由というリベラルの言説が同定できなかった干渉のカテゴリーを明らかにしていたならば、自由の第三の概念を是認するよい論拠となっていたかもしれない。だが共和主義者が望むものはすでにリベラル理論の範囲内で可能であり、しかも支配の不在の問題は消極的不干渉論の一種でしかないので、それを採用することで得られるものは少なく、むしろ重要なものを失う損失の方が大きい。

私が共和主義的な自由概念に大いに注目してきたのには、二つの理由がある。その第一は、共和主義者による最近の試みである。彼らはリベラリズムがその一部を成しているにすぎない、自由概念のより古い政治的伝統に戻ることを通じて、リベラリズムを克服しようとしている。[14] しかし、共和主義が無視しているのは、リベラリズムがなぜ共和主義的伝統の中から生じるのかというまさにその点である。リベラルは、リベラルな立憲主義体制がその権力を行使する際に、それを規制する一連の制約を特定することに関心をもつ。共和主義的伝統は、帝国という外部権力による支配は拒むが、内的支配の諸問題については多くを語らない。語るとしても派閥や多数派の意見による支配を排除するための平等な権利と自由という言説に頼らざるをえない。共和主義は自由に関する重要な社会理論を提供するが、その理論を正しく理解すればリベラリルの立場を支持し、干渉の不在としての自由の価値を説明することにつながる。共和主義的な自由の概念をめぐる議論から得られる第二の重要な結論は、三つの自由概念はどれも、複雑に絡み合った社会的、政治的な自由の理論から全面的に切り離すことはできないということである。究極的には、社会的、あるいは政治的な自由の理論としてリベラリズムを判断するべきなのであり、特定の概念分析の輪郭という点からではない。

リベラリズムと自由

リベラリズムは、自由を主に干渉の不在の観点から捉えた社会的・政治的自由論と見なされるべきである。だがもしそうであるならば、自由と平等が必然的に対立すると思われることだろう。そうなると、同じ基準で比較しえない二つの価値のいずれかを選択しなければならなくなる。自由と平等の概念を、効用のようなより高次の価値へと変換し、両方の主張を釣り合わせるという贅沢を許されているのは功利主義者だけである。リベラルな平等主義者にはそうした贅沢は許されておらず、平等が常に自由に優先すると述べる余裕もない。リベラルは、たとえ自由を平等な配慮と尊敬の概念に従属させるとしても、それでもなお自由を核心的な価値と見なす。それゆえロールズやドゥオーキン、トマス・ネーゲルやバリーといった著名なリベラルたちは、自由の要求を彼らの根本的な平等主義と結びつける方途を必要としている。だが、もしも彼らが道徳的完全主義やパターナリズムに陥る可能性を避けたいのであれば、自由に高い価値を与えるような仕方でそれを行わなければならない。いずれも善き生についての理にかなった意見の不一致を調整しようという政治的野心と衝突するからである。

リベラルは道徳的完全主義やパターナリズムのリスクを回避するために、道徳律の下での自己統治という積極的自由の概念を用いない。というのは、これにより「誰の道徳律の下でか？」という問いが生じてしまうからである。リベラルはまた、ある種の市民的徳が自由な政治体制を維持するのに役立つことには同意できるのだが、市民的徳性としての自由という共和主義の概念を用いることもしない。ロールズやバリーのようなリベラルにとって、自由は現実の干渉もその脅威も存在しないゆえに享受できる、主に消極的な概念に留まる。正義にかなった体制は積極的な市民の徳をも含むかもしれないが、それは自由以外の何かだと表現されるのが最善である。とはいえ、リベラルは単なる消極的自由論者でもない。たとえばロールズは、G・C・マッカラムの自由に関する調停主義的、あるいは「三項関係」による分析を明確に取り入れている。この分析によると、人が自由であるのは、ある特定の行為を妨げるような拘束や制約を被っていないときである。したがって自由の概念は、主体および主体が免れている制約、ひいては主体が自由に行える行為を明確にしなければならない。[15] この自由の「三項関係」の概念は、バーリンの二つの自由概念についてのテーゼの基底にある誤った対立を乗り越えるものとされる。自由とは、ある特定の種類の行為をなす際に干渉を受けない状態であるとするマッカラムの見解は、ロールズの正義の第一原理の解明において中心となってきた基本的諸自由の理念の中に示されている。これらの基本的諸自由は、特定の種類の行為をなすために不可欠なある種の干渉の不在を明確にする。マッカラムの分析は、いかなる種類の干渉の不在が最も重要か、そしてその理由は何かを特定し、自由に関する政治的・社会的理論の可能性を開くものである。したがってそれは、消極的分析によってあらゆる干渉は等しく間違っていると見なすリバタリアン的傾向を回避しうる。三項関係による分析は、自由の概念の極めて消極的な特徴を残しながらも、同時に道徳的、政治的に重要な不干渉の形態を明らかにする点で、消極的自由の概念を超えていく。

　この見解の発展と含意は、ロールズの正義の第一原理の説明の中に見ることができる。『正義論』の冒頭で、ロールズは正義の二原理のうち第一原理について、あらかじめ次のように述べる。「各人は、平等な基本的諸自由の最も広範な制度枠組みに対する対等な権利を保持すべきである」[16]。彼は続けてこの記述を明確化し精緻化していくのだが、それでも、他者の同様の自由によってのみ制限される最大限の自由への権利という構想は、その不確定性から多くの批判にさらされ、その最も有名なものがイギリスの法哲学者Ｈ・Ｌ・Ａ・ハートによる批判である[17]。最大の自由という概念は、どの自由が他の自由よりも重要なのかという判断や主張から区別することができず、またどの自由がより重要かということは、それらの自由がいかなる目的にかなうかにかかっている。ハートは討論の手続き上の規則を例に挙げ、話したいときに話せるようにするという一般的な規則が採用されるのは討論を容易にするためであり、その結果すべての参加者が発言できるようになるという。これはより価値ある自由、すなわち自分の意見に耳を傾けてもらう自由を促進するために、ある種の自由が犠牲にされる好例である。ハートが強く力説するのは、制限や束縛が一切ない状態としての自由は、必ずしもよいことではないということである。私がいじめっ子や暴君であれば、あなたに危害を加える能力を抑制するものが存在しないことは、私にとって価値とは映らない。自由が価値あるものとなるのは、人間のある種の基本的利害との関係においてである。それゆえ、価値があるのは諸自由(liberties)であり、自由(liberty)そのものではない。ロールズは『政治的リベラリズム』の第八講「基本的諸自由とそれらの優先権」で、ハートからの批判の妥当性を認めている。彼はそこで平等な基本的自由ではなく正義の第一原理を修正して、「各人は、平等な基本的諸自由の十全に適切な制度枠組みに対する平等な権利を有しており、それは、すべての人にとって同様の諸自由の制度枠組みと両立可能なところのものである」と述べる。[18]第一原理の修正版に示された自由の概念は、マッカラムの三項関係の分析に潜在的に含まれていたものにはるかに近い。そこでは自由の概念が、特定のことをするための特定の自由へと切り詰められている。だが修正版では制限や強制の不在という理念が特筆されており、完全主義に対するリベラルの敵意が保持されている。

こうしてわれわれは自由と平等を調和させようとするリベラリズムの問題に立ち戻ることができる。自由は、基本的諸自由のセットという点において、政治的リベラリズムにおける重要性をもち続けている。これらの基本的諸自由は、すべての人々が等しく享受すべきものである。したがって平等な配慮と尊敬は、基本的諸自由のセットが各人に平等に配分されることを含む。これらの諸自由は、個人がその中でそれぞれの善の概念を追求する自由裁量の範囲と、ここが大切なのだが、その範囲を保証することに役立つ政治的自由のセットとを提供する。ほとんどのリベラルは、この基本的諸自由のセットの最終的な内訳を示さない。だが独自の自由概念の全体的な特徴を開示するうえで、リベラルが政治的自由と個人的自由を組み合わせていることには留意すべきである。人々は自分がどのような生を送るかについて、一定範囲の自由裁量権を与えられている。また、国家権力の本性的な横暴に対抗するための自由を、言論の自由、適正な法的手続きの権利、公職への立候補権や選挙での投票権などの形で与えられている。個人的自由の要求と政治的自由の要求を両立させてこそ、リベラリズムは政治的自由を優先する共和主義論や民主主義論と一線を画するのである。リベラルは政治権力の集団的行使については、共和主義者よりもずっと懐疑的であり続けているので、個人の自由を基本的諸自由のリストの重要な部分と見なす。政治的リベラルが基本的諸自由の中に含めない自由の一つは、より以前のリベラリズムの伝統では必須と見なされていた、私有財産を獲得し処分する自由の概念である。ロールズやバリーなど他の政治的リベラルが、なぜ私有財産を基本的諸自由のリストから除外するのかについては、次章でより詳しく検討する。だが所有の自由の除外は、ロックやカントはもとより、ノージックやハイエクを含めたほとんどのリバタリアンの考え方からも逸脱していることは確かである。これはまた、現代の保守派がノージックやハイエクのようなリバタリアンの理論家に熱狂し、ロールズやバリーのようなリベラルに敵意を抱いている事態を部分的に説明する。

平等な基本的諸自由の体系という考えは、自由の理念が、前章で検討したリベラリズムの契約論的説明にどのように適合するかを示している。とはいえ、われわれにはまだいくつかの重要な問いが残されている。たとえば、基本的諸自由とは何か？　基本的諸自由の説明は不確定性のそしりを免れているか？　そして最後に、なぜ基本的諸自由は平等な処遇を構成する他の基本財よりも優先されるのか？

不確定性と優先順位

現代の政治的リベラリズムを批判する人々の多くは、平等な基本的諸自由のセットを要求することは、ロールズが初めて平等な自由の範囲に言及した際の議論に劣らず不確定だと主張する。[19]平等な基本的諸自由のセットをどのように明確化したとしても、特定の歴史的、政治的伝統に特有のものとなり、そうした伝統の諸前提を反映したものとなるだろう。合衆国権利章典は、米国の著述家たちが憲法上および個人の基本的な自由を規定する際に確実に影響を及ぼすだろう。それに比してヨーロッパのリベラルは、基本的諸自由の新たなセットを提示するか、あるいは諸自由の間に新たな序列を設ける傾向が強い。米国のリベラルは、おそらく言論と表現の自由への絶対的で無制限な権利を擁護するだろう。一方、英国やヨーロッパのリベラルは、平等な基本的諸自由の中にプライバシー権を含めるために、無制限の表現の自由に制限を加えたいと望むかもしれない。これらの例は、リベラル特有の平等な基本的諸自由のセットを明確化することが不可能ではないにせよ、難題であることを示している。だが本当に難題なのだろうか？　不確定性に関するより差し迫った批判、それはリベラリズム固有の単一の基本的諸自由のセットを同定できないことへの批判ではない。そうではなくて、どのような基本的諸自由の組み合わせであっても、その中に縮小不可能な不確定性が存在するという批判である。つまり言論の自由のような自由も、自由そのものと同様に不確定だということである。なぜなら、言論の自由の要求とプライバシー権とを、あるいはたとえばヘイト・スピーチの回避とを両立させる、議論の余地なき自由の仕様書は存在しないからである。これは特定の諸自由の間の優先順位という問題を提起する。もし無制限の言論の自由が個人のプライバシーに優先することに疑問を呈することが可能ならば、自由が経済的な財に優先するという主張もまた正当化しうるだろうか？　何もかもを言論への制限と見なすことはできないという事実が、言論への制限と見なされうる範囲を今なお大きく開かれたままにしている。これらの論争を解決するには、ある自由が他の自由よりも基本的である理由を個別に説明することで相手方を説得する以外にない。だがこれを認めれば、リベラルな平等主義が主張する不偏性と矛盾するように思われる。それどころか、リベラルな平等主義は必然的に、自由の優先順位に関する特定の構想をはらんだ、物議を醸す善の概念として立ち現れるだろう。ジョン・グレイにとっては、これこそが個々の国ごとのリベラリズムの歴史によって明らかとなるものである。どの国にも特定の諸自由の限界と優先性について独自の主張の仕方があるが、そのいずれもローカルかつ歴史的に偶然的で、明らかに偏りのある倫理的コミットメントの特定の組み合わせに依拠しているのである。

現代の自由民主主義国家の憲法史および政治史から抽出しうる基本的諸自由の組み合わせは、おそらく多種多様であるだろう。唯一無二の組み合わせが存在しないことが問題となるのは、政治的リベラリズムがある特定の自由のセットと必然的に同一視される場合だけである。だがそれはない。むしろロールズやバリーのようなリベラルは、理にかなった正当化の過程という文脈の中で基本的諸自由と見なしうるものの候補を提示している。言い換えれば、基本的諸自由とは何かを説明するための枠組みをわれわれは与えられているのである。それによって個々の諸自由を詳細に規定する余地は残るが、われわれは絶対的な不確定性とともに放置されるわけではない。基本的諸自由のセットの内容は、各人に平等な配慮と尊敬を保証するという事前の誓約によって定められる。その中には言論や良心の自由、結社の自由、恣意的な逮捕や拘留からの自由、そして法の適正手続きの原則が含まれるだろう。[20] そのセットにはまた、政治権力に説明責任を課すのに必要な数々の政治的自由も必然的に伴うだろう。何から何まで基本的自由と見なしてよいわけではない。先に挙げたような自由はすべて、道徳的主体および市民としての各人の平等を構成するからこそ重要なのである。完全に包括的な道徳原理についての意見対立を縮減することができないことを考えれば、基本的諸自由のセットは、他者も同様の権利を享受できる限りにおいて、個人が自身の人生計画や善の構想を形作り、追求するために必要な権利、保護および特権であると定義できる。これらの自由は誰にとっても価値あるものでなければならない。基本的諸自由に関して、特定の政治的伝統が提供するセットに単純には還元できないような説明が可能であるということが、リベラリズムの議論の中心をなしている。ロールズは、平等な基本的諸自由の一つの組み合わせを擁護するにあたって、各人を道徳的主体として存立させ、特徴づける二つの「道徳的」能力についての自身の説明を根拠としている。二つの力とはすなわち、正義の感覚および善の構想能力である。バリーとスキャンロンにとって、人格の概念は合意への動機、つまり誰も理にかなった仕方で拒絶することができないような社会的協働の条件を求める願望のうちに潜在している。どちらのアプローチも、言論の自由、結社の自由、政治参加の自由といった特定の自由が、何が善であるかについての各人の構想――その内容が何であれ――の中心をなすものだと確認できる一つの根拠をわれわれに与えてくれる。しかしながらそれによって、特定の集団が享受するある種の自由を認めないような、根本的に不平等な見解は排除されるだろう。われわれが人生において追求する最終目標に対するこの責任こそが、基本的諸自由に優先性を与える。個人は非自律性を増すようなライフスタイルを選び、是認することはできるが、それを個人に政治的に強制しようとすれば、必ずや平等な配慮と尊敬が否定されることになる。だからこそ基本的諸自由が優先されるのである。

基本的諸自由そのものの不確定性に関するグレイの非難の内容についてはどうだろうか。彼は、言論の自由はどの程度守られるべきか、対するプライバシーはどの程度守られるべきか、と問うている。この批判のもっともらしさの大部分は、基本的諸自由を個々に切り分けて考えることで成り立っている。だがロールズが「基本的諸自由とそれらの優先権」で指摘している通り、基本的諸自由は一個の体系と見なされなければならない[21]。基本的諸自由の範囲はもとより、個々の自由の間の調停の規則も、この体系の構築を通じてこそ明確化される。リベラルな社会契約において選択されるのは、憲法構造の指針となる一連の原理であり、自治体の法体系における憲法上および政治上の特定の権利ではない。ここで言う原理とは、すべての人に適用される基本的諸自由のセットの優先性とその概要を指す。個人の自由の不確定性は、そのような体系の可能性に対する反論の根拠とはならない。それは法的権利について、個人の自由と同様に対立を引き起こし、裁定に解釈が必ず伴うゆえに潜在的には不確定なものであるという事実が、法的権利に対する反論の根拠とはならないのと同じである。基本的諸自由が政治的操作の気まぐれに支配されない体系の一部をなしていると見なす限りにおいては、基本的諸自由から十分な確定性があることを否定する理由はない。したがって、これら諸自由の範囲に制限をかけることは可能かもしれない。米国の体系でさえも、言論と表現の自由の範囲には制限を加えている。たとえば、米国では国家への反逆を扇動することは許されない。

平等な基本的諸自由のセットを提供することはできるが、それは単一のリストや唯一無二の憲法ではなく、あくまで一つのセットであるだろう。グレイの批判のもっともらしさの大部分は、リベラリズムがあらゆる時代と場所において妥当する唯一無二の立憲構造に向かう傾向があるという主張によって成り立っている。そのようなことは要求されていないし、リベラリズムの主要な理論家の誰も主張していない。リベラリズムが提供しようとしているのは、リベラルな憲法の下で自由を配分するにあたって候補となる諸自由、諸権利、諸特権のガイドラインとして機能するような諸原理のセットである。真にリベラルな憲法は、どこまで許容できるかを決める限界を定め、時が経つにつれて変更を余儀なくされるものとなるだろう。しかしその変化の過程は、正義という規範の規制機能によって特定の方向に導かれるだろう。それによって、たとえば裁判なしの拘留を禁止するなど、一部の自称自由民主主義国家で行われている、人権や基本的な市民的自由を損なおうとするより残念な慣行をいくぶんか抑止することができる。

政治的リベラルは、干渉そのものが常に間違っているという見方に背を向け、特定の基本的諸自由のセットの平等な享受と保護に注意を集中させることで、どの自由が最も重要なのかという重要な問いにわれわれの目を向けさせる。こうしてわれわれは、それが国家、私的利害、派閥、多数派意見のいずれによって行使されるのであれ、政治権力に対する一連の抑制と制約を同定することができる。これは各個人の平等な地位を保護するためには不可欠である。このアプローチは、干渉の不在としての消極的自由の概念と、自由な体制の政治的保護への共和主義的な関心の両面を併せもつ。リベラルは、自由を重視しないのであればリベラルとは言えない。だが政治的リベラルにとって自由を価値あるものにするのは、同時に自由を平等な配慮と尊敬の要求に従属させるものでもある。

第5章　リベラリズムと平等

自由の概念は、リベラリズムの称号を真剣に争うあらゆる人々にとって、疑いなく中心的なものだ。このことは、自由が根本的な価値であろうと、もしくは現代のリベラルたちが主張するように、功利性（J・S・ミルの場合）や――ジョン・ロールズなどの二〇世紀のリベラルについて本書が確認してきたように――平等といった、自由に優先する何らかの価値から派生するものであろうと変わりはない。現代のリベラルたちに見られる〈平等な一組の基本的諸自由〉への転回《ターン》は、アイザィア・バーリンが広めた消極的自由の概念の中心をなすもの（クェンティン・スキナーが、トマス・ホッブズやジェレミー・ベンサムに由来するより疑わしいリベラルの遺産と見なすもの）よりも、むしろロックに見出されるより古い古典的リベラルの伝統への回帰であるように思われる。[1]〈平等な一組の基本的諸自由〉という考えは、まさしくロックによる区別、すなわち道徳的概念としての自由への権利と、その権利の背後にある制約の不在という、彼が軽蔑的に放縦《ライセンス》と記述したものとの区別を反映している。[2] リベラリズムが消極的自由の観念そのものと同義になったのは二〇世紀に入ってからのことにすぎない。ロックから一九世紀までの古典的リベラルたちにとって、消極的自由が重要な論題でなかったことは確かである。しかし、ロックとの類推や繋がりは過度に強調されるべきではない。なぜなら、現代の政治的リベラリズムは重要な点でロック的遺産を放棄しているからである。実のところ、平等主義的な政治的リベラリズムを、ロバート・ノージックの『アナーキー・国家・ユートピア』に関わりのある現代リバタリアニズムから区別するのは、まさしくこの厳密な意味でのロック的遺産の放棄にほかならない。ロックや、ノージックのような現代のロック支持者にとっては、所有権(property)は前政治的な自然権であり、ゆえに国家の干渉や社会正義への配慮の範囲を超えるものである。ノージックのようなリバタリアンは所有権の保護や安全を政治の中心におくのだが（実際、ノージックにとっては、政治の領分とは生命・自由・財産に対する基本的権利を保護することに尽きる）、他方で、リベラルは所有権に同水準の重要性を与えることはない。これは、ロールズ、ドゥオーキン、バリーが所有権という考え方なしですませたいと思っていることを意味しない。そうではなく、所有権が、他の基本的諸自由とは異なる仕方で条件つきのものだということを意味している。財産所有の権利(ownership rights)と財産保有は社会の基本構造の特徴であり、したがって基本的諸自由とは異なる仕方で分配的正義の考慮の対象となる。これは、ロールズの理論における正義の二原理の序列化によって示されている。そこでは、基本的諸自由の平等な体系への権利は、資源を分配し私的所有権の範囲に制限を設ける格差原理に対して「辞書的に」優先するものとして記述される。われわれはどれだけ所有できるか、あるいは経済的資源に対していかなる権利を有しているのかということは、国家と関係のない前政治的な事柄などではない。リベラルたちにとって所有権に関する主張は、社会の基本構造の構成に制約を設けるものではない。むしろ、基本構造全体にわたって経済的な基本財を公正に分配するという主張に対して、所有権の主張は二次的なものとなる。とはいえ、リベラルたちが、富や財産や経済的資源へのアクセスがいかに分配されるかということについて、リベラルな正義論の批判者の多くが示唆するほど無関心であるわけではない。リベラルが財産や資源の自然的あるいは前政治的な分配という考えを不要とすることで、この問題を政治による集団的決定に委ねているというのは事実に反する。仮にそんなことをすれば、財産の分配は一九世紀の伝統的なリベラルが恐れた引き下げ型の水平化を被り、多数者が資本の持ち主から財産を奪うことで間接的に万人を貧しくしてしまう恐れがある。現代のリベラルたちもまた、富と権力を有する人々が、自分たちの党派的利害にかなうように経済的権力を用いるために、租税システムや福祉対策を歪めてまでその富と財産を用いることを可能にする方法があることを懸念している。古典的なリベラルたちは、私有財産に対する権利の主張を、貪欲で強欲な君主や無知な大衆から個人を防御する手段と見なした。だが両者とも、私有財産と資本蓄積と雇用の間の関連性を理解していない。現代のリベラルたちは、市民の平等を掘り崩し社会全体にわたって党派的利益を保護してしまう重大な物質的不平等への傾向に対抗するものとして、正義にかなった財産と資源へのアクセスの分配の必要を唱える。現代の政治的リベラリズムは、平等な基本的諸自由と、一連の基本的な経済的資源もしくは経済的基本財への平等なアクセスとの組み合わせから構成されているのである。

本章の以下の部分で私が吟味するのは、資源や経済的基本財をリベラルかつ平等主義的に分配するためにリベラルたちが展開している、その典型的な議論である。また本章では、なぜリベラルたちが、より率直に平等主義的である平等観を退け、選択《チョイス》による不平等と偶然《チャンス》による不平等とを区別したがるのかについても考察する。それによって、正義の要求を意味ある人生を形成・追求する自由と結合するためには、この区別が不可欠であることが明らかになるだろう。さて、社会正義に関する最も重要な二人のリベラルな思想家〔ロールズとドゥオーキン〕の議論に向かう前に、ほかならぬ社会正義自体の整合性に対して予想される異議申し立てを検討する必要がある。

社会正義の可能性

これまで見てきたように、自然権から私的所有権へ、そしてさらに社会正義へと向かう政治的リベラルの転回は、富や資源の生産と分配との区別という功利主義的伝統から発展してきた。周知のように、J・S・ミルはその著書『経済学原理』の中で、生産と分配という古典的政治経済学の二つの構成要素の分離を試みた。[3] それ以来、この洞察は、ミルの政治経済学が依拠していた功利主義哲学が放棄された場合でさえ、多くのリベラルたちによって支持されてきた。とはいえ、ミル以後のすべてのリベラルたちがこの区別に満足していたわけではなかった。フリードリッヒ・ハイエクのような社会正義に批判的で保守的なリベラルたちは、まさにこの区別を拒絶しようとしてきた。ハイエクは、現代におけるリベラルな分配的正義論の全議題を、様々な方向から攻撃している。その一つは計画経済の可能性に反対する認識論的な論拠に基づくものであり、その典型例が彼の『隷従への道』における福祉国家と国有化への攻撃である。[4] 彼はまた一種の功利主義に依拠する議論の筋道も展開している。すなわち、長期的に見れば、規制なき市場と所有権という自由こそ、政治社会を編成する最も効率的で実効的な手段だという趣旨の議論である。この議論はとりわけ一九七〇年代と八〇年代の「ニューライト」に影響を及ぼした。しかし、現代のリベラルな正義論にとって最も論争的なのは、ハイエクが「社会」正義という観念そのものが誤解に基づくものだと論じていることである。[5] ロールズやバリーをはじめとするすべてのリベラルな正義論者は、基本的なカテゴリー錯誤を犯している。なぜなら彼らは、権力や資源の全般的な分配に責任をもちうる社会のようなものが存在すると想定しているからだ。だがここにこそ誤りがあるとハイエクは主張する。社会は一つの行為主体として――少なくとも単体の行為主体として――見なせるようなものではない。国家や社会を固有の意志をもつ単一の存在と考えるのは、有機体論的・観念論的・全体主義的な国家理論が抱く錯誤である。そうではなく、社会は個別の意志と意図をもつ諸個人の集積にすぎない。ハイエクによれば、社会的不正について語るとき、われわれはたんに正確性を欠いているにすぎないのである。なぜなら、財産保有の全体的なパターン、ならびに所得の最も多い層と最も少ない層との格差は、社会の決定や意志に基づく行為の帰結ではなく、自らの正統な利益を追求して行為する、諸個人の無数の独立した決定の産物なのだから。財産保有の全体的なパターンがすこぶる不平等なものであったとしても、ハイエクによれば、それは誰のせいでもない。ゆえにそれが正義の問題を生じさせると述べるのは不正確である。もしハイエクが正しいとすれば、現代の政治的リベラリズムを古典的リベラリズムから区別する多くのものが失われてしまう。するとわれわれは、功利主義か、個人の自由には関心をもつが物質面の平等には関心をもたない権利基底的なリバタリアニズムかの二者択一を迫られることになる。しかし、ハイエクは正しいのだろうか。

概念を明晰化するという観点からすれば、カテゴリー錯誤が起きているかどうかはけっして自明ではない。仮に社会的存在論についてのハイエクの指摘に譲歩し、社会とは個々の成員の総和を指す呼称にすぎず、それらの成員から独立して存在する特別な「形而上学的」実体ではないと認めたとしても、社会正義の観念がカテゴリー上の誤りだということにはならない。たとえば、政治社会は民主的に正統な立法制度の表現という意味で、何らかの意志をもっているのだと主張することはできる。この意志は、立法過程において立ち現れる。法や代議制度の権威を理解するために、われわれは国家の有機的人格性に関する何らかの説明を立てる必要があるのだろうか。だがハイエクは以下のように返答するかもしれない。もちろんわれわれは社会という考えをそのように用いることもできるが、社会において実際に財産、富、権利を分配することは、全体主義国家に限られた政治制度の機能である。それ以外のすべてのケースでは、それらの分配は、市場において自らの利益を追求する個々人の、相互に連関した重なり合う諸々の決定の帰結なのである。社会が意識的に働きかけて、富や権力の現在の分配をもたらしているのではないのならば、社会がそれについて責任を負うことはできない。そして社会に責任がないということになれば、正義に関する問題は生じるはずがないのだ、と。しかし、それでも話はまだ終わらない。なぜならわれわれは、当人が意図しなかった事柄について責任を問うたり、当人の不作為や傍観に責任を帰すことができるのだから。ある行為がまったく意図しなかった過失をもたらす恐れがある場合、「しかるべき注意と配慮を払わずに運転する」といった怠慢について、人は責任を負わされる可能性がある。したがって、成員の総和としての社会は所得や権力の巨大な不均衡を意図してはいないが、にもかかわらずその不均衡に責任があるともいえるのである。さらに、国家の政治制度がこうした不均衡に対して何ら手を打たない限り、社会はその不作為によって、かかる不平等な分配の弊害をもろに被らねばならない人々に対してすすんで不正義を行っているとすらいえるだろう。正義に関わる意志的行為は、立法や政策決定の意志を表す国家の政治制度がなす諸々の決定の中に立ち現れてくるのである。少なくとも（たとえ擬制的なものであれ）こうした意味で意志をもつものとして社会を語ることができないなら、一般的な法的・政治的責務をどのように説明し正当化するのかが不明になってしまう。こうした責務の否定はアナーキストには魅力的に映るだろうが、それはハイエクが意図したこととは言いがたいし、「社会などというものは存在しない」という有名な主張でサッチャーが意図したことでもない。この主張に対してハイエクがなしうる唯一の反論は、国家がかかる不正義を是正するならば、それは必然的に個人の私有財産の権利への干渉を招くので適切ではない、というものである。しかしこの議論は、社会正義は幻想だというハイエクの主張を超え、ロックやノージックに見出される類の前政治的な私有財産権への強い要求に依拠するものとなる。ノージックの場合で確認したように、自然法について何らかの論争的な形而上学的前提をおかない限り、このような議論を続けるのが困難であることは周知の通りである。しかし、仮にそれらの前提が擁護されうるとしても、次の点が重要になる。すなわち、このような擁護をするならば、そこに伴うのは正義が何を要求し、要求しないかについての実質的な道徳的・政治的議論であり、社会正義について語ることの可能性や一貫性をめぐる概念上の議論ではないということである。

ロールズ、ドゥオーキン、経済的正義

現代リベラリズムにおける他の多くの論点と同様に、物質的不平等の問題について考える際の出発点は、ロールズの『正義論』である。社会正義の主題は社会の基本構造であるというロールズの考えは、ハイエク的懐疑主義に真っ向から挑戦するものである。こうした社会構造への注目を、彼はマルクスのような非リベラルな社会主義者から部分的に受け継いでいるのだが、このことは疑いなく、ハイエクとその信奉者たちがロールズや彼以後のリベラリズムに抱く疑念の少なからぬ原因となっている。

基本構造には、社会の「主要な経済的・社会的編成」を形成する制度が含まれる。正義にかなった基本構造を形成するにあたり、ロールズは一つではなく二つの正義原理を展開する。前章で確認したように、第一原理は〈平等な一組の基本的諸自由〉を分配する。この原理は、私有財産や富を処分する自由を含んでいない。それらの事柄は、二つの部分からなる正義の第二原理によってカバーされる。『正義論』に述べられた、第二原理の最終的言明は次の通りである。

社会的・経済的不平等は、次の二条件を充たすように調整されなければならない

（a）そうした不平等が、正義にかなった貯蓄原理と首尾一貫しつつ、最も不遇な人々の最大の便益に資するものであること

（b）そうした不平等が、公正な機会均等の諸条件の下で、すべての人に開かれている職務と地位に付随する〔ものだけにとどまる〕ものであること[6]

ロールズは、この第二原理の言明で所得と富へのアクセスを分配するにあたり、公正な機会均等という構想に、最も不遇な人々への優先的処遇の指図を結びあわせている。多くの批判者が熱心に指摘してきたように、ロールズの「格差原理」は厳密な意味での平等主義ではない。なぜな

ら、最も不遇な人々を優先することによって目指されているのは資源や他の経済的基本財の不平等を正当化することであって、これらが均等に分配されるべきだと主張しているわけではないからだ。ロールズの「優先主義」(prioritarianism)としばしば呼ばれるものは、単なる結果論でも、所得の分配が低所得者層に「徐々に滴り落ちる《トリクル・ダウン》」経済への譲歩でもない。経済的不平等は最も不遇な人々の最大の利益という観点から正当化されるべきだという考えは、実際、潜在的には非常にラディカルなものである。それはたんに、貧しい者でも脳外科医になれるように、医者のような専門職には非常に聡明な者だけが就けるようにしようといった動機づけの議論にとどまらない。所得格差に対する拒否権を最も不遇な人々に与えることによって、自分は平等主義の背後にある中心的な直観を、資源を単純に平等化するよりも直接的な仕方で提起したのだとロールズは考えている。このようにしてロールズは、暮らし向きが最悪になる可能性のある人々は、自分たちの立場が可能な限りでよいものだと知っているのだから、基本構造に関する自分の説明が考えうる最も強力な正当化をなしうると期待する。単純な平等分配を含む他のいかなる分配方法も、実際には彼らの社会的地位を悪化させてしまうだろう。〔資源の多寡の〕相対性は重要ではないというロールズの主張が正しいのか否かは、社会政策の実証の問題に大きく依存している。これは政治理論にとっては重要な論点だが、われわれの関心の核心ではない。[7] ロールズの「格差原理」をめぐる議論の大部分は、原初状態にいる無知のヴェールを被った当事者たちにとって、平均効用原理のようなものを選ぶよりも、最も不遇な人々の利益を最大化するほうが実際のところ合理的であるのか否かという問いに傾注している。無知のヴェールの背後での選択に関するこうしたテクニカルな問題は、ロールズの立場からすれば論理的に重要だ。しかし、この問題に拘泥すれば、古典的なリベラルたちの反・正義論に対してロールズが異議を申し立てた、そのラディカルな方策を見失いかねない[8]。格差原理の説明を退ける人々でさえ受け入れるロールズ理論の中心的洞察は、リベラリズムと、財産や富に対する何らかの自然的あるいは前政治的な主張との繋がりを切断したことにある。

自由と基本的諸自由の概念は、道徳的主体や平等な市民と見なされるべき存在の核心に触れるものであり、それらを否定すれば平等な配慮と尊敬を否定することになる。財産に対する前政治的な権利を否定しても、もしも人格と当人の財産や富との間に道徳的な関連性を築きえないとするなら、ノージックによる正反対の主張にもかかわらず、それは道徳的地位や行為者性を弱めるものとはならない。その理由は、功績や責任に関する主張を、運・幸運に関する主張から分離することが困難なことにある。古典的なリベラルたちや保守派の人々は、財産保有という概念を勤勉や功績に結びつけたがるが、そうした主張の多くはまったくのでっち上げか、自然的か社会的かを問わず運の問題から切り離すことが不可能である。所得格差の大部分が相続の帰結であって、その責任を誰にも負わせることはできないのだから、先述のような主張はまがいものである。裕福な祖父母と貧しい祖父母、いずれをもつかというのは、誰にとっても功績の問題ではない。同様に、その結果として生じる所得や生の有利さの不平等も、誰にとっても功績の問題ではない。ロールズの考えからすれば、功績や責任についての議論は、自然的運と社会的運に関する主張と常に衝突する。まさしくこの理由によって、自分の富や他人より多い財産は自分の功績からして当然だという個人の主張よりも、社会の基本構造に関連する正義が優先することになる。また、富や幸福の追求において他人より多くの便益を獲得可能にする天賦の才能と、そうした機会を活用可能にする社会構造とを区別する必要がある。優れた知性や身体能力から便益を得ることができる人々は、自分たちの暮らし向きがよいのは正当《フェア》なことだと立証するために、先述の主張〔単純な功績論〕を用いることはできない。なぜなら、ある種の技能に他の技能よりも高い報酬を与える社会システムを、公正さ《フェアネス》の根拠として主張することはできないからである。ディヴィッド・ベッカムは他のサッカー選手よりも才能に恵まれているかもしれないが、彼は自分が他の誰よりも豊かであることについて自然権をもっていると主張することはできない。というのも、一流のサッカー選手であることへの報酬がこれほどまでに巨大な世界で生きることに、彼が値するというわけではないからである。実際、七〇年前なら、ベッカムの「才能」は、彼が今日享受している報酬と同等なものを与えてはくれなかっただろう。当時と今との違いは、社会における偶然の変化の産物である。社会がほかならぬある仕方で組織されていることは、正義の問題として考察の対象とされない限り、運の問題にとどまる。

ここで、ロールズが所得・富・財産といった社会的基本財と、才能・技能・器用さ・知性といった自然的基本財とを区別していることに注意すべきである。ディヴィッド・ベッカムのケースでは、彼の自然的基本財を他人に再分配することは、この才能が彼自身の一部をなしているがゆえに、不可能である。サッカーが上達する能力をある人からとりあげて公平に再分配することはできない。しかしわれわれは、天賦の才能が社会的基本財の分配にもたらす結果を再分配することはできる。無知のヴェールの背後でなされる格差原理の選択によって裏づけられると彼が主張する、ロールズの理論的直観は次のようなものだ。すなわち、自然に由来する有利さの帰結は、公正で平等な機会へのアクセスに結びつけられ、社会で最も不遇な人々の利益になる限りで、正義にかなったものとなる。所得・影響力・権力を伴う地位への平等なアクセスを作り出し、さらに各人に権利・所得・富といった一組の基本財を平等に割り当てることでこれらの機会を現実化することによって、この目的は達成される。

ロールズの格差原理は、リベラルな理論の内部で、平等な処遇に関するリベラルな議論の中心を占めてきたが、同時にロナルド・ドゥオーキンのような平等主義的リベラルたちから多くの批判を受けてもきた。[9] ドゥオーキンは自身の分配的正義論の冒頭で、「資質への鈍感さ」と「野心への敏感さ」を充分に備えていないという理由でロールズの格差原理を批判する。彼はロールズの理論に二つの潜在的な弱点を見出している。第一に、ロールズの格差原理は社会的基本財のみを分配しようとする。だがそれでは自然的基本財を不平等に授けられた人々の主張が見落とされてしまう。とりわけ障碍をもつ人々は、天賦の才に関して不平等を被っており、それを補うためにより多量の資源を必要としているのに、その境遇が無視されている。第二に、格差原理は野心に対しても鈍感である。この主張を例証するために、二人の人物を想像してみよう。両者はともに基本財の平等な分配から便益を受けており、体力や知性の面でも等しく天賦の資質を授かっている。一人はテニス選手、もう一人は庭師である。前者はテニスをすることへの興味を維持するために自らの資源を用いる。他方、後者は自らの土地を耕し、素晴らしい花や野菜を育て、自ら楽しんだり他人に売ったりすることができる。両者とも自身の資源をどう使うのが最善かについて選択をしているのだが、やがて庭師はその選択によってテニス選手よりもよい暮らしを営むようになる。各人の己の野心に敏感な選択が、新たな分配のパターンを出現させるのである。しかしながら、当初の分配から生じたこの新たな逸脱は、ロールズ的な観点から正当化されなければならないので、両者の間に生じた不平等を正当化するためには、勤勉な庭師からテニス選手に対する財の移転がなければならないことになる。おそらくテニス選手のライフスタイルは非常に高くつくことが判明するだろうから、テニスをすることで大きな達成感を味わうとはいえ、収入面では得るところが少ない。庭師も自分の選択から達成感を味わうのだが、テニス選手とは異なり、ロールズ的な構想の下では、彼は自らの消費という選択行為の代価を払うのみならず、同じ社会に住むテニス選手たちの選択を金で支えることまでしなければならない立場に置かれる。あるいは、お茶やビールで十分に満足できる人と、最高級のクラレット〔フランス・ボルドー産の赤ワイン〕しか飲まない人の対比を考えてみてもいいだろう。つまり、より質素な嗜好をもつ人は、高価な消費を伴う他人の選択を金銭的に補助しなければならないのだろうか?

ロールズの格差原理が、不平等な資質の結果としての不平等と、異なる消費決定や野心の結果としての不平等とを区別することができないならば、それは、社会正義の中心にあるとロールズが主張する公正についての基本的直観と衝突してしまう。なぜなら、行為者の費用がかかる選好や嗜好から生じる不平等は分配的正義の問題ではないということを否定したがる政治哲学者は、ゼロではないがほとんどいないからである。[10] もし私が高価なクラレットとチドリの卵〔チドリ科のタゲリ（northern lapwing）の卵はヴィクトリア朝時代（一八三七〜一九〇一年）に高価な珍味として貴族の間で珍重された。現在は採集・食用が禁止されている）を嗜みたいと欲すなら、私は自分の消費選択が、他の人のよりシンプルで質素な嗜好がその人の所得へ与える影響に比べてより大きくなるのを覚悟しなければならない。もし私の選択が費用のかかるもので、かつもちろん他の選択も可能であり、当の選考や願望を固守するように決定されていないのだとしたら、私は自分の選択によって不利益を被ると公明正大に主張することはできない。ロールズによる格差原理の説明の細部に関するテクニカルな問題を別にすれば、富の分配に対するリベラルな態度についてのドゥオーキンの議論の重要性は、責任、正義、平等を関連づけたところにある。

しかしながら、ロールズが費用のかかる嗜好やライフスタイルを理由とする格差原理への批判を退けていることを、ここで指摘しておかねばならない。ロールズからすると、基本財の公正な分配という問題設定の範囲内に限るならば、責任と選択の問題はまったく無関係である。格差原理の要点は基本財の分配の維持にあり、それによって公正な機会均等を保証し、最も不遇な人々の利益を図ることが目的なのだから、結果的にどのような分配が行われるかは関係ない。ロールズにしてみれば、野心への感受性という概念を再導入するのは、賞罰や功績の概念への不必要な譲歩となる。ただし、野心への敏感さや資質への無関心に関するドゥオーキンの説明をロールズ理論の検討に接続するからといって、本書はドゥオーキンの立場をロールズの格差原理への批判として是認するわけではない。これは大事な点なので注意してほしい。

もしドゥオーキンが主張するように、個人は等しく尊敬されるのが当然だとリベラルたちが論じたいのであれば、われわれはある人々が他の人々の選択に由来する負担を補助したり、肩代わりしたりするはずだと期待してはならないだろう。リベラルはまた、もし自分たちが主張するように、個人には自身の善き生の構想を形成・追求する権利があるのだとしたら、個人は自身の選択の一部がコストなしに不可能であることを受け入れざるをえないと認めなければならない。したがって、満足のいくリベラルな正義論とは、偶然《チャンス》や環境に起因する所得・富の不平等と、選択《チョイス》に起因する所得・富の不平等とを区別するものでなければならない。ドゥオーキンはこう主張する。「資源《リソース》」の平等主義の観念を導入すれば、野心への敏感さと資質への鈍感さの間のバランスをとることができる。すなわち、自分の善の構想や意義ある人生の指標《パラメーター》を定めるのに必要な等量の基本的資源に誰もがアクセスできると確認されたとき、平等な配慮と尊敬をもって他人に接するという要求は満たされると考えるのである。

ドゥオーキンはこの考えを、無人島に暮らす一群の人々がオークションを行うという仮構を使って説明している。人々はめいめい同額の共通通貨をもっており、それを用いて、自分が選択した生活を送るのに必要な一組の財を互いに競り合う。共通通貨とは、他には使い道のない「貝殻」である。各人は（スポーツをする、自分の畑を耕すなど）善き生活について相異なる構想をもっていて、個々の人生計画《ライフプラン》の追求にあたっては互いに協力しなければならない、という仮定の下で、これらの財を用いながら全員が仮想オークションに参加する。[11] このオークションの要点は、自分の人生の選択や目標に最も適合する一組の資源を競り落とすために、等しい購買力をもつ一定量の貝殻を用いることにある。人生の選択は人それぞれに異なるので、各自の目標や計画を実現するために必要な資源の組み合わせもしばしば多様なものとなる。高価な嗜好をもつ者は、安価な嗜好をもつ者よりも、多くの資源を必要とするだろう。重要なのは、誰もが常に欲しいものをすべて手に入れられるわけではないという前提の下で、資源の公正な分配方法を特定することである。同時にその分配方法は、誰かの選択が他の誰かの選択に比べて自動的に優遇されることを防ぐものでなければならない。購買力が平等であることを考えると、このオークションによって、各人は自分の人生目標の追求に必要な一組の資源を過不足なく獲得することが可能になる。それゆえ各人は、他のセットではなく、自分が選んだ資源のセットを選好するべきなのだ。もし誰かが自分の資源よりも他人の資源を選好したら、別のセットに入札できるようにオークションをやり直すことができる。各人が自分の資源セットを落札し、そのセットを他の誰よりも選好した段階で、オークションは完了する。ドゥオーキンはこれを羨望テスト(envy-test)と呼ぶ[12]。しかしながら、この仮想オークションは動的なものと想定されており、他人の選択に相関する個人の選択の変化に対応するために何度でもやり直しが可能であることを心に留めておくべきである。各人が自分の財のセットを他人のそれよりも選好するとき——人々の間の資源の差異が、人生を順調にするものについての選択や野心の差異を反映しているとき——、羨望テストは充足するのであり、その時点で各人は実質的に、自身の選択の帰結を受けとめる心構えができている。このような仕方で、テニス選手は自分のライフスタイルに最もふさわしい資源のセットを購入し、庭師の資源を羨むことはない(庭師の資源のセットを競り落とすことも可能だったのだから)。かくして、このケースでの両者の不平等は正当化された。(ドゥオーキンによれば)この不平等は、ロールズの格差原理の下では、各々の行為者の野心に敏感な気質とその選択が反映されないために正当化しえなかったものである。

ドゥオーキンの理論には、入念な説明が必要ないくつかの特徴がある。第一に、善き生についての諸々の構想間の中立性に対する、リベラルな平等主義者の関心を尊重した分配である。ドゥオーキンによれば、善き生についての相異なる見解はわれわれの選択に反映されるべきでものあり、国家によって外側から決定されるべきものではない。ある特定の善の構想を特別扱いすることは、国家が果たすべき役割ではない。第二に、このオークションは人格と個人の資源を区別している。分配的正義の関心事となるのは後者である。こうして、選択と偶然とを区別するというリベラルな考えが支持される。われわれは自分の選択について正統な仕方で責任を負うことはできるが、偶然や自然的運(brute luck)から帰結した不平等に対しては責任を負うことはできない。最後に、各人がもつ資源のセットはその機会費用が等しいがゆえに、ドゥオーキンにとってはこの資源の分配方法はその意味において平等主義的である。つまり、断念された選択肢の価値は、私が自分の資源を用いて行う選択の価値を上回ることはない。オークションならびに羨望テストの要点は、平等の有意な対象に注意を喚起することにある。それでは、「何の平等か?」という問いに対して、われわれはずばりどう答えるべきなのだろうか。

先ほど説明した野心に敏感なオークションでは、しかしながら、各参加者が生まれもった資質、すなわち体力や身体能力が等しいと仮定されている。この仮定の下では、ドゥオーキンが提示する分配的正義の準市場的な解決法は魅力的に思えるかもしれない。しかし、単純なオークション・モデルは、この生得的な資質への関心をとらえていない。なぜならこのモデルは、落札した資源のセットが自分の選択を反映していないと、誰か一人でも主張することができる限り、羨望テストは充足しないという事実を考慮に入れていないからである。

ドゥオーキンは何らかの方法で、この生得的な資質の不平等という問題に対処する必要がある。この問題を解決するために彼がとりうる手段はいくつかある。第一に、オークションに先立ち、生得的な不利を補償するために社会的財が一度分配されると論じることができる。適切なレヴェルの補償が合意されれば、残りの資源を用いてオークションを行うことができ、その結果として生じる不平等は選択を反映したものということになる。この補償戦略によってある種の資質の欠損がカバーされ、その後は人々は等しい条件の下で資源の入札を行うことができるだろう。しかし、あらゆる資質の欠損がこの範疇に収まるわけではない。重度の障碍をもつ人や長期闘病中の人は、一定額の追加資源のセットを利用できたとしても、このように十全な形で補償されることはない。この補償枠組みは、資質の欠損という点で最も不遇な人々の境遇を平等化することはできないのだから、究極的には失敗せざるをえない。しかしながら、境遇の完全な平等という考え自体も問題含みである。この考えには二つの誤りがあると思われる。第一に、最も極端なケースにおいては、最も資質が欠けている人々と健常者の境遇を平等化し、それぞれ同等な条件の下で各々の善の構想を追求できるようにしようという話題が、そもそも意味があるのかどうかさえ明らかではない。重度の知的障碍や身体障碍をもつ人々の場合、どれほどの量の資源があれば本当に境遇を平等化できるのかを知ることは困難である。われわれが現実的に望みうる最善のことは、当人の苦痛を和らげ、生活の質を改善するための充分なケアと支援だが、それはまったく別の問題である。第二に、資質の欠損に金銭的価値を与えて境遇の平等を確立しようとする試みがたとえ可能だとしても、そのコストは非常に高くつき、他の人々が自分の選択に基づいて行動することを可能にする余地がほとんどもしくはまったく残らないかもしれない。身体が健康で平等な資質をもつ人々が、資質が欠けている人々の実質的な奴隷になってしまうケースすら想定可能だ。この場合、健常者が自分の人生を追求する能力が、障碍をもつ人々の主張に条件づけられることによって、最も重い障碍をもつ人々の依存性が覆され、逆に前者が後者に従属することになるのである。これもまた、人生の選択肢の平等な価値を否定することでもたらされる不正義や不公正の一形態である。それゆえ、これらのケースにおいて、われわれはもちろん最も不遇な人々に対して義務を負っているのだが、その義務は分配の正義の説明において、境遇がもたらすあらゆる影響を根絶することではありえない。

この問題に取り組むために、ドゥオーキンは仮想の保険制度という思考装置を採用する[13]。この制度は、自然的不利や資質の欠損を補償するという目的においてわれわれが支持する用意のある、社会的支給のレヴェルを特定するように設計されている。これは次善策にとどまる。なぜなら、この制度は環境と資質の欠損の影響を完全には補償できず、よってわれわれは真の意味で資質に無関心で野心に敏感な分配の公正に関する純粋な説明を提供できないということになるからだ。しかしながらドゥオーキンは、この制度はそうした理想的な分配に向かう傾向をもっており、それゆえわれわれが望みうる最善の策だと確信している。

仮想の保険制度は以下のように機能する。まず、われわれは修正された無知のヴェールの背後に自分たちがいると仮定する必要がある。そこでは、われわれはある種の事柄については知っているが、天賦の才能の分配における自分の位置は知らない。さらに、われわれは将来に生じうる様々な自然的不利の影響を等しく受けるものとしよう。貝殻の平等な割り当てを受け取る際、われわれは、自然的資質の面で障碍や不利を負うことに備える保険のためにいくら供出する準備があるかと問われる。仮に人々が、自然的不利に備える保険に自分の持ち分のうちから貝殻二五枚を支払うのは理にかなっていると決断すれば、それをもって税制を介した公的支援の指針とすることができるだろう。

仮想の契約という思考装置は、適切な補償のレヴェルについて具体的な回答を与えるものではなく、われわれがそのレヴェルをどのように決定するかをモデル化するものである。しかしながら、オークションに先立つ補償の試みにおいて確認したように、これは一回限りの補償形式ではない。この保険制度のもう一つの極めて重要な特徴は、自然的不利への一定レヴェルの補償を提供しないのは誰にとっても不合理だという前提の一方で、不利への補償にもてる資源のすべてを費やすことも同様に不合理だと認めることによって、自然的不利に対する補償の問題を選択と結びつけていることにある。ロールズの原初状態の構想と同様、仮想の保険制度の要点は、資質が欠けている人々への補償という問題を解決するための公正な解決策をモデル化することなのである。

仮想のオークションと仮想の保険制度の組み合わせは、人々を平等に扱い、野心に敏感で資質に鈍感な分配的正義の理論を提供することを目的に考案されている。ドゥオーキンの理論は、公正や平等への考慮を選択や責任と結びつける試みであり、それによって最も影響力のあるリベラルな正義論となっている。ドゥオーキンは社会の基本構造というロールズ的な用語は使わないが、すべてのリベラルたちと同じく、そこにおいて各人が自己を発見し、自らが選択した人生を追求しなければならない場としての、公正な背景条件に関心を寄せている。しかしながら、彼はこうした公正な基本構造や一連の背景条件への関心と並んで、全体的な結果は各人の選択と行為を反映すべきだというリベラルな見解も支持している。このコミットメントは、ドゥオーキン自身の理論を超えて共鳴を喚起し、リベラルな平等主義者と非リベラルな平等主義者との間の論争を特徴づけていくことになった。

選択《チョイス》と偶然《チャンス》を区別する

ドゥオーキン独自の理論は多くの批判を呼んできた。批判が集中したのは、彼の修正版仮想オークションを、どうすればリベラルで平等主義的な正義を実現する一連の制度へと転換できるのかという点である。だが、彼のアプローチは、リベラリズムの中心にある選択と偶然との区別に向けられたより根本的な一連の批判をも喚起している。G・A・コーエンのようなマルクス主義の影響を受けた哲学者や、ウィル・キムリッカのような多文化主義者は、選択と偶然、あるいは運と責任との間に設けられるドゥオーキン的な区別に異論を唱える論争の最前線に立ち続け、それによって経済的正義に対するリベラルで平等主義的なアプローチ全体を一筋縄ではいかないものにしてきた[14]。本章の残りの部分では、こうした批判について、またこの区別を擁護するためにリベラルたちが何を言っているかについて検討したい。

コーエンの議論は選択と偶然との単純な区別の可能性を否定する。そのかわりに彼は、自発的な選択の結果と、自然的運の結果とを区別する。選択と自然的運の境界線をどこに引くかに関して、彼の見解はリベラルな平等主義者とは異なる。コーエンは、個人の野心に敏感な性向は、しばしばそれ自体が偶然や運の問題だと主張するのである。勤労への性向や学力といった人の個性の様々な側面は、少なくとも部分的には遺伝的形質によって形成される。よって、仮にわれわれが、高技能・高収入の仕事に就く能力がないために労働市場で不利益を被るとしたら、たとえそれが学校での成績が悪かった結果だとしても、公正な処遇とは見なされないだろう。遺伝的要素だけが有意な要因ではない。われわれの野心に敏感な性向の一部（ことによるとそのすべて）は社会化の結果である。ある人物が、社会で優れた経済的成果を上げるのに必要とされる技能の多くを正当に評価されない状況下で育った場合、個人は自分の社会化に責任を負うことはできない以上、この経歴もまた再分配の必要性を示す一つの根拠となるだろう。結果的には選択の根拠そのものが偶然の問題となるのであり、したがって潜在的にあらゆる不平等を――たとえそれがどのように生じたものであれ――補償する理由があるということになる。実際に自ら費用のかかる嗜好をもち、涵養することを選択しない限り、われわれはそれによって生じる不平等への補償を要求することができる。もし私が自分で選択したわけではなく、たんに怠惰な「カウチポテト」でいたがっているとしたら、幸運にも野心的で勤勉な性向をもって生まれた人に比べて、私は悪い暮らし向きを送って当然の人間だとは言えない。このような考え方は、公正な不平等を正当化しようとするリベラルな願望の放棄と、よりストレートな平等の構想への移行を必要とするだろう。

ウィル・キムリッカのような多文化主義者は、文化的アイデンティティや文化的所属もまた厳密に言えば選択されるものではないという、同じような議論を行なっている。それゆえ、マイノリティ文化圏に属する人々が、彼らを取り巻く社会の規範に照らして自分たちのライフスタイルが非常に高くつくことに気づいた場合、特殊な教育や少数言語を維持するために補償を要求することができる。これは、ある人々が他の人々の人生の選択や選好を支えるよう要求する事例の典型だと思われる。もっともキムリッカは、このアプローチとリベラルな平等主義が完全に両立すると主張するのに苦心しているのだが。[15]

では、このような批判に直面してもなお、リベラリズムが選択と偶然の区別へのコミットメントを保持し続けることは可能だろうか。近年のドゥオーキンは、正義についてのリベラルな説明に極めて重要な基盤を救出することに着手している。彼が展開する第一の議論は、道徳性に関するわれわれの日常的な理解の説明に基づくものであり、「ある選好の高価さは運の問題であるゆえに、高価な嗜好をもつことで生じる不平等が相応だと想定されるべきではない」という異議に応答することを目的としている。同様の異議として、「われわれの嗜好は自分で選択したものではないゆえに、結果的に高価な嗜好をもつことになったとしても、それを理由に罰せられるべきではない」というものも想定されている。

ドゥオーキンの回答は、運の形態の区別に依存している。彼は公正の問題を喚起する運の形態と、そうではない運の形態とを区別する（マット・マトラヴァーズは後者を宇宙的運《コズミック・ラック》と呼ぶ）[16]。ある意味で、われわれは物事がほかでもない特定の成り行きをみた場合に、運不運を云々するのかもしれない。それゆえ、神の計画と区別するために、この宇宙で地球という惑星が生命の存続条件を満たしているのは偶然の産物だと言うこともできよう。だが、こうした判断は概して道徳的に中立だ。太陽系が現にあるような性質をもっているという事実自体は偶然の結果だが、それが善いことかどうかは別の問題である。地球が現在とは別のあり方をしていないのは不運の問題だと述べるのは、むしろおかしなことだろう。公正の問題は生じない。これに対して、私が特定の社会的位置に生まれ落ちたのも同じく（幸運にせよ不運にせよ）偶然の結果ではあるが、そのことで公正の問題が除外されるわけではないと言うことはできる。ドゥオーキンはこのような理路をたどって、他人と比較して費用のかかる嗜好や選好についてのコーエンの懸念に応答できると考える。すなわち、私はたまたま他の人々の自由な決定のせいで、ある種の嗜好・選好が他よりも高くつくと見なされる世界に身を置いてはいるが、われわれすべてが資源の公正な基準から出発する限りにおいて、この種の偶然は公正とも不公正とも見なせないものである。あらかじめ定められた平等の基準を背景として、選択による不平等と偶然による不平等との区別を設けることは、まさしくドゥオーキンやブライアン・バリーのような「準選択主義者」(semi-choicist)のリベラルたちが主張するところである。

運の種類についてのこうした区別は、嗜好や選好に関する責任の問題をその区別の範囲外に置くことによって、選択と偶然の問題を明瞭にすると考えられている。この区別は日常的な道徳への訴えに支えられている。帰結の責任がどこに見出されるか——つまりいかなる場合に個人は自分の状況の重荷に耐えるべきかについての、常識的な直観へ訴えるのである。嗜好や選好や性向への補償がもたらす奇妙な帰結を多少なりと防ぐためには、選択と偶然を区別する必要がある。生まれつき退屈な人物は、友達や伴侶がいないという理由で補償を要求すべきだろうか。結局のところ、どうあっても退屈な人間は、友達がいなくて当然ではないか。リベラルたちは明らかに、こうした問題は公正さと責任に関するわれわれの慣習的な道徳的直観と衝突すると考えている。彼らはさらに、個人はある特別な意味において自分の人生に責任を負っており、善き生の内容を自ら決定できるよう、国家や社会に干渉されるべきではないという、自分たちの中心的な信念にも挑戦している。責任についてのいかなる説明も、われわれの基礎的概念やコミットメントとの間である種の反照的均衡を達成する必要がある以上、直観への訴えは確かにある程度は機能するだろう。しかし、われわれの直観はたいていてい不確かなので、このような訴えは注意深く行われなければならない（とどのつまり、そのために政治理論という活動は存在する！）。直観への訴えは、ある解釈を捨てて別の解釈を支持することで、何が争点なのかを示そうとすることはできるが、対立を解決することはできないのである。

コーエンの批判によって選択と偶然の区別が無効化されないためには、リベラルにはより強力な論拠が必要である。ドゥオーキンは、われわれが自分の選択・選好を同定あるいは是認する仕方を考察することによってそれを提供しようとしている[17]。彼は二つのケースを区別することでその要点を説明する。第一のケースは、水道水が耐えがたいほど酸っぱいことがわかったので、より多くの資源をミネラルウォーターに費やさなければならなくなった人物の場合。第二のケースは、写真家になりたいという自分の野心に気づいた人物の場合だ。今回も後者の選好は自発的なものではなく、いつのまにか写真家という職業に就いた結果、高価な機材を購入する必要が判明した次第である。両ケースとも、行為者の選好が自発的なものだとは仮定していないが、両者の選好への関わり方は非常に異なっている。前者のケースでは、彼の嗜好はたんに自然的な不運であり、普通の水道水が耐えられないほど酸っぱいことに気づいたのは単なる災難だといえるだろう。ただし、水道水の味を変化させる錠剤が彼に支給されるという状況を仮想してみると、話は違ってくる。その場合、彼には選択肢が与えられ、もはや自然的な不運の犠牲者ではなくなるのである。しかしながら後者のケースでは、写真家になりたいというそもそもの願望も選択されたものではなかったにせよ、彼と自身の高価な嗜好との関係は一段と複雑だとドゥオーキンは主張する。これは同一化《アイデンティフィケーション》に基づく議論である。後者のケースにおいては、費用のかかる選好は、自分にとって何が価値をもつのかという問いをめぐる信念や判断からなる、相互に関連した網の目の一部を形成している。このようにして選好というものは、それが選択されたものではないにせよ、判断や価値、そして当人が善き生を意味すると思うものからなる網の目に組み込まれることによって、部分的に是認される。選好や嗜好の多くは、ここでの水の嗜好のように、他の嗜好から切り離せるものではない。それゆえドゥオーキンによれば、われわれは自分にとって何が重要なのかに関する構想に照らして、そうした嗜好や選好の特徴を是認する可能性がより高いのである。そうであるならば、写真家がたんに費用がかかるからという理由で自分の嗜好を変えるために錠剤を飲むことはあまりありそうにない。そんなことをすれば自分の人格の中核をなすものを捨て去ることになりかねないからだ。もし写真家が錠剤を飲むという選択をためらうなら、その場合、自分の写真への選好は補償されるべき自然的不運の問題だと気づいたという主張は、どこか奇妙なものになる。

この区別は、それを用いてリベラルが次のように主張することが可能になるという点で重要である。すなわち、どれも自ら選択したわけではないが、尊重はしている、そうした選好の複雑な網の目を含むライフスタイルを、是認する用意がわれわれにあるとしよう。その場合、やがてこの網の目が高くつくと判明したせいで、そうした生活を営むことで他人より暮らし向きが悪くなったとしても、われわれは自分が不当に処遇されていると主張することはできない、という主張である。このドゥオーキンの区別に議論の余地がないわけでは決してない。とはいえ、偶然と選択の境界線をめぐるコーエンの代替的な説明も、実質的にほとんどのケースを選択と見なさないのだから問題がある。だが、コーエンの好む説明がより大きな難点をもつという事実があっても、それはドゥオーキンが偶然と選択の間に引く境界線に対する彼の批判に再反論するための論拠にはならない。次のように主張する論者もいる。ドゥオーキンによる区別は、形而上学抜きで政治理論を構築しようとするリベラルの試みと同様、いずれは瓦解する。自由と責任に関する完全な理論を提供する以外に道はないのだ、と。[18]

しかし、だからといってドゥオーキンの立場に何の効力もないわけではないし、リベラルたちが責任に関する何らかの哲学的理論を探求しなければならないわけでもない。ドゥオーキンの議論は次のようなリベラルな考えに基づいている。すなわち、何が人生を善いものにするかに関する各人独自の構想を形成・追求するにあたり、個人が自由であるべき理由を説明する際には、是認が必ず中心的な位置を占めるという考えである。是認による制約は、現代のリベラルたちが用いる、弱い意味での自由や自律という価値への訴えへの根底にある。しかしながら、何が人生を善くするのかについてわれわれが行う様々な選好や判断の複合物を是認すると同時に、そうした選好や判断から生じる帰結を拒絶することがありうるという考えには、実に奇妙なところがある。その理由は、特定の選好や選択に付随する相対的価値とは、自分の資源を用いてなされる各個人の様々な選択の関数なのだということにある。善き生の価値とは、国家や一般社会が個人にその決定を委ねるべきものだというリベラルな主張を弱めることなしに、選択は結果を伴うべきだという主張を放棄することはできない。成果に差が生じたゆえにこの結果は不公平だと述べるのは、公正の問題が本当に生じる地点を見失っている。ドゥオーキンにとってその地点はより前のレヴェルにあり、そこでわれわれは広範で平等な機会のセットを考慮に入れた資源という観点に立って公正な経済的基準を見きわめる。ドゥオーキンもどのリベラルも、貧しい人々や最も恵まれない人々は自分の選択ゆえにその立場に責任を負っているのだという、おなじみの保守的な主張をしてはいない。このような言い草をリベラルな立場と見なせば、資源の平等化の核心を無視することになる。資源の平等化によって確立された公正な基準を出発点として初めて、人々は自分のライスタイルを是認するといえるのである。個々の機会のセットの価値が等しく、個人がそれらのセットの中から唯一の選択肢を強いられない限り、他人と比べたときの資源の全体的水準に各自が責任を負うことは、理にかなわないことではない。実際、別様のやり方を試すとすれば、人格・自由意志・責任に関する論争的な諸理論――われわれは自分の人格や性格、もしくは選択について一切責任がないと主張する諸理論〔強い決定論〕――に真理があると想定する必要が出てくるだろう。あるいはより厄介なことに、人は他人から見て愚かだったり卑しかったりする生活形態ですら、心底から是認・選択できるのだというリベラルの主張にまで疑問が呈されるかもしれない。

選択の問題を公正な基本的分配の後景に置くことがもたらす帰結の一つは、それが、富や資源の正当化可能な格差を著しく狭めるという、潜在的にラディカルな含意をもつことである。つまるところ、不平等が正当化されるためには、それが平等な資源のセットの体系内における選択の帰結であることが示される必要があるのだ。とすれば、われわれが現代社会で目の当たりにしている所得や権力の巨大な格差のようなものが容認されることはありそうにない。

それでも、選択と偶然の区別の正当化に関する問題は残る。だがこの区別は、社会正義についてのリベラルな説明に対してもつ自らの含意を明確化する。責任は公正の主張と矛盾するものではなく、完全に両立可能なものである。むしろ、この区別をすべて放棄してしまえば、たとえば刑罰のような、分配的正義の問題を超えて幅広く用いられる概念を毀損することになる。リベラルな理論家たちの中には、H・L・A・ハートが自身の刑罰論で展開したような仕方で、明確に法理論に依拠した者もいる。その目的は、責任を正当化可能な弁解《エクスキューズ》の集合として考えることで、複雑な形而上学的問いに訴えることなくこの責任という概念を用いることが可能になると示すことにある。ハートはこう示唆している。責任概念が最も重要性をもつ社会的慣行の一つ、すなわち法体系内での刑罰への責任(liability to punishment)から、われわれは責任概念の起源について多くを学ぶことができる[19]。ここで用いられる正当化のアプローチは、責任を背景的条件と見なし、そのうえで責任がない、あるいは責任の範囲が限定されていると言いうる場合の弁解の条件を特定するというものである。特殊な状況にあった場合にのみ、責任の範囲は限定される。それ以外の場合は、利用可能で実際的な行動指針に則っている限り、人は自身の選択に責任を負うことができる。責任についてのこうした見解は、平等な機会のセットや代替的な行動指針をめぐるリベラルな観念と合致する。このような正義の背景的条件が成立するなら、本当に別の選択肢がないとか、そもそも行動できないといった場合を除き、人は自分の人生の選択から生じる不平等に相応するといえる。自分の信念や価値観に照らして、現実にある人生の選択肢が他よりも負担が大きいと判明したとしても、それが真正の選択肢であることは妨げられない。マイナーなライスタイルを追求する人々は、負担なくそれを見つけられると期待することはできない。とはいえ、リベラルたちはすでに、まず機会のセットの平等化を求めることによって、人は特定の人生の選択と結びついた経済的位置に相応することはない〔＝責任を負わない〕という主張の妥当性を否定している。リベラルたちが認めないのは、リスクが高いとか、費用がかかるとか、危険であるといったライフスタイルが、社会のその他の成員によって補償されるのが当然だとされるような状況である。自分の資源をすこぶる危険なスポーツを極めるために使いたいと思った場合、高額な保険料を支払うよう要求されたり、結果的に低レヴェルの収入しか得られなかったりしても、それを不公正だと訴えることは到底できない。ハートの弁解理論と、自由意志や責任にまつわる完全な形而上学的理論との十全な比較を提示しようとすれば、われわれはリベラルな理論の領域をはるかに超えた場所に連れて行かれることになる。選択／偶然の区別は支持されうること、そしてこの区別は責任がリベラルな正義論の平等主義を損なうというロールズ以前の見解への後退を伴うものではないこと。これらを示すことこそ、リベラルな理論にとって重要な点である。

本章における議論の要点は、リベラルたちがなぜ富や財産を、長期にわたって社会正義や機会均等化を妨げる前政治的権利だとは考えないのかを示すことにあった。その結果、かなり難解で専門的な議論をすることになり、しばしば学び手はリベラルの理論は現実からまったくかけ離れているかと感じてしまうかもしれない。つまるところ、ロールズの無知のヴェールが仮に複雑なものだとしたら、それに比べて貝殻やら仮想の保険市場の話を含むドゥオーキンのオークション論はどれほど込み入ったものだろうか。そもそもドゥオーキンのアイディアを、どうやって政策決定に生かせばよいのか。制度化できないとしたら、それらのアイディアは真剣に受けとめるに値するのか。最後に、これらの問いは、現実世界のサプライサイド経済学とどのように関連しているのか。かつてないほどに複雑な分配上の問題を論じるのは結構だが、経済のグローバル化やグローバル資本主義の圧力についてはどうなるのか。

結論として、このような理論が何のためにあるのかを明確にしておくことが重要である。それはハイエクらがときに主張するような、現実の経済から隔絶された合理主義哲学者たちが抱くユートピア的空想ではない。確かにドゥオーキンもロールズもバリーも、自らもその一員である社会の公共政策に対して、自分の理論が一定の方向性を与えることを望んでいる。彼らの結論は、税率などの問題については明確な方向性を指し示す。さらに、それらはより重要な目的にも貢献している。すなわち彼らの結論によって、社会で最も裕福な人々は勤勉や才能の報いとしてその幸運に値しており、したがって再分配のための課税は羨望の政治にすぎないのだ、という多数派の主張が粉砕されるのだ。リベラルな理論にできることがほかにあるとしても、それは確かに、こうした主張が利己的な詭弁だと示すことができる。最終的にわれわれは、実際上の様々な理由のために、リベラルな理論が正当化するよりも高いレヴェルの経済的不平等を抱え込むことになるのかもしれない。しかし、少なくともわれわれは、このような不平等の理由を明確にすることができるし、金持ちや権力者はその地位に値するとか、その権利をもっていると主張する人々に異議を申し立てるための手段を手にしているのである。

第6章　政治的リベラリズムはどのように政治的なのか？

前章までの考察によって、われわれは政治的教説としての現代リベラリズムの起源と性質についての説明を手にし、現代リベラリズムが契約主義と功利主義の両伝統から主要な観念をいかにして引き継いだのかということをみてきた。さらに、現代リベラリズムが、今日的な装いの下、公正《フェア》な社会的協働のシステムとしての政治社会、あるいは不偏的に秩序づけられた社会の基本構造という考えを展開していることを確認した。こうした不偏的で公平な基本構造は、分配的正義の二つの考慮事項——①基本的諸自由の平等な体系、②自分の人生を送る際の個人の選択を可能な限りうまく反映し、運・不運から帰結する不平等を除外するような基本的資源の分配——によって形作られている。このようにして、リベラルな政治的秩序という考えが、その中において諸個人が自由かつ平等であり、自分の人生の最終的なあり方に責任を負うとされる政治的共同体の構想を、定めることになる。人々は国家によっていかに生きるべきかを指図されることはなく、また国家は、政治や政策に課されるところの人格に関するこれら二つの制約を遵守することに自らの責任を限定する。思い出してほしいのだが、公正な社会的協働のシステムとしての国家という見解を擁護するにあたって、リベラルな理論は客観的な善が存在しないと主張しているわけではない。この理論は、国家権力や政治的権力が個人に対して行使されることが可能となる場合に、そうした行使の特質や限界を主張しているにすぎない。適切に理解されるなら、政治的リベラリズムは、認識論的制約〔形而上学的な真理概念に対する懐疑論〕から帰結するわけではなく、平等な道徳的地位を有する人々への強制的な権力行使に対する道徳的制約を内包するものなのである。ロールズやバリーをはじめとするリベラルな理論家たちはいずれも、道徳性や倫理的価値がより奥行きのある地位をもつという考えに対して、関わろうとしないか、証明も反証もできないという立場にとどまっている。政治的リベラリズムは、その注意を政治的領域へと限定し、公的領域すべてに道徳性を埋め込もうとは試みないがゆえに、まさしく政治的なのである。ところで、政治的リベラリズムは現代政治理論においてしばしば政治理論そのものと同一視されるほどにまで遍在するものだが、同時にすこぶる論争的な教説でもある。〔本章を含む〕以下の三章では、政治的リベラリズムに対する様々な反論に焦点を合わせたい。次の第7章で取り組むのは、虚偽の中立性と、政治的なものに関するこうしたリベラルな構想に見られる自民族中心性とにまつわる問題である。さらに第8章では、このリベラルな構想と狭い意味における主権国家の法的構想とのつながりをも考察する。そこでは、一方で多文化主義的な分断、他方でグローバル化の圧力の下で進行する国家の変容という点からみた場合、政治的リベラリズムはどのような成り行きになるのかを論じたい。さて、本章で取り組みたいのは、より基本的な問い、すなわち政治的リベラリズムは本当に政治的であるのかどうかという問いである。これは奇妙な問いに思われるかもしれない。だが、政治的リベラリズムに対する近年の重要な批判者たちの議論によれば、それは政治の本性を誤解しているのみならず、実のところ政治というものをすべて抹消＝転位《ディスプレイス》しようと試みているのだ。

　この議論を近年最も精力的に進めているのは、とりわけジョン・グレイ、グレン・ニューイ、ボニー・ホーニッグ、シャンタル・ムフである。[1] マイケル・オークショットやカール・シュミットなど、多様な反リベラルの思想家の考えを参考にしているという意味では、こうした批判は特に目新しいものではない。[2] だがそれは、闘技的政治(*agonistic* politics)と呼ばれるものの涵養を熱望する人々の間では、特有の現代的な響きをもっている。これらの議論が重要なのは、リベラルな政治理論が実のところいくつかの重要な点で反政治的であり、よって自らの規準に従うなら失敗していることになると主張するためにも用いられるからだ。中でもグレイやニューイが展開した最も射程の遠大な議論は、ジョン・ロールズを導きとする理論にとどまらない、あらゆる形式の規範的政治理論に向けられている。本書では規範的政治理論という営為を重視しているし、ある種のリベラルな平等主義こそ規範的政治理論の最も魅力的かつ実質的なアプローチだと考えるので、リベラルな政治理論が今日的な意味で政治的だということが重要になってくる。しかし、これはどういうことだろうか。

この疑問に答えるにあたり、私は政治的なものの概念(the concept of the political)についての何らかの一般理論や明確な定義を与えようとは思わない。むしろ本書の議論は、リベラルな理論を起草するのを望む人々への非難を、政治理論の範疇の外側に位置づけるものになるだろう。規範理論、とりわけ政治的リベラリズムをこうして擁護する際、私は彼ら彼女らが政治理論のすべてを構成していると主張したいわけではない。これは重要な点だが、だからといってグレイ、ニューイ、ホーニッグ、ムフに対する決定的な譲歩を意味しない。彼ら彼女らの批判の要点は、現代のリベラルな政治理論が扱う領域の狭さに向けられたものではない。ニューイとグレイの考えでは、そもそも政治理論の名の下に語られるものの多くは視野が狭すぎる。この点において、確かに両者はジョン・ダンのような他の理論家の追随者ではある。ダンは現代政治理論を標榜するほぼあらゆるものの射程の狭さを嘆くことに、キャリアの大部分を捧げてきた(ただし、さほど射程の狭くない政治思想史は例外である）。ダンによれば、「分配的正義への不条理なほど過度の強調」には、「極めてばかげたレヴェルの誤った判断」が露呈している。この謬見が政治理論を非常に空虚なもの、広範な知的重要性を欠くものにしてしまっている。その結果、政治理論は、あたかもチェス・プロブレム〔チェスのルールに沿って提示された局所的な課題を解くパズル。詰め将棋に近い〕やクロスワードパズルに興ずるように、ロールズが提起した問題にばかりかまけている人々にしか訴えないものになっているのだ。[3] しかしながら、扱う範囲の問題は容易に修正可能であり、今日政治理論に携わる人々の多くは、政治科学や社会科学というより広い領域で進行していることに実際に関心をもち、またその現状を把握している。政治的リベラリズムに対する真の告発は、射程の問題のはるか先を行くものである。というのもそれは、リベラリズムは実は政治の本性を誤解しており、結果的に現実の政治を完全に抹消＝転位することに注力する羽目に陥っている、と主張しているからだ。本章ではこの問題に取り組みたい。主要な関心事は、はたしてこの告発が真正の問題であり、したがって政治的リベラリズムに対する重大な反論であるのかどうかである。

政治の抹消と拒絶

前章までに概説されてきたような、われわれのよく知る政治的リベラリズムのイメージの何が間違っているのだろうか。近年では、政治的リベラリズムはたんに扱う範囲が狭いのみならず（これについてはリベラルな政治理論家も同意するだろう）、政治の際立った特徴を飼いならして放逐するねらいをもつゆえに、反政治的でもあると論じる批判者が現れている。彼らによればその結果、現代のリベラルな政治理論は政治についてわれわれにほとんど何も教えてくれず、政治そのものと何の関係もない無用の活動と化している。この点で、リベラルの理論は、アリストテレスやホッブズのような過去の政治理論史における偉大な思想家たちが政治に取り組んだ際のアプローチとは異なる。ロールズに帰せられる規範理論への転回（その中にはハーバーマスも含まれる）は、グランドセオリーへの回帰であるどころか、古典的な政治思想の遺産を拒絶するものにほかならない。こうしたネガティヴな議論は、とりわけ多元性や通約不可能性の概念に依拠するジョン・グレイやシャンタル・ムフ、政治的闘争の根絶不可能性を擁護するボニー・ホーニッグによって展開されているが、近年この議論を最も力強く推進しているのはグレン・ニューイである。ニューイは、グレイの著作の大部分に見出されるリベラルな政治理論への批判に共感を寄せつつも、さらに踏みこんで、政治的リベラリズムのような説得力に欠ける規範理論さえ政治の否定を伴うということを、グレイもまた十分には理解していない、とすら論じている。そこで、本章では最も厳しい種類の批判であるニューイの議論に主に焦点を合わせたい。もし彼の議論が破綻しているとすれば、この〈政治の抹消＝転位〉説《テーゼ》全体が誤りということになり、ダンやビーク・パレクが唱えているような、現代のリベラルな理論の射程に関する論争の余地のない主張だけが残ることになるだろう。[4]

『政治の後を追って《アフター・ポリティクス》』。このタイトルは政治の理論化という営為、すなわち政治という活動に従属し、かつ依存する活動にふさわしい場所があるのだということを示唆すると思われるが、この著作において、グレン・ニューイはリベラルな規範的政治理論がもつ自負を一貫して攻撃している。ニューイは、現代のリベラルな政治理論の活動が、「政治的」なものの体系的省察という政治哲学の真の課題には役に立たないと主張する。

彼がまず行うのは、政治理論と政治哲学との区別である。多くの政治理論家にとって、両者の間に厳密な区別は存在しない。政治理論とは政治学科で教えられる政治哲学であり、政治哲学とは哲学科で教えられる政治理論であるにすぎない。ニューイは、そうではなくて、政治哲学は規範的政治理論という装いの下に通用している哲学とは異なる位相にあると主張したがる。この点でニューイにとって政治哲学とは、概念上の区別・基準・知識の基盤、すなわち正義や政治的アソシエーションの条件といった問題について一次的な規範的理論化を行うとき、われわれが活用しているものに関心を寄せる二次的活動なのだ。彼は明示的に恩義を認めているわけではないが、政治の理論化についてのこうした構想は、政治哲学（ある経験様態の体系的分析）と特定の形態の実践（われわれは何をなすべきかに関わる）とのオークショット的な区別に類似しており、それから影響を受けたことが明らかである。[5] ニューイはオークショットとは異なり、何が知的尊敬を受け、それゆえ大学のカリキュラムに位置を占めるに値するかという観点から制約を設けようとしているわけではない。だが彼は、実践志向の哲学という観念は単なるイデオロギー的宣伝と変わるところがないとして、それに対するおなじみの敵意をオークショットと共有している。こうした〔政治哲学に実践志向を求める〕傾向性を克服するために、政治理論は規範性やなされるべき事柄ではなく、ありのままの政治を体系的に分析することにいっそう注力しなければならない。こうしてニューイは、ジョン・ダンのような批判者と同様、あるべきだがいまだ存在しないものではなく、むしろ政治の現実に焦点を合わせることで、政治理論がより政治的なものになる必要があるのだと主張する。

アリストテレスのような過去の偉大な政治思想家たちは、関心を規範的な問いに限定せず、自分が見出した政治の世界についての記述的あるいは分析的な考察までも行った。こう議論するとき、ニューイはたんに政治哲学者は政治学をより一層学ぶべきだと主張しているわけではない。そうではなく、政治哲学は規範と記述の両方にわたるべきであり、その関心を、正義・自由・平等な処遇といった規範的概念と同程度に、現代の政治学を支えている様々な概念やカテゴリーの分析にも向けるべきだと主張しているのである。ここまでは、依然として扱う範囲の問題だと思われる。だがニューイは、政治研究に見られる記述的側面へのこうした無関心さという問題をもってして、現代の政治理論が政治の拒絶を含んでいるという主張へと、議論をさらに展開するのである。

適切に記述に根ざした政治哲学ならば、政治的なものの領域が実際にはどのようなものであるかについて、より高い感度をもつだろう。現代の政治的リベラリズム、またおそらくすべての規範理論は、活動としての政治が実際にはどのようなものであるかについて、著しく無関心であるように思われる。しかし、政治とは何だろうか。ニューイは政治についての一つの説明を提供しているが、これは彼にとっては争点になりえないとしても、リベラルな政治思想にとっては依然として問題含みなものだ。政治についての（彼曰く）論争の余地なき説明は、以下の三点から構成されている。

政治とはまず、現実の政治を構成するものについての絶えざる意見の不一致によって特徴づけられる。したがって、「政治とは何か」という問いは、実際のところすこぶる論争的な問題である。これは政治思想史と通例呼ばれるものがカバーする事柄の多様性からも理解可能だろう。おそらくニューイはこの主張によって、政治それ自体の所在についての観念に異議を申し立てる議論の広さをほのめかしている。フェミニストによる「個人的なことは政治的なことである」という主張はよく知られている。その目的は、アカウンタビリティをめぐる集団的決定に委ねられるべき問題の範囲を拡大することにあるが、これはフェミニズムに反対する伝統主義者が家族のような特定の領域を政治の埒外に置きたがるのとまったく同じである。一方パレクのような多文化主義者は、司法国家《ジュリディカル・ステイト》のヘゲモニー（問題解決を国家の司法権力に委ねる思考の優勢）に異議を唱えており、文化適応(cultural accomodation)の問題に対する旧来のリベラルなアプローチは、権威や責任に関する代替的な主張を提示するにあたり国家中心主義的すぎると主張する。[6]政治とはたんに国家と、国家がその管轄下にある人々に対して行うことだけを指すのだろうか。おそらく近年、グローバル・ジャスティスや国際的な分配的正義の問題に関心が高まっているのは、ロールズ的パラダイムがあまりにも国家中心主義的であり、政治とは国境線で画されるものではないとの認識によるものなのだろう（第8章ではまさしくこの問題を再検討することになる）。政治的リベラリズムを下支えする政治的なものの概念の範囲の狭さ、あるいはこの概念自体をめぐる論争は、疑いなく重要な問題であり、もっと注目されるに値する。

政治の第二の特徴は、われわれが政治的なものとして同定できている事柄の領域内でさえ、依然として恒久的な意見の不一致が存在することである。ここでの問題は、政治的なものの概念の範囲というよりも、政治を可能かつ必須なものにするにあたり縮減することのできない、意見の不一致という観念そのものにより深く関わるものだ。よって、国家は社会的協働の公正なシステムとして秩序づけられるべきだという点では同意をみたとしても、はたしてそれが何をもたらすのか、またその構想の下で誰が何をすべきなのかについては、広範囲にわたる不一致の可能性が残されている。共通善、あるいはわれわれが共に追求する事柄（すなわちコモンウェルス）に関するあらゆる構想は、誰が何を得て、誰が何を与えるかをめぐる意見の対立を伴う。つまり、どの個人が行為に責任を負い、どの個人が行為を控えるよう要求されるのか、である。こうした意見の不一致があるという事実は、有力な裁定者候補として国家を擁護する議論の核心に関わるものであり、ホッブズやロックはそれぞれ異なる仕方でその議論に取り組んでいる。政治とは意見の不一致の縮減不可能性をめぐる営みであり、それこそが政治が必要とされる理由である。そうでなければ、われわれは無政府状態――利害関心や欲望、必要性の主張、個人の自由といったことすべてが、あるがままに自動調整される世界――に陥りかねない。意見の不一致はまた、政治へのあらゆる分配的アプローチが関心を抱くところの、財の序列化の核心に関わるものでもある。平等との関係において、自由はどれほど重要なのか。さらに、共通の、あるいは公共の利益だと誰もが認めるものの枠内で財の序列化を特定できたとしても、それらの財の明確な範囲を確定する段階においてはやはり意見の不一致が見出されるに違いない。

たとえ自由が平等に優先されるとしても、特定の諸自由の範囲や序列をめぐりさらなる意見の対立が生じる可能性が消え去るわけではない。ジョン・グレイは、リベラルな政治思想に対する批判の中で、この種の不確定性を重視している。[7] 彼はニューイと同様に、リベラルな政治理論家たちがこうした不同意の縮減不可能性を無視もしくは否定していると論じる。同様の議論を拡張したものが、ボニー・ホーニッグによる政治的リベラリズム批判の中心にもある。ホーニッグの主張によれば、政治は諸々の利害関心の間の縮減不可能な衝突に根ざすものであり、リベラルによるその克服への試みは、そうした衝突をたんにある特定の活動分野から別の活動分野へと逸らすことにしかなっていない。かくして、権利の言説に頼るリベラルおなじみのやり方は、衝突を根絶するものではなく、それが再浮上する別の地点に衝突を強制移動させるにすぎない。そのいい例が憲法上の裁定や最高裁判事の選択である。ホーニッグによれば、この戦略の問題点は、それ自体が権力の行使のさらなる発現にすぎず、利害関係を歪めてしまうことにある。[8] この点は、ニューイによる政治の説明における最後の特徴にわれわれを導く。政治がもつ最後の特徴は、それが権力行使に関連するということである。権力は政治の一側面であるが、記述的なものを犠牲にして規範的なものに没頭することによって見えなくなるようだ。リベラルな規範理論は、現実がどうあるべきかという問いに関心を寄せるのだが、こうした問いに囚われることで、どのようなものであれ、なぜこの現実がそうなっているのかという問いを看過してしまう。政治権力の源泉・分配・現れに関する説明や、望ましい現実を生み出すために権力行使が必要不可欠だという現実を、政治理論は真剣に受け止めていない。この論点は単純な見落としの問題ではない。つまり、リベラルな理論が権力の源泉の理論化を無視していることではなく、むしろ政治は権力の行使を伴うゆえに、たんに権力に関係することだけを指すのではないこと、そして権力の行使とは偶然性によって駆動する、汚れた、あるいは両義的な営みであるという事実を、リベラルな理論が無視していることこそが重要なのだ。

政治の概念に関するニューイのこの説明は様々な側面をもっており、ここにはすでに政治的リベラリズムの妥当性への疑問が開陳されている。だがこれは、リベラルな政治理論の反政治的な性質に対するニューイの批判の一部にすぎない。このそれほど論争を呼びそうにない政治についての説明を、彼はリベラルな理論への次のような批判を展開するために用いる。すなわち、リベラルな理論は還元主義的・道具主義的であり、政治的なものの自律性を否定している。そして、現代のリベラルな政治理論を反政治的なものにし、現実世界の政治から遊離させているのは、まさしくこうした特徴にほかならないという批判である。

還元主義

リベラルな規範的政治理論に特徴的なのは、それが自らを倫理学や道徳哲学の一分野だと認識していることだ。規範的政治理論が関心を抱くのは、道徳哲学者の心を捉えている特殊な道徳概念に根ざす一連の問いである。リベラルな政治理論家たちのほとんどは、ある一つの道徳的パラダイムの範囲内でものを書いており、義務というものの範囲や対象、つまり誰がどのような特定の権利や自由をもつべきで、誰がそれに対応する義務を負うべきか、といった問題に関心を寄せている。現代のリベラルな理論が分配的正義に完全に夢中になっているのはそのわかりやすい例で、ジョン・ダンはこれを不条理かつ「滑稽なまでに」誤った判断と見なしている。道徳哲学者たちは一つの研究領域を植民地化し、それを自分たちの専門分野に特有の関心に沿うように捻じ曲げている。（責務・義務・権利・自由などをカバーする）これらの関心は規範的なものであるが、ここから明らかになるのは、伝統的に政治哲学が——政治の本性に関する一般的な概念を求めて、先述した意味で「政治的なもの」の本性をめぐって体系的な考察を行いつつ――抱いてきたより記述的な関心に対して、政治理論家が相対的に無関心だということの理由である。このアプローチの失敗は、たんに政治という営みを誤って解釈していることではなく（これも十分に深刻な問題だが）、むしろ、過剰に道徳化された政治の構想がもたらすと期待される価値を、こうした誤解が実際に台無しにしてしまうことにある。ニューイによれば、還元主義的アプローチは「ある一つの主題が別の主題へと余すところなく翻訳可能だと示すことで単純化を行う。だがこの単純化は、元来の主題についての過度に単純化された見解を前提としない限り可能ではないように思われる」[9]。政治のもつ多様性を倫理や道徳の問題に還元することで、リベラルな政治理論は何が政治的であるかについての感覚を喪失している。リベラルな政治理論が特定の分配的問題に限定して取り組むのは、そうすることが可能だからである。しかしこの理論は、権力や行為主体性の多様な現れを、権利と承認についての個人主義的な要求へと単純化するゆえに、こうした分配に関する問題に十分に取り組むことができないのである。ニューイは、リベラルな政治理論が抱えるこの問題は次のようなところに露呈していると論じる。リベラルな政治理論は、〔善の構想に関する〕理にかなった多元性の事実を認めている。しかし他方で、理にかなった同意や是認などのような、権利や責任の分配の基礎となる概念を構成する際に生じる不都合な事実〔＝「政治的なもの」

に関する意見の不一致〕を、規範的理論家が排除し続けるのは比較的容易だということも認めてしまっているのだ。こうした善の構想の多元性という問題を扱うにあたって、リベラルな政治理論は、根本的な意見の不一致の真の性質ばかりではなく、その基盤も、そしてさらに重要なことに、時間をかけてこの不一致に対処するために必要とされるだろうものまで無視しているように思われる。リベラルな理論は非現実的な行為主体の構想を展開しており、しかも自分たちに都合がよいからそうしているように思われる。だがリベラルな理論が、究極的な目標についての根本的な意見の不一致と、この問題に対処するためのメカニズムが維持される見通しについて適切な応答を提供できないのであれば、その議論は依然として現実的意義をもたないままとなる。リベラルな理論が、とにかくこの問題に取り組んでいるように見せかけることができているのは、たんにそれが偶然性を除去することで、秩序と原理を備えた世界をもたらそうとしているからにすぎない。しかし、政治の世界は偶然性が支配する特にマキァヴェッリ的な世界であるがゆえに、リベラルな政治理論が提供するとされている偶然性を越えたカント的世界への退却は、実際のところ、政治的なものからの退却にほかならない。

規範的リベラリズムの還元主義的転回は、政治を否定することの根拠、ならびに規範的政治理論が無用化することの理由となっている。しかし、還元主義は現代のリベラルな政治理論が抱える唯一の問題ではない。還元主義や道徳性による政治の抹消＝転位という考え方とも関連するものとして、リベラルな政治の道具化という問題がある。

道具主義

政治を倫理や道徳性の主題に還元することによって、リベラルな政治理論は自らの妥当性へのの自負に関するさらなる問題をも招き寄せる。なぜならば、リベラルな政治理論を支える道徳的思考の主要な要素は、それ自体、諸目的に対してもっぱら道具主義的なものだからだ。この非難を展開するにあたり、ニューイの立場は、「リベラルな近代性がもつ情動主義的な文化には功利主義的な性質がある」というアラスデア・マッキンタイアの主張を反映している。[10] ニューイは道具主義の問題を次のように提示する。

政治とは、それに先立って存在する外的な諸目的に奉仕するために存在するものであり、そして政治的な熟慮が、個人の実践的推論に見出されないような特別の問題を惹き起こすことはない。これが、政治的道具主義の想定である。

道具主義は政治的活動と市民社会との特殊な関係を暗に含んでいる……この含意される関

係とは、政治は以下のただ二つの相補的な役割を果たすにすぎないというものだ。消極的には、紛争が起こったときに、市民社会において審判の役目を務めること。積極的には、適切な管理技術を用いて、市民社会が追求する利益や善の構想を促進すること。その結果、政治への哲学的反省は衰えてしまうか、他の何ものかへと変形される[11]。

この管理主義の強調は、明らかにマッキンタイアと同様の関心を反映している[12]。しかしながら、上記の引用から明らかとなるニューイの批判には他の重要な側面がある。政治の道徳性への還元によって、政治が関心をもつべき諸目的は個人化される傾向がある。なぜなら、リベラルな政治理論はその義務論的・帰結主義的な装いの下で規範的個人主義を是認するからだ。だがそれ以上に重要なのは、リベラルな政治理論が、理論の役割をたんに個々の善の構想を調停することと見なしている点である。これら善の構想は、高度に道徳化され、包括的な道徳性や神学に依拠したもの（リベラルな政治理論は依然として宗教的寛容に関する一七世紀の議論の長い影の下で機能している）か、あるいは個人の欲求や選好を再記述するものかのいずれかである。マッキンタイアによれば、世俗化の帰結として、実際には前者は後者へと頽落していく。欲求と選好の重要な特徴は、それらが生の事実、もしくは実践的推論のための基礎であり、さらなる熟慮の対象ではないと想定されていることにある。こうして、欲求と選好は所与のものとして、政治の営みに先立つとされる。このとき、リベラルな政治理論は、前政治的な諸目的の最も効率的な追求を管理する際に必要な、適切な手続きを探求するものになる。したがって、リベラルな政治思想に見出される政治（学）とは、所与の非政治的な個人主義的諸目的を達成する手段に関わる倫理学の一分枝ということになる。

政治理論に関するこうした「道具主義的な」洞察は、政治的リベラリズムにとっての問題を二つ生み出すことになる。第一に、諸々の目的や目標という問題を政治の領域から取り除くことによって、リベラルな政治理論は、こうした諸目的の本性・性格、ならびにこうした諸目的が達成される際のメカニズムを歪めてしまう。リベラリズムは、対等な者同士の理にかなった妥協という考えにとりつかれている。だがニューイによれば、これは、政治的行為者に限定的で理想的な高次の動機の一式を押しつけることによる論点先取であり、こうした動機は現実世界の政治的行為や闘争にほとんど基盤をもっていないのである。ここでもまた、政治を馴致する試みは、政治的意見の不一致に取り組むためにリベラルな理論がまさに必要とするものを損ねるという結果を招いてしまう。第二に、規範的政治理論に見出されるように、前政治的で本質的に個人化された諸目的に没頭することで、現代のリベラルな政治理論が、通常の国内政治の構造や問題にどの程度左右されているのかを調査することが妨げられてしまう。リベラルな政治理論がこうした構造や問題に囚われてしまうことで、集団のアイデンティティや階級、あるいは他の集団的利害といった、より個人化されていない目的が無視されているかもしれないのである。このようにしてリベラルな政治理論は、リベラルで民主的な国家という支配的な構想や、さらに困ったことには序列を重んじる学問世界の近視眼的な没頭をも含みうる政治外の諸力にアジェンダを設定してもらうことで標準化＝規律化されてしまう[13]。政治ならびに政治理論それ自体の政治学から後ずさるこうした傾向は、ニューイによれば、現代のリベラルな政治理論家が概して政治家を低く評価していることでさらに補強される。

還元主義と道具主義という批判がともに前提しているのは、ニューイの議論のもう一つの特徴、すなわち政治的なものの自律性《オートノミー》である。彼はこの観念を、シャンタル・ムフをはじめとする闘技的政治の理論家など、多くのラディカルな政治理論家たちと共有している[14]。政治の自律性、もしくはしばしば「政治的なもの」として引き合いに出される考えにはいくつかの起源があるが、おそらくとりわけ重要なのはトマス・ホッブズだろう。しかし最も有名なのは、ドイツの政治思想家カール・シュミットとの関連である[15]。シュミットは実に多くの事柄で有名であり、そのすべてに功績があるわけではないが、おそらく一番よく知られているのは、リベラリズムの専制から政治的なものの自律性を救い出したこと、ならびに政治の場として友／敵の区別があることを提唱したことであろう。シュミットは述べる。「自由主義的諸概念は、典型的に、倫理（精神性）と経済（取引）との間を動くものである。リベラルはこの両極から、征服の権力と抑圧の領域としての政治的なものを無化しようとする」[16]。政治そのものがもつ根絶不可能な闘争的性格への注目を喚起するゆえに、ムフやニューイのようなリベラリズムの批判者にとって、シュミットは重要である。これはたんに、しばしば通常のリベラルな政治がもつとされるありふれた性格を拒絶するにとどまらない。政治的なものの自律性へ訴えるシュミットの請願は、現実に政治の中心にあるもの、すなわち闘争を承認する冷厳なリアリズムを要求する。闘争の現実性や根絶不可能性を真剣に受けとめそこねることによって、リベラルな政治理論は政治的であることに失敗しているだけではなく、さらに重要なことに、政治を飼いならし理性に従わせようとする自らの大望を台無しにしているのである。

もしニューイや彼が参照するラディカルな批判者たちが正しいとすれば、政治的であることに失敗しているということは、たんにリベラリズムが（「政治的」リベラリズムとは別の）新たな名称を探さねばならなくなるだけではなく、その活動自体に影響を与えることになる。そして問題は、もちろん、彼が正しいかどうかである。

政治理論のための法律——政治的リベラリズムの擁護

ニューイへの一つのシンプルな応答はこういうものだろう。まず、彼が提示する政治の定義がかなり限定的でこじつけに近いものであることを示し、次に、われわれがそれとは大きく異なる政治の定義を提示すれば、政治的リベラリズムは見事に批判を切り抜けることになるか、少なくとも実質的には無傷で済む。本書が論じようとするのも部分的にはこうしたことだが、しかし話はそれほど単純ではない。なぜなら、ニューイは現代のリベラルな政治理論家の固定観念をめぐる重要な論点をいくつか提起しているからだ。問題は、これらの論点が現代のリベラルな政治理論の範囲の著しい狭さを批判するものなのか、それとも政治的リベラリズムによる政治の完全な否定を剔抉するものなのか、ということである。もし前者であれば、リベラルな理論はたんにこれらの指摘に応じて扱う範囲を広げるだけでよい。私はこの見解に傾いているのだが、それはなぜか。

ニューイによる還元主義ならびに道具主義への批判の効力の大部分は、政治的なものの「自律性」がもつ説得力によるものだ。曲がりなりにも倫理と政治の連続性を打ちたてようという考え（そもそもアリストテレスに見出される考え）には何か誤ったものがあるということ、リベラルな政治の構想は外的で前政治的な善に依拠していること、この二つの主張を支持するためには、固有の善＝財《グッズ》を伴う自律的な領域としての政治の観念を前提とする必要がある。しかし、この見解を支える論拠とはどのようなものだろうか。まかり間違えば、それはムフにおけるように、まず断定があって、それをシュミットの引用で裏づけたものにすぎない。シュミット自身の議論はさほど単純なものではなく、それどころかかなり論争を呼びそうな哲学的想定（とりわけある種の倫理的ニヒリズムの主張など）に基づいている。さて、ニューイの見解はといえば、明示的にはシュミット的なものではなく、相異なる経験の階層についてのオークショット的な考えからより多くの示唆を受けていると思われる。オークショットは極めて明示的に、哲学を二次的活動として説明する。二次的活動としての哲学は、経験の相異なる階層を区別したり、明確に位置づけたりすることに関心を寄せる。ある一つの様態がそれとして在るためには、その様態が他のいかなる様態からも明確に区別されねばならない。実践的経験の様態の一部としての政治は、歴史や科学から、そしてもちろん、いかなる実質的内容をも有さない哲学から区別されなければならない。オークショットの見解が示唆するのは、経験の階層についての内容・実質をもたない省察としての哲学についての説明であって、ゆえにこの意味において政治哲学はそれ自体として存在しえないーー存在するのは哲学だけなのだ。政治哲学（そのようなものがあるとすれば）とは実のところ、実践の諸前提を省察する哲学、あるいは実践的経験に深く関与する哲学にほかならない（したがって、政治哲学は規範的政治理論というよりは思想史に近い）――「すべてのものはまさしくそれがそうであるところのものであり、他のいかなるものでもない」[17]。このアプローチは経験の一様態がもつ自律性を判別するための根拠となりうるものを与える。ただしオークショットが提示するのは実践的経験の総体であって、たんに政治そのものの経験様態だけを指すのではない。ゆえに、このアプローチが（倫理的形態をはじめとする他の形態の実践的経験から区別された）政治的なものの自律性を説明可能となるためには、ニューイによる補足が必要となる。ニューイは、固有の善＝財を伴う自律的な経験の領域としての政治を説明する必要がある。これを提示するために、彼は実践的経験の様態をさらに洗練させなければならない。しかし、ニューイはこれを恣意的でない仕方で行えるだろうか。彼が思い描く哲学にはその実現は不可能であろう。なぜなら、可能な政治哲学とは何であるか、すなわち政治的な事柄への二次的反省をめぐるネオ・オークショット的構想が、それを妨げるからである。この二次的反省は政治的なものの概念を特定するものではまったくなく、たんにそれを前提しているにすぎない。ニューイが政治に固有の善＝財はいっさい存在しないかもしれないと不承不承認めるとき、彼もこの事実を認めていると思われる[18]。ニューイにとっては、政治的なものの概念は経験それ自体からしか導出されえない。このことは、ニューイが述べるダンに似た次の弁明によって強調される。すなわち、政治理論は、実際この世界に見出されるような政治の諸形態に対して、また現実政治の複雑性により感度の高い行為主体をめぐる諸構想に対して、よりいっそう記述的かつ敏感であらねばならない、というものである。

経験に訴えかけるのは結構だが、経験にアプローチする方法は様々ありうる。たとえば、現に進行中の事柄を調べることもできるし（政治行動分析や比較政治学）、歴史を通じて人間の経験に見られる長期的なパターンをじっくり検討することもできる。さらには、思想に経験がどのように反映されてきたかを調べることも可能であり、その多様性は政治思想史に示されている。こうした政治的経験の多様性に鑑みれば、ニューイによる説得力に欠けるが恣意的でない政治の定義のようなものを導出することができるだろう。しかしわれわれは政治の定義を、人間の経験を省察することで手にできるのだろうか。このシュミット的な乱暴なやり方によって、政治を「友／敵」関係において見据えるべき明白な理由など存在しない。確かに「友／敵」関係は人間の経験の一部を反映したものかもしれないが、必ずしもそのすべてを反映してはいないのだ。ではなぜこの関係性が、傍流ではなく決定的なものとして見なされるべきなのだろうか。しかし議論のために、ここではニューイによる政治の〔意識的に規範性の〕稀薄な定義が恣意的でないと仮定してみよう。それは必然的に、止むことのない暴力的闘争としての政治という、より対立含みのシュミット的な政治の概念に向かうだけなのだろうか。さらに重要なことだが、それは倫理や道徳性といった他の事柄から自律した政治の概念に行き着くのだろうか。

ニューイの政治観には三つの主要な構成要素があった。すなわち政治とは、①何を政治と見なすかについての絶えざる意見の不一致から成るものであること。次に②政治と見なされる事柄の中においても絶えざる意見の不一致が存在すること。そして最後に③政治とは権力に関するものであること。この構想は現実世界における政治の経験を反映するものであるはずゆえ、政治的に不都合な事実をニューイ自身が定めた規定によって除外することはできない。では、こうした構想は政治的なものに関するもっぱら自律的な概念を基礎づけるものであって、ゆえに、政治的リベラリズムを反政治的なものと断じることになるのだろうか。

第一の政治の特徴、すなわち何を政治と見なすかについての絶えざる意見の不一致は、ただちにニューイの議論を弱めてしまうように思われる。この政治の概念そのものが、それが他とはっきりと区別できる自律的な経験様態や実践領域であるのかどうかについての、絶えざる意見の不一致の存在を認めている。もし政治が現にある通りのものであって他のものではなく、人々が歴史が教える通り多様かつ相互に対立する仕方で政治を解釈してきたとするならば（西洋政治思想の伝統だけを参照してもその多様性と対立性は明らかだ）、政治的なものの自律性についての恣意的でない構想をどうすれば支持できるのか、確かめるのは困難だ。政治の経験といえば、なぜカントよりもマキァヴェッリということになるのか、あるいはより重要なことだが、なぜロックやジェイムズ・マディソンやモンテスキューよりもマキァヴェッリなのだろうか。彼らはみな、理性、合意、善き生活といった政治の輝かしい側面のみならず、情念、非理性、強制、権力の領域といった政治の暗黒面にも気がついていたというのに。ニューイの政治へのマキァヴェッリ的アプローチは、偶然性と権力の巧みな操作を称揚するものであり、あらゆる狭義のカント的見解と同じくらい恣意的である。政治理論家が一面性を回避し、理性の可能性に夢中になりすぎないようにするのは確かによいことではあるが、過度にニヒリスティックでマキァヴェッリ主義的になるのを避けることも同様に重要ではないだろうか。シュミットはわれわれに友／敵の区別を示したが、政治的判断力《ジャッジメント》についてはかなりまずい説明しか与えてくれない。

　このことはリベラルな政治理論の主張をどこに置き去りにするだろうか。政治の本性については絶えざる意見の不一致があると考えたとしても、政治的リベラリズムの規範的ヴィジョンが退けられるわけではない。退けられるのはただ、その規範的ヴィジョンが政治的なものについての排他的な説明にまで昇格されることだけである。リベラルな政治理論は、正義にかなった制度設計の説明をする際にその他のすべてのものを除外しようと試みない限り、ニューイがいう第一の条件と完全に両立する。政治的リベラリズムは政治理論の扱う範囲を議論し尽くしていると主張しなければならないのだろうか。そうではない。政治的リベラリズムがしなければならないのは、政治権力の偶然性に対する重要な是正策として、自らのアプローチの優先性を擁護することだけである。実際、憲法の制限を受ける立憲主義政治の伝統におけるリベラルな規範的政治理論に目を向けるなら、まさしくわれわれはそこに政治権力についての問題意識、つまりニューイがマキァヴェッリ的政治観に特有の関心事と考えている問題意識を見出すだろう。われわれが道徳的パターナリズムとは対照的に、政治リベラリズムによって社会の基本的な制度構造に焦点を当てるのは、まさしく権力の制限によって権力行使をより無害な方向へと導く必要があるからにほかならない。立憲主義と制度構築は、ニューイが定義するような紛争と権力の不断の性質に対する一つの重要な応答である。ロールズ、バリー、ドゥオーキンは政治のこうした側面を論じるのにさほど時間を費やしていないが、それは彼らのアプローチが重要な意味では政治的でないことを意味しない。さて、政治的リベラリズムの主張を掘り崩すために必要となるのは、それが制度や憲法の設計をなしえないことを示すような議論である。ニューイの考えでは、この議論は彼の政治の説明における第二の特徴から築かれうる。すなわち、われわれが政治的だと同意した事柄についてさえ、絶えざる意見の不一致があるという事実である。

この政治の第二の特徴は、ニューイの議論をグレイやムフのような懐疑的多元主義者の議論と結びあわせる。それによって以下のことが示されるだろう。すなわち、リベラルたちは政治に対する不偏主義的なアプローチを基礎づけるために不断の多元性を想定するが、まさしくこのために、彼らは自らの政治的プロジェクトに十分な基礎を与えられなくなる。多元性の事実は理にかなった意見の一致《コンセンサス》の可能性を、ひいてはリベラルな政治理論の可能性を消し去るのだ、と。この争点は、様々なリベラルな理論に対抗する標準的な議論の、おなじみの再記述である。その主張によれば、リベラルな理論は不十分な理論的基盤しかもっておらず、偽りの中立性の構想に依拠している（次章ではこの批判を直接的に吟味してみたい）。これらの批判が特定のリベラルな政治理論への決定的な論駁であるかどうかは別として、それはリベラルな政治理論が政治理論と見なされることを妨げるものなのだろうか。この議論は、政治の性質がリベラルな企て全体を不可能にするようなものである場合にのみ成立する。またこの議論は、たんに政治的リベラリズムの特定種が中立性や不偏性を十分に擁護ができないからといって、それだけでその正しさが証明されるわけではないのだ。そうするとすべては、「政治的なものと同定された事柄の領域内でさえ、意見の不一致は絶えることがない」という考えにかかってくる。しかし、これは本当だろうか。繰り返していえば、こうした定式化は、定義による真理ではなく、政治的経験を一般化したものでなければならない。つまり、政治的なものだと合意された目的をめぐってすら、意見の不一致が絶えないというのは真実なのだろうか。たとえそれを真実だと認めたとしても、ニューイがそれによって排除されると考えているものが、本当に排除されるかどうかは明白ではない。実際、いまやグレイですら、ニューイがそう主張するものすべてが排除されるわけではないと考えるようになっている。なぜなら、グレイはホッブズ的な合意や暫定協定(modus vivendi)の可能性を明らかに認めているからである。ニューイの議論に由来するこの第二の制約をわれわれは幾通りもの仕方で解釈することができる。もしこの制約があらゆる形態の合意への動機、ないし協働への動機を排除すると仮定すれば、われわれはこの制約に、必ずしも経験によって裏づけられていない多くの事柄を詰め込んでいることになる。公正な協働の条件への切望は、確かに多くの場合退けられてしまうかもしれないし、リベラルな政治理論が思い描く理想世界とは異なって、日常の熟議においては実際上の優先性をもたないかもしれない。しかし、そうした可能性が依然としてあり、それが多少なりと動機づけの効力をもっている限り、絶えざる意見の不一致が合意の可能性を完全に排除すると想定することはできないのだ。この条件は合意の可能性を排除するものではなく、合意の範囲について注意を喚起するものなのだ。道徳的な動機（どのようなものであれ）は常に実際上の優先性を与えられると無条件に仮定する理論は、いかなるものであれ非現実的と見なされるだろう。だが、そのような理論は多くない。リベラルな理論がしなければならないのは、理想的推論にまつわる実践上の制約を意識し、利用可能なすべての証拠によって排除されてしまうほど過度に理想追求型ではない、動機に関する説明を手に入れることだけだ。リベラルな理論は動機づけについてとても薄い説明を提示する傾向があり、それは社会心理学や個人心理学への深い造詣から直接に導かれたものでないにせよ、それらが課す制約から自由を無視するものでもない。実際、状況によっては、ニューイが示唆するほどに意見の不一致が恒常的だと考えることは、ホッブズ的世界観に傾いているという点で直観に反するものである。ホッブズはしばしば政治のよき案内役となるが、だからといって人間の心理や動機についての彼の説明が常に正しいとは限らない。ニューイの考える適切な政治哲学像と同程度に、哲学が経験に敏感でなければならないとしても、われわれは同時に、世界は殺伐としているとはいえ、ホッブズ的自然状態にはないという事実にも敏感である必要がある。もしわれわれがシュミットやホッブズのように、世界や通常の政治を戦争や紛争の世界として描き出すならば、それは人間の経験を決定的に歪めてしまうことになる。シュミットは、近代化によって戦争と闘争が政治の中心を占めることがかつてないほど現実味を増したと考えていたかもしれない。だが、その判断は文脈の中に置かれなければならない。仮に政治が他の手段による戦争の継続だとすると、それはもはや現実の戦争ではないし、われわれはなぜそうではないのかについての込み入った事情に焦点を合わせるべきである。意見の不一致は戦争や闘争の中心であると同時に、礼節義務《シヴィリティ》の中心でもある。意見の不一致は、マキァヴェッリの政治観の特徴であるのと同様に学問の特徴でもある。このことをもって、いかなる合意も不可能であるとか、意見の不一致は常に暴力的・紛争的であるということにはならない。かくして、意見の不一致は絶えることがないかもしれないが、あらゆるものについての意見の不一致が恒常的だと、さらなる証拠もなしに想定する必要はないのだ。そんなことはニューイの第二の条件に示されていなかったし、そこから厳密に導かれる結論でもない。

他方、ニューイの論点が、リベラルな政治理論においては理性の優先性があまりにも多くの働きを要求されており、それゆえ他の非理性的な動機が排除しえないことが無視されているというものであるなら、彼は再び、リベラルな理論に潜在する狭隘さに対して有益な是正策を提示するが、リベラルな理論の除外には至らない。実際、制度設計や立憲主義を、行為者たちを拘束する手段、彼らが自ら真に欲しながらもしばしばそれに反した行動をとるところの善へと彼らを縛りつける方法であると考えてきた思想家たちに目を向けるなら、われわれは、政治理論が過度に合理主義的になったり、偶然性や力や情念の称揚に陥ったりすることなしに、いかにして人間の動機の多様性を認めることができるのかがわかろうというものだ。確かに情念は政治における一つの力であるが、情念を揺るぎない第一原理へと祀り上げるのは、理性をそうすること以上に賢明さを欠く行為だ。世界はニューイが示唆するよりも複雑なのであり、リベラルたちはこの事実を否定する必要はないのである。

最後に、政治は権力によって特徴づけられる。他の二つの条件について述べたことからも明らかなように、権力の操作に心を奪われれば、われわれはロックやマディソンよりもマキァヴェッリの政治観に近づくことになると想定すべき正当な根拠はない。立憲政治へのリベラルたちの先入観を、権力が他の場所にも現れるという認識によって是正するのは、確かに有益なことだ。しかし、正義にかなった基本構造の構築は歴史の終わりに等しいという主張を裏づけるものなど、リベラルな政治理論の中には存在しない。ここで再び示されているのは、リベラルな政治理論の範囲を拡げるべき一つの理由であって、リベラルな政治理論が政治的であることを否定する理由では断じてない。実際、シュミット的に政治を友／敵の間の暴力的闘争にまで昇華させてしまうことは、度を越した執着にすぎない。当然ながらわれわれはこうした政治観に用心深くあるべきである。

ニューイによる政治の説明は、リベラルな理論が追求する道徳的善＝財を退けるような、一連の明確な政治的善＝財があるという考えを支持するものではない。だとするならば、〔還元主義と道具主義という〕彼の批判の二つの主要な筋道は決定的なものではないことになる。政治を倫理に還元することは、必ずしも〔政治の〕縮減ではまったくない。それはただ、アリストテレスが考えたように政治学は倫理学の一部でもあること、あるいは、政治と倫理は関連しているが同一のものではないということを認めるにすぎない。そしてこれは、たいていの著名なリベラル理論家たちの立場だと思われる。還元主義だという批判が成立していないとすれば、道具主義だという批判の力も失われる。つまるところ、十分に一般的なレヴェルにおいて、アリストテレスは道具主義的な政治観をもっていたと論じることさえ可能なのだ。道具主義が問題となるのは、広義の倫理的善＝財から截然と区別された特別な政治的善＝財が存在する場合に限られる。仮にそうした善＝財があるのだとしても、ニューイはそれを特定してはいないし、また彼は、われわれが政治を確実に明確な経験の領域と見なすべき理由について、十分な説明を与えてもいない。というわけでわれわれは、偶然性・闘争・操作を称賛するマキァヴェッリか、偶然性を除外するカントのいずれかを単純に選択する必要はない。選択を白か黒かに二分してしまうのは、不十分な理論による専制だけである。多くの事柄がそうであるように、正しい見解は中庸のどこかにある。それはロック、モンテスキュー、マディソン、ミルが、そして前章までに確認してきたような現代の政治的リベラリズムが位置する中庸である。これらの思想家は偶然性を完全に取り除くことに関心を寄せてはいないが、同様に偶然や闘争に全面的に譲歩しているわけでもない（実際、マキァヴェッリもそうだった）。そうではなくて、彼らは政治理論を、人間の行為を支える堤防や水路を築く試みと見なしている。そしてそれは、人間の行為をより良い目標へと向け、支えがなければ維持するのが困難な人間の諸々の目的を補強することを願ってのことなのだ。これは実現不可能な夢想でも政治の否定でもなくて、人間はどのように政治を行うかのさらなる発現の一つにすぎない。もし政治的リベラリズムがうまくいかないのだとしても、それは一連のもっと実質的な理由によるのである。次章では、政治的リベラリズムは自民族中心主義的であり、したがって西洋のリベラルな民主主義諸国にとってローカルな関心事にすぎないのかどうかを見ていくことにする。

第7章　偽りの中立性と自民族中心主義

政治的リベラリズムは、政治の現実を歪曲したり無視したりしない政治理論と見なすことが確かにできる。そう論じながら、私は政治的リベラリズムに対する主要な異議申し立ての一つを取り上げた。それも重要ではあったが、はるかに重要な問いが依然として残されている。すなわち、政治的リベラリズムには他の十分な根拠があるのかどうか、そして最も重要な問いとして、政治的リベラリズムの哲学的基礎がその政治的野心を支えるのに十分なほど強固であるのかどうかという問いである。とりわけ肝要なのは、政治的リベラリズムは特定の仕方で行為する理由、あるいは行為を控える理由を市民に示せるかどうか、そして強制力の行使を制限する理由を国家に示せるかどうかという問いである。これら二つの論点はいずれも、政治的リベラリズムの実践的な意義の核心に触れるものである。

政治的リベラリズムの基礎という問題は、本書のような本の中では十分に答えることのできない深遠な哲学的問いを呼び起こすことになる。というのも、それらは政治哲学の本性とその射程という問題の核心に触れるものだからである。私は本書で政治的リベラリズムの直接的かつ包括的な擁護論を展開することはできないが、そのかわりに、政治的リベラリズムに対するいくつかの一般的な異議申し立ては、それらが主張するほどに破壊的な効力をもつものではないと論じることで、政治的リベラリズムに対する間接的な擁護に寄与したいと思う。特に、政治的リベラリズムに関する直近の議論を支配してきた二つの問い、すなわち、政治的リベラリズムは自民族中《エスノセント》心主義的《リック》であるのか、また中立性という誤った概念に立脚しているのかどうかという問いに応答したい。後者はしばしばコミュニタリアニズム[1]という名の下に括られる思想家たち、前者は多文化主義の思想家たち[2]によって提起されている批判である。すべてのコミュニタリアンが多文化主義者というわけではないし、すべての多文化主義者がコミュニタリアンというわけでもない。それでも、この二つの立場はある懸念を共有している。すなわち、政治的リベラリズムは、諸々の集団や文化の主張の間で偏りのない調停を図るために、自らのローカルで偏りのある道徳性を普遍的なパースペクティヴとして強要しているという懸念である。どちらの立場も、それぞれがリベラリズムの偽の普遍主義と見なすものに対する異議申し立てである。両者を合わせれば、リベラリズムに対する主要な対抗勢力が立ち現れる。前章の議論と同様に、これらの批判が不十分なものであると示すだけでは、政治的リベラリズムを正当化する別の自律的な根拠を提示したことにはならないだろう。とはいえ、本章ではこうした批判に異議申し立てをしながら、政治的リベラリズムの諸基盤を探求するプロジェクトが誤解に基づくものではないと示すことで、そうしたプロジェクトに真剣に取り組むための追加的な支柱を提供しようと思う。

自民族中心主義的な偽りの中立性の要点に目を向ける前に、リベラリズムの基盤に関して何が問題となっているのかについて、概要を述べておく必要がある。第3章でわれわれは、政治的リベラリズムが、諸々の権利、自由、資源を分配する際の信頼に足る理由を提供しなければならないと主張するにあたり、その根拠として理にかなった合意という考えを展開する傾向があることを確認した。理にかなった合意は、カント、ルソーにまで遡り、ロック、ホッブズに至る社会契約論の伝統に根ざす仮想の契約という考えから発展したものである。したがって、基本的諸自由を分配する原理は、その適用を受けるすべての人に公正な社会的協働の仕組みの基礎として受け入れられうるか、あるいは理にかなった形で拒絶されない限りにおいて正当化される。政治的リベラリズムの批判者たちはしばしば、理にかなった合意の要求に反対して、現代社会では理にかなった意見の不一致が恒久的につきまとうという事実に言及する。そして政治的リベラリズムは拘束力があり信頼に足る理由を提供すべきだと主張しているのだから、リベラルな諸原理への合意の不在は政治的リベラリズムにとって一つの難題にほかならないと述べる。これはまさに前章においてわれわれが繰り返し見てきた議論の一つであった。

しかしながら、意見の不一致の事実や合意の不在は何も証明しない。それはたんに、理にかなった合意の探求が重要となる状況の一つを言い直したものにすぎないのである。それ自体が何の証明にもならないということは、それが一つの事実であり、ゆえに説明される必要があるということである。考えうる一つの説明は、意見の不一致の事実によって、理性の限界、および互いに対立する道徳の体系や伝統に固執する人々の間で理にかなった合意を確立することの不可能性が明らかになるというものである。この議論は多くのコミュニタリアンや多文化主義者によるリベラリズム批判を下支えするために用いられているが、これは可能な説明の一例にすぎない。政治的アソシエーションの条件について人々の意見が一致しない理由は他にも様々あり、そのいくつかは合意の不在を説明できるが、合意の可能性を排除するものではない。われわれにとっての論点は、理にかなった合意の可能性に関する哲学的な論点でなくてはならない。というのもそれだけがリベラリズムを排除しうるからである。合意の不在に関する社会学的、歴史学的、政治学的そして心理学的な説明が重要でないわけではない。しかしそれらは政治的リベラリズムの実現可能性という問題を解決はしない。これらの要因は、なるほど特定の歴史的起源を有するリベラルな諸価値を別の政治文化に移植することの難しさを示すかもしれないが、その試みが実現不可能であること、あるいは誤りであることを示しはしないのである。

自民族中心主義と偽の中立性

第3章では、リベラリズムが国家を、すべての人々に対する平等な取り扱いを保証する一連の原理によって形成される公正な社会的協働のシステムとして構想する際、契約論の伝統をどのように糧としているかを示した。この根本的な平等な処遇へのコミットメントは、根本的な道徳的意義や意見の不一致に関して不偏的であることを国家に要求する。この政治的不偏主義こそ、政治的リベラリズムを、パターナリズムの対極にあるリベラルたらしめるものである。しかしながら、同章でバリーに従いつつ示唆したように、不偏性へのこのコミットメントは、社会の基本構造に適用される二階(second-order)のコミットメントと見なされるべきであって、日々の実践的な熟議に適用される一階(first-order)の判断原則と見なすべきではない。

とはいえ、リベラリズムに対する現代の批判者たちの多くは、より控えめなこの不偏性の概念が、依然としてある特定のリベラルな道徳性に関する偏った視点を体現しているという理由でこれに異議を唱えてきた。すなわちリベラリズムは、対立する道徳的主張の間の論争に決着をつけるための不偏的な言語を提供するどころか、たんに別の道徳的対立軸でしかない。もしリベラリズムがある特定の社会ないし文化に根ざす偏見にすぎないのならば、リベラリズムはおのが領分を超えて妥当する根拠を提示することはできず、それゆえ普遍的にはなりえない。不偏主義的な政治の枠組みを正当化しようとする契約論的伝統の大望の一切が一個の妄想《キマイラ》である、等々。この種の議論は、マイケル・サンデルやアラスデア・マッキンタイアなど、多くのコミュニタリアン思想家に見出せる。だが最近ではこうした議論がビーク・パレク、ジェイムズ・タリー、アイリス・マリオン・ヤングといった、多文化主義者たちによるリベラリズム批判に取り入れられるようになっている。これらの多文化主義者たちは、この議論の観点からすると最も興味深い。なぜなら彼ら彼女らは、リベラルな普遍主義がはらむ偽りの中立性や自民族中心主義の観念に対する攻撃を、政治的多元主義の主張および国家主権の考え方への異議申し立てと結びつけているからである。政治的リベラリズムが国家主権に与える特権的地位は、政治的権威の唯一かつ究極の、統一的な所在という考え――例外なき一般法の源泉――に由来する。リベラルな普遍主義が多元性や差異を否定すると見なされているのと同様に、主権の観念は、文化や少数民族集団、あるいは数多の宗教のような、国家を超える権威を認めるアソシエーションの諸形態の権威を否定すると見なされている。この論点には次章で立ち返ることにして、本章では、こうしたコミュニタリアンや多文化主義者たちが提起する、普遍主義および不偏性への批判に焦点を合わせることにしよう。

これらの批判者にとって、不偏性にまつわる問題は、それが善き生や政治的価値についての互いに対立する諸構想の間で中立であるような、不偏主義的な視点を採用することが可能だと想定していることにある。だが、不偏主義的な理論は常に、平等な配慮と尊敬や表現の自由といった、個人を対象としたリベラルな価値の中心を占めるものの優先性を支持するものである。多文化主義者が論じるところでは、リベラルな政治的諸権利が常に優先するのは、このシステム全体が自由で平等な道徳的行為者としての人格という考えを前提としているからである――これはまさしく本書の前の方で確認した主張である。問題は、これらの価値は他の諸価値と競合関係にあること、そしてリベラルな社会における一部の集団が、これらの価値が不偏的なものではなく、自由民主主義諸国家の支配的な文化の反映にすぎないと主張していることである。したがって、女性を従属的な地位に置く慣行をもつ少数派の文化集団は、リベラルな国家において自分たちが常に不利な立場にあることに気づくであろう。かくして、多文化主義の観点から不偏性を批判する人々は次のように主張する。すなわち、リベラルたちは本当の意味での平等な配慮と尊敬を保証していない。なぜなら彼らは、アイデンティティを付与するすべてのアソシエーションに対してではなく、すでに実質的にリベラルなアソシエーションだけを選んで平等な承認を与えるからである。これはリベラルな諸価値が他に優越するからではなく、たんにリベラルな個人主義が自由民主主義諸国家の内部で支配的な政治文化であるという事実を反映しているにすぎない。この支配的なリベラル文化に属していない人々、通常は移民か先住の「最初の民族《ファースト・ネイションズ》」だが、これらの人々はまさにこのようなリベラリズムの優勢のおかげで、コストのかかる信念や習慣という重荷を負わされることになるだろう。リベラルの政治理論家は、不偏的な憲法の含意によって、確かにある種の選択や信念が他の選択や信念よりも重荷となる効果があると認めながらも、次のように応答するかもしれない。これは意味のある批判ではない、なぜなら不偏主義的な視点は、その中で個人や集団が自らの目的を追求できるような正統化の枠組みを定めるものなのだから、と。結局のところ、自分の信念や選択が重荷でないと感じる権利をもつ者などいないのであり、刑事上の犯罪や民事上の不法行為を犯すことを選んだ一部の人々は、いずれ自分の信念や選択が実に高くつくことに気づくであろう。このリベラル側の応答にまつわる問題は、こうした不偏主義的な視点が、政治的価値に関する〔他と比べて〕いっそうローカルな構想にすぎないものではないと彼らが示せた場合にのみ、これが応答として通用するということである。もしリベラルな価値がヨーロッパ啓蒙というローカルな偏見にすぎないのであれば、それは普遍的ではないし、そうしたヨーロッパの価値を共有しない人々に対していかなる主張にもなりえない。これが、リベラルが自民族中心主義だという批判の根拠である。リベラルな価値は普遍的なものではなく、それゆえ相互に対立する諸々の道徳的主張やシステムをいずれにも偏らずに調停するための基礎とはなりえない。リベラルな価値はむしろ、ある特定の歴史を伴った特定のヨーロッパ文化の価値にすぎない。なるほどわれわれヨーロッパ人、あるいは合衆国の人々のようなヨーロッパ文化の後裔の間では、この価値が共有されている。しかし、この価値を正当化する根拠は唯一ここにしかない。もしわれわれがいまだリベラルでなく、おそらく非ヨーロッパ系の移民や旧植民地国の先住民族がそうだったのと同様にリベラルな価値を優先しない場合、それが不合理なふるまいであるとは言い切れない。リベラルな価値が西洋民主主義国家のローカルな価値以上のものであると示すことができなければ、その価値はたんにある特定の社会における自民族中心主義的な偏見にすぎず、その社会の範囲を超える影響力を何らもたないことになる。かくして、リベラルにはリベラリズムを、食人種には食人風習を、という仕儀となる。[3]

多文化主義的な批判者たちは、政治的リベラリズムの裏づけに用いられる理論や論拠を歴史的観点から説明することによって、政治的リベラリズムの自民族中心主義に対するこの告発を補強する。たとえばジェイムズ・タリーは次のように論じている。リベラルな立憲主義とは後期近代ヨーロッパに生じた一つの文化現象にすぎず、それゆえ先住の人々を擁護するためになされる主張、またそうした人々自身による主張に対して明白な権威をもたない。リベラルな立憲主義を一部の旧共産主義圏や非ヨーロッパの国々にまで拡張することは、文化帝国主義の一形式にすぎない。[4] そうした立憲的な政体が、その母胎となった文化圏の外部においても望ましいものとされる可能性は確かにある。だが、これは政治的な偶然性の問題であって、こうした議論が想定しているような普遍的な適用可能性の問題ではない。タリーによれば、完全にリベラルな、あるいは不偏的な憲法を採用しなかった非西洋諸国は総じて合理性を欠いているかといえば、そんなことはないのである。[5]

パレク、タリー、ヤングといった、多文化主義的な批判者たちは、こうした相対主義的・反普遍主義的観点から次のように主張する。社会における集団の形成や統合の適切な条件は政治的な手段によって定められねばならず、リベラル理論のような、前政治的で哲学的な議論とされているものにその役割を担わせてはならない、と。このような戦略が単純な分離・分断に帰結しないことを前提に、これらの理論家たちは次のように期待する。協働と統合の諸条件を定めることで、集団にはかなりの自治が認められ、各集団は国家主権をモデルとして自らの問題を自分たちで調整する裁量を与えられるであろう、と。つまりわれわれは、社会的協働の公正な条件を創出すべく諸個人が契約を交わすというモデルに代わって、文化集団と利害関係者が契約を交わすモデルを手にすることになる。だがこの〔後者の〕契約は、地位的優位性と交渉力の不平等という現実を乗り越えるような公正さの基準があらかじめ存在しない中で交わされるのである。[6]

このような理論家たちにとって、不偏性などというものは単なる神話であるのみならず、有害な神話ですらある。なぜならそれは、原理や正義の装いの下に、政治的多数派や支配的な政治的利益による強制力の行使を隠蔽するからである。われわれは正義と公正を装った支配に直面しているのだ。このような非難は、多文化主義者および集団的権利の主唱者、そしてジョン・グレイのような反リベラルの多元主義者たちによって展開されてきた。[7] 残る問題は、こうした非難が実際に有効であるかどうかである。

反リベラルたちの議論において鍵となる前提は、同意と正統性の説明の基礎となる「理にかなっていること」という根本規範が、普遍的かつ不偏的ではなく、むしろ常に特殊的かつローカルであるというものである。それは常にある集団が抱く理性の構想であり、それゆえその集団の特定の利害関心と価値観を反映している。理性とは決して真の意味での理性ではなく、常に西洋の理性であって、ヨーロッパ啓蒙のプロジェクトの「偏見」を反映しているのである。[8] こうした前提は、理性を、たんに行為を欲望に、あるいは信念を証拠に結びつける関係概念にすぎないものと見なすことに依拠している。理性はまた、実体的なものを背負っており、道徳的な目的や価値から切り離せないものであると考えられている。この理解に立てば、理性《リーズン》はある言明や命題が何か特定の目的の理由《リーズン》となるところの文脈《コンテクスト》と区別できないということになる。たとえばアラスデア・マッキンタイアは、リベラルによる理性の使用は、この目的論的な構造から分離してしまっていると主張する。この構造の中では、「理にかなっていること」は常に、追求される目的（テロス）の説明に依存するのだ。[9] マッキンタイアや他のコミュニタリアンたちが主張するように、もし「理にかなっていること」が実体的な概念であるとすれば、これらの目的に関する説明を生み出す概念枠組みや文化実践からこの概念を切り離すことは不可能であろう。理性の概念が独特な概念枠組みや文化実践の中に位置づけられるならば、リベラルは善き生や政治的価値についての異なる構想の間で真に中立であることはできない。だが、もしリベラルがこの点を認め、自身の概念枠組みが他よりも優れていることをたんに主張するならば、リベラルは自民族中心主義的だという多文化主義者の批判の相対主義的な結論を認めることになる。これはまさに、リベラルにはリベラリズムを、食人種には食人風習を、である！ より差し迫った問題としてそれは、多文化社会においては対立する諸集団の主張を仲裁する不偏的な理性は存在しえないということを意味する。それどころか、こうした喫緊の問題が気まぐれな政治的妥協に委ねられることとなり、そこでは諸条件の決定権を常に最も強力な集団が握ることになるだろう。国家内はもとより国家を超えた国際的な領域においても、ひたすら力が支配する世界が出現する。

普遍主義の可能性

もしリベラリズムが一つのローカルな文化的偏見にすぎないならば、その権威のすべてではないにせよ大部分はたちまち消滅する。われわれが取り組むべき重要な問いは、自民族中心主義と偽りの中立性という非難が、主張されているほど的を射たものであるかどうかである。本節で私は、反普遍主義者の主張の根拠を問うことによって、政治的リベラリズムの普遍主義的な性格を間接的に擁護したいと思う。自民族中心主義という批判および反中立主義の主張では、一般的かつ普遍的な理性能力と、そうではない理性とが区別されている。そこでは道徳的・政治的な理性は常に状況の中に位置づけられ、文脈づけられた偏狭なものだと批判される。だがリベラルたちはなぜ、この点を認めねばならないのだろうか。リベラルたちはなぜ、政治的リベラリズムを支えるのに用いられる理性はたんにリベラルにとっての理性にすぎず、他の人々にとっての理性ではないと認めねばならないのだろうか。

普遍主義への反論はいくつかの明確な段階を経て行われる。第一に、これまで見てきたように、理性は常に何らかの概念枠組みや文化に内在するものだと論じられる。第二に、そうした枠組みの外では、それらの理性は理にかなった形で対立し合うと主張される。そして最後に、概念枠組み、文化、あるいは善き生の構想——つまり包括的な道徳的諸原理——というものが極めて多様であることが指摘されるにいたる。この見解とは対照的に普遍主義者は、どこでもないところからの眺め《ヴュー・フロム・ノーウェア》としての普遍的な理性という見解、それも論争的ないし異論の余地のある道徳観念を一切前提としない見解にコミットしているとされる。この見解が支持されないかぎり、中立性という考えはいかさまである。というのもそれは常に論争的な諸々の信念に依拠することになるからである。グレン・ニューイはこの議論の刷新版を、ロールズ、バリー、スキャンロンといった契約主義者に反対して展開している。[10]

リベラリズムの苦境に関するニューイの説明に応答するにあたって、リベラルは単純に、厳密な意味での中立性という考えを退けることもできる。政治的リベラリズムは、論争的な価値に依拠することを避ける必要はまったくない。実際のところそれは避けられないし、政治的リベラリズムは少なくとも平等な配慮と尊敬という考えに依拠しているのであるから、根本的に平等主義的でない見解とは相容れない。まさしくこれがバリーの戦略であり、彼は自らを中立主義者ではなく不偏主義者《インバーシャリスト》と称している。これはまたロールズの戦略でもあって、ロールズは自らの正義の理論が、善に関する希薄な理論(a thin theory of the good)に依拠していることを認めている。問題は、このように厳密な中立主義を拒絶することが、ニューイが示唆するように過剰な譲歩であるか否かである。次のような主張は過剰な譲歩となる可能性がある。すなわち、あらゆる理性は狭い意味において文脈依存的であって、他所で論争を呼ぶような信念は必然的に普遍的な理性たりえないはずだ。したがって、もしどこかの集団が基本的平等を拒絶し、カーストに基づく不平等を肯定するならば、リベラリズムの平等主義的な前提はリベラルの諸原理を支える普遍的な基礎として機能しえない、と。だが、ここまで見てきたように、この拒絶の事実によって、ある理性が理性でないと証明されるわけではない。拒絶それ自体は理にかなったものでなければならず、たんにある集団の利益や党派的優位性の保護に基づくものであってはならない。ここでは理にかなった拒絶を問題としているので、理性は狭い意味において文脈依存的かつローカルなものであるのかどうかという論点に立ち戻ることになる。われわれはなぜ、このような見解を受け入れなければならないのだろうか。

理性が常に文脈依存的でローカルであると考える最大の理由はおそらく、多元性の事実と呼ばれるものに由来する。これは端的に言えば、信念やパースペクティヴや文化は実に多種多様であり、それらはすべて重要な側面において互いに異なっているという見解である。社会学者、人類学者、そして歴史家たちは、人間の経験の多種多様性をわれわれに想起させる。同一性や普遍性ではなく、差異や多様性や多元性こそが人間生活の常態であるように思われる。政治共同体の組織化も含めて、われわれには物事を行う多様な方法があることを当然とすべきである。それら物事を行う多様なやり方はそれぞれ、人間の経験の特殊性に対応するものである。それゆえわれわれは共通性を見出すことを期待すべきでないし、より重要なことには、人間的事象を束ねる単一の、あるいは普遍的に正しいやり方が発見されると期待すべきでもない。リベラルたちが人間的諸事象を束ねる単一の正しいやり方という考えに傾倒しているのであれば、彼らは多元性の事実と衝突することになる。[11]

確かに差異と多元性の事実はリベラリズムに難問を突きつけるが、他方でいったいこの難問が厳密には何であるのか、またそれをどの程度真剣に受けとめるべきなのかは依然として明らかではない。結局のところリベラルの目標は、差異が無害かつ対立を呼ばない方向に向かうことを可能にするような一つの枠組みを提供することにある。その意味で、これは差異の調停であって、差異の否定ではない。政治的リベラリズムが画一的な生活様式の強要を企んでいるというのは誤解である。それは結果の画一性を提唱してはおらず、社会的相互行為の規制にあたって全員に適用される画一的な一般法——その内容は平等な基本的諸権利と諸自由を反映したものとなる——

を提唱しているにすぎない。リベラリズムは差異それ自体を否定することに関心をもたないので、多元性の事実の主張は何の意味ももたない。それゆえ、普遍主義の否定は多元性の事実以上の何かに基づかなければならない。ここで鍵となるのは、多元性の事実は、存在するのは多様性だけであって、その内部で多様性を規制する一連の普遍的な理由が構築される不偏的な空間は存在しないと示していることであるように思われる。繰り返すが、リベラリズムは端的にリベラルたちの偏性《パーシャリティ》を表現するものであるに違いない。だがここで、リベラリズムの依拠する普遍的理性が、たんに文脈を超えたある領域から摘出されたものではなく――哲学者が好む表現を用いれば、ア・プリオリなものではなく――、むしろ社会的・歴史的な文脈に置かれながらもそれらの文脈を超える射程や適用範囲をもつ理性、信念、価値から構築されたものであると考えてみよう。リベラリズムの普遍的理性がそうした適用範囲を有するかぎりにおいて、その真理性と妥当性は重要な意味で文脈依存的ではないのであり、したがって自民族中心主義という批判は無視しうる。これがさほど直観に反する考えではないということは、理論理性の普遍的な適用範囲を通じて示すことができる。ユークリッド幾何学はある特定の歴史文化の中で発達したのであるから、その真理主張は古代ギリシャのポリスの境界内部でのみ有効だ、などと真剣に主張する者はいない。また、近代算術の重要概念の一部は古代インドのサンスクリット文化とアラビア世界においてのみ妥当する、なぜならそれらの概念はこうした特定の歴史的文脈から最初に現れたからである、などと真剣に主張する者もいない。もちろん、これらの理論概念は文化的に特殊なものではないが、やはり特定の概念枠組みに依拠していると論じることはできる——近代の数学者たちが、ユークリッド幾何学が空間における物体の特性に関して真の決定的な説明を与えるという考えに挑戦して、非ユークリッド幾何学を発展させてきたように。しかし、普遍主義に対する批判が、諸々の概念枠組みはめいめい別個のものであって、互いに翻訳不可能であると示せるかどうかに依存しているならば、この批判自体がほぼ間違いなく、証明されていないか、あるいは問題含みの哲学的立場に依拠していることになる。[12] 相異なる複数の概念枠組みという考えが意味をなすことを示すためには、ある枠組みの中に存在する諸々の概念や信念が他の枠組みへと翻訳され得ないことを示す必要があるだろう。しかしドナルド・デイヴィッドソンが論じるように、これは極めて逆説的な主張である。というのもこれは、二つの概念の差異と還元不可能性をわれわれが同定できることを前提としており、このことはまさに、われわれが同じ概念を翻訳でき、それゆえ理解できることを示唆しているように思われるからである。もしわれわれが概念枠組みの違いを超えて物事を理解できるとすれば、今度は概念枠組みの境界線を同定するという問題、つまり一つの枠組みを別の枠組みから区別するものは何かという問題が生じる。他と明確に区別される概念枠組みという観念の根底にあると思われるものに最もよく似ているのは、自然言語の観念である。中国語と英語では用いる単語が異なる。であれば両者の間で翻訳が可能かどうかには疑問が残る。しかし、ちょうど儒教のような複雑な思想体系が英語に翻訳できるのと同じく、一方の言語における複雑な諸概念を別の言語へと翻訳することは可能に思われる。たとえば、嚴復(Yan Fu)のような一九世紀の中国人翻訳家たちは、J・S・ミルやハーバート・スペンサーといった英国のリベラルたちの著作を中国語に翻訳することができた[13]。これに対する反論としては、翻訳することで何かが失われ、一部の重要なニュアンスがしばしば曖昧にされるというものがある。だが、この主張はわれわれを出発点に連れ戻す。つまり何が失われるのかを述べたり説明したりするためには、諸々の自然言語の間で高度の翻訳可能性を獲得する必要があるのである。自然言語とは異なる明確な構造が与えられ得ないのであれば、概念枠組みについても同じことが言えるはずである。われわれは多文化主義理論家たちに対して、これと類似の反論を行うことができる。彼らは「文化」を、普遍的な理性や価値という観念を排除する、閉じた、あるいは明確に境界づけられた信念体系として提示する。文化の概念は、普遍主義的なリベラリズムが有するとされる同質化の傾向から差異を守る一つの方法として、政治理論家たちの間で大流行している。しかし、言語哲学者たちが別々の概念枠組みに言及することの整合性について疑問を提起してきたのと同様に、（文化研究がその専門分野だとされている）人類学者たちも、この概念に対してより懐疑的な視線を向けるようになった。その結果、差異と多元性の主張に敏感な政治理論家たちでさえも、政治理論における文化概念の使用の大部分が「貧者の社会学（poor man's sociology）」に依拠していることを非難している。[14] 他の人類学者たちは、文化が便利な説明概念とされていることに対してさらに批判的である。それゆえ、文化概念の本来の学問的主唱者たちがこの概念にますます違和感を抱くようになったのと軌を一にして、今度は政治理論家たちが、ほとんど信用の置けなくなったこの概念を採用したかのように見えるのである。[15] ここで反動的な立場に陥る前に、文化に関して提起されている論点をもう少し明確にしておきたい。私は、人々が慣れ親しんだ信念や慣習に愛着をもつことの意義や、リベラルな立法過程においてそうした慣習に配慮する一般的な必要性を否定しているのではない。多文化主義者の主張であるかぎり、それはリベラルにとって論争的なものではない（そして、多くの多文化主義理論家たちは、われわれがここで用いている言葉の意味においてリベラルである、と私は主張したい）。私が否定しているのはより強い主張である。これはしばしば多文化主義的な批判者たちによってもなされるものだが、文化はそれ自体、普遍主義的な規範や原理の可能性を排除するような個別の概念枠組みとして機能する、という主張である。[16] 普遍主義を排除して自民族中心主義批判を支持するために必要とされる文化の観念はいまだ一貫性に欠けており、現代の人類学では支持されていない。さらに、シェイラ・ベンハビブが「貧者の社会学」として描いたような文化観を私は退けている。それによれば、文化は時代を越えて固定的で安定しており、したがって諸々の信念や慣習の再序列化は必ずと言っていいほど文化の根本的な破壊を引き起こすという。この見解はしばしば、女性の機会均等化といった、ある文化における内的規範や特権の拡張の際に、必ずその文化の自己同一性《アイデンティティ》が取り返しのつかない損害を被るのはなぜか、その理由を説明するものとして提示される。これは実際、ある種の保守主義を擁護する議論であり、なかでも極めて右寄りの政治的立場に立つ人々を魅了するものである。

結局のところ、政治的リベラリズムに対する自民族中心主義批判の根底にある概念枠組み相対主義(conceptual relativism)という考え方は、擁護するどころか言葉にすることさえひどく難しい。したがって、ある時代と場所において現れた諸々の価値概念や一連の信念が、その歴史的文脈を超えて権威をもつもの、あるいは行動の指針となるものとして受容され得ない明白な理由は存在しない。もちろんこれによって、リベラリズムを支える諸々の特定の価値概念や信念が普遍的な射程を有することが示されるわけではない。だがこれは同時に、普遍的な理性は存在しえないという文化主義者や個別主義者の主張をも掘り崩すのである。これが論証するのはまさしく、普遍的な理性に依拠しようとするリベラリズムの主張は、よく言われるように最初のハードルで躓きはしないということである。

ここまで、普遍性を熱望するリベラルにとって、自民族中心主義という批判が重大な足枷とはなりえないことを論じてきたが、その過程で私が間接的に擁護してきた普遍主義の形態を明確にする仕事がまだ残っている。私が擁護しなかったのは、あらゆる価値を翻訳し、相互に比較考量しうる抽象的なメタ言語という観念である。リベラリズムは、たとえば効用といった概念を、他のすべての価値を翻訳・比較・序列化することのできる共通の媒体として使用しているせいで、まさにこの理性の普遍性という概念を用いているのだとしばしば非難される。これは確かに功利主義の隠れた野心である。そこにおいて効用は、自由、平等、安全、共同体あるいは個性といった、あらゆる一階の諸価値を測る媒体として用いられている。これまで多くのリベラルたちが功利主義者であったし、近代功利主義の祖のうち少なくともジェレミー・ベンサムとジョン・スチュアート・ミルの二人はリベラルであった。現代の功利主義者はといえば、そのすべてがリベラルを自認しているわけではないだろう。マッキンタイアのような、リベラリズムを批判するコミュニタリアンたち、またパレクのような多文化主義理論家たちは、リベラリズムが普遍主義を目指してこの種の外的メタ言語によるアプローチを展開していると難じている。リベラルな普遍主義のこの解釈は、諸々の価値や信念の通約不可能性(incommensurability)に基づくリベラリズム批判を下支えするためにも用いられてきた。これはジョン・グレイによって最も強力に展開されてきた見解であるが、ジョセフ・ラズや、究極的にはアイザイア・バーリンとも関連している。[17]通約不可能性を唱えるグレイのような理論家たちは、異なる社会における道徳的諸実践は通約不可能であり、効用や福祉といった高階のメタ言語には還元できないと主張することで、ある種の自民族中心主義批判を復活させようと試みる。通約不可能性をこのように理解することで、自由をはじめとするそれぞれ別個の価値を数値的に序列化すること(cardinal ranking)〔価値や達成度を「客観的に」測定するため、順位に応じてスコアを付すランキングの方式。国際機関が作成・公表する各種指標・指数がその例〕について普遍的な主張を行う可能性が根底から損なわれる。相異なる価値や原理の序列化は、それぞれの文化や道徳的実践に内在するものであろうし、ある序列化が他の序列化よりも優れていると主張できるような外部の視点は存在しないのである。したがって、反論はこうなる。われわれはジェンダーの平等を確保する一組の道徳的諸実践が、不平等や家父長制を自明視する他の一組の道徳的諸実践よりも優れていると言うことはできない、と。

通約不可能性テーゼはリベラルな普遍主義の可能性を覆すと考えられているが、本当にそうなのだろうか。まず、このテーゼの適用範囲を制限する二つの指摘が可能である。第一に、政治的リベラリズムは、諸々の道徳的実践や道徳体系の間の完全な通約可能性という考えを必ずしも要求しているわけではない。普遍主義的な主張が諸々の価値体系や信念体系に焦点を合わせているのなら、それに対する異論はより妥当なものであろうが、実際にはそうではなく、個々別々の価値や原理に焦点を合わせている。したがって通約不可能性テーゼは、諸々の道徳的実践や道徳的システムがそれぞれ別個の要素としてではなく、一体として判断されなければならないことを示す必要がある。本書で議論されるようなリベラリズムの政治的変種が提供するのは包括的な道徳枠組みではなく、むしろ基本的諸権利、保護、資源の分配の観点から平等な配慮と尊敬を保証する一連のコミットメントなのである。第二に、このテーゼは、リベラリズムが外部のメタ言語――諸々の道徳的体系・実践の内部で対立し合う諸価値や諸規範の主張を判断できるような――を利用しなければならないという前提に立っている。ここで再びわれわれは、諸々の道徳的・政治的実践はそれぞれ別個のもので、それゆえ通約不可能であるのかどうかという問いを提起することができる。確かに、集団が異なれば人間の行動も異なるのは事実だが、そこから引き出される道徳については、われわれはいま一度注意深くあらねばならない。しかし、この論点は脇に置くとして、政治的リベラリズムは効用や福祉といった外部のメタ言語に訴える必要があるのだろうか。あるレヴェルにおいては、答えは明らかに否である。功利主義はこうした非難を認めざるをえないけれども、それはすべてのリベラルがそうしなければならないことを意味しない。非功利主義的なリベラリズムは無数にあり、先に示唆したように、政治的リベラリズムは非功利主義的な教説として理解することが最も有益である。通約不可能性が存在する場合、諸々の選択肢の数値的序列化の可能性は排除される。だがそれが、価値や原理についての合理的な議論を支持するためにリベラルが必要とするものにほかならないというのでない限り、通約不可能性は価値に関する理にかなった議論の可能性に対する決定的な反論とはならない。もし通約不可能性テーゼが弱められた結果、政治社会を秩序づける最善の原理を決定できるような非特殊主義的な視点は存在しないと主張するだけのものとなれば、このテーゼは先に退けた自民族中心主義批判の一種へと後退することになる。グレイらが展開しているのはこの趣旨の通約不可能性テーゼであるが、このテーゼの直観的なもっともらしさが何であれ、それを担っているのは通約不可能性テーゼのより強い一変種である。この変種は功利主義者にとっては問題含みのものとなるだろうが、その問題はあらゆる形態のリベラリズムに波及するわけではない。決定的なことには、この問題はわれわれが展開している政治的リベラリズムの構想には影響を与えない。というのもその構想は、リベラリズムに対するコミュニタリアン的な批判者たちの主張に反して、相異なる社会の多様な価値を効用や福祉といった単一の外的言語によって通約しようとはしていないからである。

ここまでの議論を通じて明らかになるのは次のことである。すなわち、リベラルな普遍主義に対する批判のもっともらしさの多くは、文化・概念枠組み・社会の内部にある道徳原理や価値と、それらの外部にある道徳原理や価値とを区別することで生じている。道徳原理は内在的か外在的かのいずれかでなければならない。まさしくこれはマッキンタイアやテイラー、ウォルツァーといったコミュニタリアンたちが用いる二分法である。[18] それはまた、『政治的リベラリズム』におけるロールズを含む多くのリベラルたちがその餌食となっているとしばしば非難されるところの区別でもある。ロールズは、リベラルな善の構想に訴えることなく、公正としての正義についての自身の説明を正当化するために、理にかなった諸々の包括的教説の間の重なり合うコンセンサス(overlapping consensus)という観念に訴えているが、これはまた別のタイプの自民族中心主義批判のように思われる。ロールズはこの理にかなった包括的教説という観念を、後期の著作において、諸々の道徳的信念や実践が統合された体系として導入している。ブライアン・バリーによれば、これはコミュニタリアンの理論家マイケル・ウォルツァーをその最たる例とする、内在主義的な見方に譲歩したものにすぎない。ロールズのねらいは、それがどのようにして一連の「理にかなった」包括的な道徳的見解の同意に基づくと言い得るのかを示すことによって、公正としての正義に正当性を与えることである。ここで重要なのは同意という考えである。各々の包括的見解は、それ自身の道徳的枠組みの内部で、公正としての正義という自立的な考え(freestanding idea)を支持する。これによってロールズが、この包括的教説の集合から独立した、かつそれに先行する外的基準に訴えているということになるわけではない。けれどもそれはまさしく、リベラリズムの諸原理が普遍性をもつのは、それらが内在的な諸観点の集合や重なり合いの結果である限りにおいてのみである、という考えに依拠しているのである。この見解は、公正としての正義を説明しようとするロールズの企図全体を、正義や社会的協働の公正な条件を論じる諸々の包括的道徳教説の内側から支持するという考えに依存させる。その一方でこの見解は、その支持のための独立した根拠としての理性の要求という考えを放棄するのである。だが、諸々の包括的道徳教説が先行する権威をもつことの核心は、ここでもまた理性の適用範囲が限定的であることに依拠しており、これが内在主義的な見方の中心をなしている。包括的道徳教説の最も広範な多元性を許容するリベラルな理由は数多く存在し、それらは各人が享受すべき平等な配慮や尊敬とも両立するが、そのための論証にあたっては、理性の限定された射程という考えに依拠するべきではない。これは過剰な譲歩であって、『正義論』によってロールズがリベラリズムに対してなした重要な貢献の価値を弱めてしまう恐れがある。[19]

だがもし、状況づけられた理性や自民族中心主義的な理性という考えをリベラルが退けるならば、リベラルは外在的な見方という考え、つまりまさしくロールズが回避しようとしていた形而上学的な立場を受け入れねばならなくなる。外在主義(externalism)の批判者たちは、この外在的な見方が何をもたらすかを問うことで外在的な視点を支持しようとする。こうした外在的な見方は、たとえば通約不可能性テーゼからの挑戦を喚起するような、「効用」といった理想的なメタ言語に依存しているのだろうか。これはジョン・グレイのような懐疑的なリベラルが用いる主張の型である。

外在主義の考え方を破壊しようとするこうした試みにもかかわらず、自民族中心主義という批判に対して私がリベラル普遍主義を擁護する際の要点は、その真理性を主張することではなく、この区別そのものを一切無用とすることにあった。諸々の理性は理性そのものであって、特定の集団・歴史的共同体・地域ごとの理性ではないこと、これがリベラルな普遍主義の中心的な主張である。この考え方がまさしく、文化の権威は煎じ詰めればたんに「これがこのあたりでのやり方だ」といった主張にすぎないというバリーの(どうやら否定的な)文化観の根拠となっているものである。論争含みであろうとも、重要なのはまさに、文化や受容された信念が自動的に権威化することに対する挑戦である。文化的な信念や慣習への訴えは、何らかの自民族中心主義批判が当を得ていない限り、議論とはならない。内在/外在の区別に関する異論の余地なき言明の可能性に挑戦することで、リベラリズムは少なくとも、普遍的な射程を有する理性という考えは、支離滅裂な、あるいは論点先取の観念ではない、と主張できる。もちろん、これらの理性を同定し、リベラルの諸原理の十分な正当性を構築する必要性は依然として残されている。そのための議論をここで展開することはできないが、私が志向するアプローチが第三章で論じた契約論的な議論の一種であることは明らかであろう。だが、本章において自民族中心主義批判になされた反論が重要でないわけではない。というのも、普遍主義に対する標準的な批判の大部分は、文化や概念枠組みという観念を、あたかもそれらには何の問題もなく、固定した内容と明確な境界線をもつものであるかのようにふりかざしているからである。自民族中心主義批判がなければ、厳密に言ってリベラリズムによる普遍性の主張のどこが間違いなのかは不明確である。

しかしながら、これによってリベラルな文化の全世界に及ぶ帝国主義的拡張を可能とするリベラル勝利主義が承認されたのだと考える前に、ここで擁護されているものが何であるのかを正確に思い出す必要がある。リベラルは多様性や差異、相異なる制度慣行の存在を否定などしない。リベラルな普遍主義の擁護は同質化へと向かう傾向があると断じるのは、単なる詭弁にすぎない。リベラリズムを理にかなった形で正当化する可能性に関して、リベラルたちがなすべき重要な仕事は依然として残っている。だが同時に指摘しておくべきは、政治的リベラルたちは理性の射程の普遍性という考えを是認しながらも、他方であらゆる不一致を解消する理性という考えには限界があると認識していることである。前章の最後に述べたことを繰り返せば、リベラルたちは差異や理にかなった意見の不一致をつなぐ諸々の原理と権利の正当化を目指している。リベラルが退けるのは、すべての人に単一の画一的な生き方を押しつけることが理性によって正当化されるという考え、そしてそれとは正反対の、すべての不一致は理にかなったものであり、許容可能な社会的・政治的アソシエーションの形態と許容不可能なそれとを隔てる境界を定める可能性は存在しないという考えである。

なぜ合意を求めるのか

リベラルな普遍主義の可能性を擁護するに際して、私がまだ取り上げていない非常に複雑な問題が一つ残されている。それは哲学的な難問である。なぜ理性は人を動かすのか。それは、私には社会的協働の公正な条件を追求する理性があり、それゆえにこそ私は様々な仕方で平等な配慮と尊敬をもって他者に接するよう動機づけられるはずだからだ。実践の上で理にかなっていること(practical reasonableness)が理論理性(theoretical reason)と同じではないと考えられているのは、第一義的には、道徳的あるいは政治的理性が有するこの規範的ないし行為指導的側面のゆえである。三角形の本性を重要視する何らかの独立した理由がないかぎり――たとえばわれわれが技術者、学校教師、あるいは試験に受かりたい生徒であれば別だが――、それについての理論理性から得られるものは（実践的には）ごくわずかだ。理論理性から導かれる特別な「なすべきこと」あるいは「なさざるべきこと」は存在しない。だが、各人は一定の基本的諸権利を有するという主張や資源に関する要求には、確かにそうした規範的な力が備わっている。ある人が、すべての人間は権利の保持者として平等に扱われるべきであることを認め、その上で一部の人々については平等な処遇を否定し、苦痛を与え続けるとすれば、それは奇妙であろう。実践理性(practical reasons)は、そのような規範的な力ないし行為要求的な性質を確かにもつ。そうした行為要求的な性質はいかなる徳によってもたらされるのか。単純な答えはここでは出せないし、おそらく他のどこにおいても出せないであろう。なぜなら規範性の源泉というものは、道徳的・政治的原理に関するあらゆる説明が直面する一般的な問題だからである。この点で、この問題は他のあらゆる理論にも増してリベラリズムに固有のものというわけではないが、ここで多少の考察が必要だろう。その理由は、規範性つまり理性の行為指導的な性質に関する支配的な哲学的説明から生じている。私は、あらゆる道徳的・政治的規則を、最も強い者が強制的に課す意志に還元する粗雑なリアリストないしトラシュマコス主義者（プラトン『国家』の登場人物にちなんで）の説明は省くことにする。この悲観的なヴィジョンを別にすれば、二つの対抗する理論が存在する。一つは、規範性とは慎慮(prudence)、あるいは道徳的信念・価値・原理と既存の欲求との一致に基づくものであるという理論である。もう一つは、実践理性はそれに伴う欲求から独立した内在的な動機づけの性質を有するとする理論である。前者の見解は歴史的にトマス・ホッブズとデイヴィッド・ヒュームに、後者は最も有名なところではドイツの哲学者イマヌエル・カントに結びつけられている。なぜこれがリベラルな普遍主義の擁護にとって重要なのかというと、欲求に基づく規範性というこのヒューム的見解が、コミュニタリアンのような地方主義者たち(parochialists)によって、共感や欲求の限界ゆえに道徳的・政治的原理の適用範囲は限定されていると主張するために用いられているからである。その主張とは、もしわれわれの共感や欲求がもともと限られたものであるならば、道徳的・政治的諸原理の適用範囲自体が限定されることを意味するというものである。これはリベラルの諸原理の適用範囲に対する実践上の制約なのかもしれないが、いずれにせよ重要な制約である。最も重要なのは、この制約が、人格それ自体の平等な処遇というリベラリズムの中核をなす倫理的コミットメントの意義を、人々がたまたま地理的に離れていればいるほど縮減させてしまうことを潜在的に含意している点である。

それでも一国内部でならリベラリズムは成立可能かもしれないが、存続可能なリベラル国家とはどのようなものであるかを決定するに際して、規模という問題は重要である。それによってリベラルの諸原理のグローバルな射程が制限されれば、リベラルの諸原理に基づくリベラルな国際法やコスモポリタンな秩序は存在し得ないことになる。もし「すべき」が「できる」を暗に含むとすれば、われわれは一個の心理学的な問題として同じ関心事をはるか遠くまでは拡張できないことが明らかとなり、ひいてはリベラルの諸原理の普遍的射程がゼロとなるように思われるかもしれない。だがもう一度問うが、われわれはこの心理的説明から悲観的な、反普遍主義的な含意を引き出すべきなのだろうか。規範的な諸原理という観念を救出する唯一の方法として、カント的見解の支持へと後退する以外にないのだろうか。事実、多くのリベラルたちは、規範性の事実を説明するような自己または意志に関する形而上学を頼らざるを得ないという見解を採用している。他のリベラルたち、特に初期ロールズ、ブライアン・バリー、T・M・スキャンロンといった契約主義の伝統に属する人々は、規範性や道徳的に行為する動機という問題への対処を避けようとしてきた。バリーはスキャンロンに倣って次のように論じる。何が正義であるのかを特定することは正義に関する政治理論の責務であり、人々がなぜ正義にかなった仕方で行為するのかを説明するためには、政治理論はただ「正しく行為する動機」に基づけばよいのだ、と。バリーの言うように、この合意への動機は、正しい行い――その結果が何をもたらすにせよ――がしたいと多くの人々が願うことから明らかな通り、まさに人間心理の自然な事実なのかもしれない。それが何であれ、合意への動機は、バリーの『不偏性としての正義(*Justice as Impartiality*)』の中では、意図的に理論化されていない。問題は、これが重要な問題なのか、また、普遍的に拘束力のある原理ないし普遍的な行為指導原理の可能性に対する特殊主義者からの反論に応答する助けとなるか否かである。

私はこれもまた重要ではないと考えるが、その理由は特殊主義者の主張の弱さにある。特殊主義の論拠を心理学に置くことで、特殊主義者はその主張を非常に偶然的なものにする危険に陥る。そのうえ、われわれの自然な共感は指導を受けて拡げることができるかもしれない。実際、ヒュームはそう考えていた――彼はそのプロセスには限界があると考えていたけれども。よりグローバル化された現代世界では、われわれは国内の政治共同体の範囲外にいる人々が不当な扱いを受けている事例を自宅のテレビ画面で目撃することができるわけだから、ひょっとしたらわれわれの共感、および正しく行為することとの自然な理由は普遍的に拡張可能なのかもしれない。われわれが示すべきは、人々が最も身近で最も親密な人たち、また家族や隣人という枠を越えて、自らの道徳的共感を拡張できること、そして人々自らが正しく行為したり公正な条件に基づく合意や社会的協働を求めたりする動機をもつと証明できるのだということだけである。そうなると問題は、そうした諸条件とは何かを特定しようと努めることであり、これこそがリベラリズムが提示しようと主張していることである。様々な境界を越えた社会的協働や処遇の公正な条件という問題に多くの人々が関心を寄せているという事実は、われわれが普遍的な理性に従って行為し得ることを示している。すべての人が関心を寄せているわけではないという事実は、規範的な議論が諸々の集団や個人が実際に為すことの記述ではなく、むしろなぜそのように行為すべきかという理由に関わるものであることを示しているにすぎない。

リベラルな普遍主義への反論は証明されていない。それが政治的リベラリズムの真理性を証明するわけではないが、リベラリズムに対する最も強力な批判の一つ――リベラリズムは数多存在する自民族中心主義的な道徳的諸実践のうちの一つにすぎず、それらのいずれも他を上回る権威をもたないとする主張――の力を決定的に弱めるものである。

第8章　リベラリズム、国家、そしてその先にあるもの

この最終章で私は、道徳的普遍主義の可能性およびリベラルな理性の射程という問題から離れ、現代政治理論における文化的転回《カルチュラル・ターン》のもう一つの政治的含意に目を向けたいと思う。この問題は現代リベラリズムにおける近代国家の中心的な役割に関係する。リベラリズムに対する多文化主義者の攻撃の根底には、じつは互いに関連はしているが別個の二つの問題群が存在する。第一は、前章で議論した類の文化相対主義に関わる問題群である。だが第二の問題群は、より直接的に政治的であり、近代主権国家という特定の構想に対するリベラリズムのコミットメントに関わるものである。とりわけアイリス・マリオン・ヤング、ジェイムズ・タリー、そしてビーク・パレクといった多くの多文化主義者たちは、一六世紀のヨーロッパから受け継いだ主権国家の理想が、国家の影響の及ぶ範囲内で諸集団の間に単一の画一的な関係性を強制するやり方に懸念を抱いている[1]。この画一性は、明瞭かつ統一的な主権体によって上から押しつけられており、近代の

司法国家《ジュリディカル・ステイト》構想の中心にあるのはまさにこの考えである。[2] 現代の国家理論は、何が「国家としての地位(statehood)」を構成するのかについて、一六世紀にトマス・ホッブズやジャン・ボダンが提示したものよりも洗練された説明を多数提示している。それでも国家主権の概念は依然として強力な魅力を備えている。このことはおそらく国際関係論で優勢な現実主義パラダイムにおいて最も明確であり、そこでは基本的な前提として国家主権という主題が依然として用いられている。[3]

リベラルの理論における国家の役割は、第三の主要な批判の流れをもたらす。特殊主義者や歴史主義者が躍起になって指摘してきたのは、主権国家の概念は一つの特殊な歴史的遺産であって、一六世紀から二〇世紀にかけてのヨーロッパの経験には当てはまるが、決して普遍的に妥当なものでも望ましいものでもないということである。この遺産が多元主義者や多文化主義者の批判的検証の下に置かれると、その権威の一部は失われ、その結果、政治的リベラリズムのような「国家中心主義的(statist)」理論も同様に権威を失う。様々な種類のラディカルな政治理論家たちが国家を超える思考を追求するなかで、国家中心的な視座を持つリベラリズムが提供するものはせいぜい、ますます余計なものとなる政治的用語に囚われた一つの狭い保守的な立場にすぎないとされる。この後者の論点は、コスモポリタニズムの政治理論家たちの考え方の中に最も色濃く表れている。彼らは国家中心的な政治理論と国際関係論が接する領域で活動しており、グローバル化し、中央集権的で統一的な主権という考えが通用する範囲がますます狭まっていくと思われる世界にふさわしい、新たな語彙と一連の制度を求めて議論している。

本章ではリベラリズムに対するこれら二つの異議申し立てを検証する。一つはリベラリズムが偏狭にも一国内における統一的な主権という構想に依存しているという批判、そしてもう一つはグローバル化の下での経済的・政治的相互依存という観点に照らしたときに露わとなる、この伝統的な主権構想の余剰性に対する批判である。後者はとりわけ重要であろう。というのもそれは、政治理論に対する新たなコスモポリタン的アプローチ——われわれが本書で探求してきたリベラルなパースペクティヴの中心にある、諸権利と平等主義的な社会正義をめぐるいくつかの考えの上に築かれた——に活力を与えてきたものだからである。末尾の結論においては、コスモポリタニズムが、私が政治的リベラリズムとして描き出してきたもの——それは国家への伝統的な愛着が取り払われている——にとってどの程度、その未来像たりうるのかについて吟味したい。

分配的正義と支配の問題

アイデンティティ・ポリティクスの理論家たちは、リベラルの主体概念は人格の社会的構築およびそこから帰結する道徳哲学および政治哲学に対する含意を否定するものである、というコミュニタリアン的な懸念に立脚している。この立場は複数の形態をとりうる。すなわち、伝統的な社会的諸実践やアイデンティティを付与する諸制度に対するコミュニタリアン的な擁護を放棄するか、あるいはそうした実践や制度を、その可塑性を認めながらも肯定するかのいずれかである。多文化主義的なアイデンティティ理論家たちは、人格およびアイデンティティが社会的創造物であるという考えを発展させて、それを現代のリベラルな正義の理論が有する特徴に対する批判へと――それが暗黙裡の個人主義と普遍主義への傾向を有するという理由で――拡張している。この多文化主義のラディカルな変種は、統合にまつわる排他的な規範の問題をリベラルな政治理論における分配パラダイムのヘゲモニーと結びつけるが、その好例がウォルツァー、ヤング、タリー、パレクといった、リベラリズムを批判する多くの多元主義者たちの研究である。これらの理論家たちはそれぞれ重要な点で互いに異なっている。たとえばウォルツァーは明確な多文化主義者ではまったくないし、ヤングは多くの多文化主義論の核心をなすような民族ナショナリズムを敵視している。とは言え、リベラルな正義の理論に見られる支配および権力の構造的不平等に対する多元主義者の執拗な関心は、右に挙げたすべての論者に共有されている。それはウォルツァーとヤングにおいて最も明確に理論化されているので、本節の多くは彼らの理論に焦点を合わせることになる。

ウォルツァーの研究には、ある両義的な性質がある。彼は、政治哲学を状況づけられた社会批判へと置き換えようとするその試み[4]において、狭い意味でのコミュニタリアンとして理解できると同時に、分配的正義の問題へのポスト・ロールズ派政治哲学の関心に対しては、さらにラディカルな多元主義的な批判者として理解できるためである。ウォルツァーがアイリス・マリオン・ヤングの研究と結びつくのは、この後者の装いにおいてである[5]。

ウォルツァーの『正義の領分』は、ロールズの『正義論』以来、中心的な地位を占めるようになったいわゆる分配パラダイムを退けようとする一つの試みである。ウォルツァーによれば、分配パラダイムは、政治理論の基本的な問題は分配的な特徴を有すると仮定している。そしてそれらの問題には、権利や基本的諸自由といったものを、それらを持たない他の集団に与える何らかの制度が必ず含まれる。そして分配される財＝善は、ロールズの言う基本財(primary goods)のように、普遍的な性格を有するとされる。基本財とは、人々がそれ以外に何を欲するかに関係なく、必ず必要とするものである。ウォルツァーによれば、あらゆる基本的な政治問題を第一義的に分配的なものと捉えることにはネガティヴな政治的帰結が伴う。第一に、そのような見方は、すべての人々が他に何を欲しようとも必ず欲する何らかの財のセットが存在すると仮定している。ということは、人間本性や道徳的行為主体性《エージェンシー》の画一性を、また文化的な差異や社会の多元性の否定を必然的に伴う。そのうえ、文化的な差異には二次的な重要性しかなく、一個の本質的かつ普遍的な本性に地方色を添えるものにすぎないという含意もそこにはある。第二に、分配的アプローチは、分配されるべき財の性質と価値には論争の余地がないと仮定している。そして第三に、このアプローチは、分配を維持し実行する責任を負う機関が必要だという前提に立っている。この第三の考え方こそ、リベラルが正義を理論化するにあたって国家が中心的な位置を占めることの根拠となっているのである。

人は、どこか他の場所で生み出された財をただ受動的に受け取る存在ではなく、むしろ財に社会的意味を付与する能動的存在である。このように主張することで、ウォルツァーは分配パラダイムの最初の二つの含意に異議を唱える。つまり彼が言いたいのは、分配されるべき特定の財や物に付随する価値は、その財が生み出される条件や、あるいは財の創出過程に関与した人々のアイデンティティや自己理解を捨象して得られるものではない、ということである。ウォルツァーにとって、人格としてのアイデンティティは、われわれが自らのアイデンティティを創造し発見する諸々の過程や文脈から独立した形で与えられるものではありえない。しかも、こうしたアイデンティティを付与する諸々の制度や実践――われわれが作り出す財や物に社会的意味を与える――は、その内部に地域に即した適切な分配の具体的な基準や尺度を備えている。どのような財についても、その適切な分配の基準は、何らかの絶対的な平等主義的基準ではなく、むしろ対象の社会的意味によって構成される分配の領域に内在する基準である。ウォルツァーの主張によれば、このことが、われわれが売春や官職・聖職売買について述べる際、なぜ非難の言葉を用いるかを説明する。それらは売買されるべきでない類の財であって、性的関係においては愛情や親密さ、聖職においては敬虔さや正統性、あるいは教導権に基づいて分配されるべきものである。確固たる社会的意味を有する財の分配領域は、それぞれ相互に自律的であるべきである。したがって富が、医療、教育、性的関係、官職など、あらゆる財の分配を決める唯一の基準となるべきではない。分配領域に関する理論は、人々が追求する目的の多元性、および諸個人が国家から独立に築くアソシエーションの多元性の双方を強めるものである。

普遍的に価値を認められる何らかの確定的な基本財のセットを分配することに焦点を合わせると、現代のリベラルな正義の理論が認識しそこねている真の問題が曖昧となる。すなわち、それぞれの分配領域の自律性を維持する必要性である。分配パラダイムは支配よりもむしろ独占の問題に焦点を合わせている。ということは、分配パラダイムは、一組の社会的財と社会的要求のセットを、価値を測定し、人々が求めうる他のあらゆる財にアクセスするための共通通貨(common currency)とみなしていることになる。これに伴う問題は、支配的な財は、ある特定の社会集団の手中にある場合にのみ、支配的な地位あるいは共通通貨の地位を得ることができるということである。その社会集団は、一つの党派や社会階級でもありうるし、市民社会の要求に対する国家の統制といった制度上の支配的集団でもありうる。リベラルな分配主義者たちは、独占の規制に取り組めば支配の問題に対処できると考えている。独占を阻止すれば正義が実現するというわけである。だがウォルツァーが言うには、単純な分配的平等の理論で独占の問題に取り組んでも、支配の問題は手つかずのまま残ってしまう。支配的な財の一例として貨幣を取り上げるならば、単一なる平等(simple equality)の実現に必要となるのは、入手条件が富の所有であるような財に誰もアクセスできないという事態を避けるやり方で、社会の中で富を分配することであろう。単一なる平等は、健康、教育、雇用といった社会的財へのアクセスを決定する唯一の有意な基準として、貨幣が支配的な地位を占めるのを拒むことができない。他方で複合的平等(complex equality)は、財産の単純な平等化ではなく、何らかの特定の財の支配に挑戦する必要性に関わるものである。このようにしてウォルツァーは、注意の焦点を「誰が何を所有しているのか」から「誰が権力を握っているのか」という問題に移そうと試みる。それによって、ある財の社会的意味を、その財が他のあらゆる財の分配に対して支配的な地位を保持するのに役立つ道具に変えるためである。支配の問題を攻撃することで、いかなる特定の財の独占的保有も政治的な問題としての重要性を減じることになる。

分配に関するリベラルの先入見への批判は、リベラルな正義の理論への多文化主義的な批判にとってさほど重要な意味を持たないと思われるかもしれない。しかしながら、ウォルツァーの議論の骨子はアイリス・マリオン・ヤングが取り上げ、彼女はそれを不偏性と正義に関するリベラルな諸規範の排他的な特徴に対する、最もラディカルで先鋭な攻撃へと発展させた。ヤングは支配の概念を政治理論の主要な問題として用いることに特に関心を寄せている。それは、集団的アイデンティティの要求を受け入れ、リベラルな国家の中央集権に挑戦する差異の政治学という自身の議論を支えるためである。リベラルな国家は、人種、階級、ジェンダーの要求と相容れない、個人主義的で排他的なアイデンティティの観念を強要するというのだ。ヤングにとって多文化主義の問題とは、たんにエスニックな文化集団や移民コミュニティをより広範な社会構成文化(societal culture)へと同化させるという問題を提起するものではない。彼女にとって多文化主義とは、社会の再構築にあたって、すべてのアイデンティティ集団を包摂すべく社会構成文化を民主化することに関わる。ヤングはウォルツァーと同様に政治的多元主義者であり、国家以外の集団やアソシエーションが政治的権威を体現していると考えている。

ヤングによって提起されたのは、アイデンティティ集団の政治的関心を、ある種の財——その集団が持っていない財で、すでに与えられたリベラルな規範に沿いつつ対等な存在となるために、他の集団から譲り受ける必要のある財——を求める単なる要望へと還元してしまうという問題である。[6] ジェンダー・ポリティクスにおいては、このような平等の観念は、女性が被っている不利益を測定できるジェンダー中立的な規範があることを前提としている。だが、家父長的支配が根強く残り、社会が提供する機会の幅を定めているため、そのような中立的な基準は成立不可能である。もし、そうした機会が社会のジェンダー構造を反映しているならば、単純な機会均等化だけではジェンダー不平等の問題に取り組むことにはならず、たんにそう偽装するにすぎないだろう。フェミニストの政治理論家たちは、女性は男性と等しくなる必要はない、すなわち男性性に規定された政治社会構造の中で、男性と同じようになれる水準まで引き上げてもらう必要はないと主張する。女性をはじめとする抑圧されたアイデンティティ集団は、自らの優先事項と自己理解によって決定される諸々の制度や機会を創り出すことができるよう、エンパワーされる必要がある。それゆえ承認が再分配と同じくらい重要なのだ。[7] 権力と地位の構造的不平等の再生産——フェミニストたちはこれを家父長制と見なす——を回避するような、中立的な機会均等の観念は存在しない。リベラリズムは分配メカニズムとして国家をあてにしており、そのことによって家父長制と文化的不公正の再生産に国家が関与している状況を無視しているのであるが、フェミニズムと多文化主義はいずれも、これを明らかにすることを政治的課題としている。国家それ自体が異議申し立てを受け、主権が多元化されない限り、国家は、近代リベラリズムの分配パラダイムの根底に多元主義的な多文化主義者たちが見出す支配と独占の諸関係をたんに映し出すだけのものとなるだろう。

ヤングは、現代リベラリズムの分配パラダイムに対する批判を、コミュニタリアニズムから借用した人格の構想と結びつけている。彼女によれば、個人のアイデンティティはあらかじめ与えられるものではない。それはむしろ、アイデンティティを付与する様々な制度や実践に参画していることによって獲得されるものである。だが、多くのコミュニタリアンがこの種の議論を伝統的な社会政治構造を強化するために用いるのに対し、ヤングはよりラディカルな立場を採る。彼女の主張によれば、われわれのアイデンティティは伝統的なコミュニタリアンたちが考えるよりもはるかに流動的である。ゆえにわれわれは同時に様々なアイデンティティ付与集団のメンバーでありうる。この差異と多元性の問題を、人格およびその出自となる生活様式のレヴェルにおいて認識することによって、一部の多文化主義に見られる単純な本質主義のみならず、リベラルな主体の個人主義に対しても異議が唱えられている。リベラリズムがはらむ問題とは、それが非中立的な平等主義的規範の下に人々を置くことで、偽のアイデンティティを人々に強要しようとしていることにある。そしてその平等主義的規範が、アイデンティティと人格に関する特定の構想――近代リベラリズムの政治文化――をすでに特権化しているのである。この覇権主義的なリベラル文化に対する挑戦がヤングを多文化主義者たらしめているのであるが、彼女の手法はウィル・キムリッカのような他の多文化主義者たちとは異なっている。支配の問題は、エスニック文化集団であれ、社会的集団（たとえば階級）であれ、性的集団（たとえばレズビアンやゲイ）であれ、そうしたアイデンティティ付与集団の不可視性を通じて現れてくる。ヤングは、リベラリズムがこうした集団の差異の問題を、単純な平等ないし平等化の観点から扱う傾向があることを批判している。このようなアプローチは、何がまさしく問題となっているのかを、その包摂の規範の内部に常に想定しており、個人の真に重要なアイデンティティを周縁化する効果を持つ。なぜならば、それらのアイデンティティは、リベラリズムの支配的な文化と矛盾するかぎり、議題《アジェンダ》から除外されてしまうからである。[8] また、それら周縁化されたアイデンティティ、およびそれらを担う諸集団は、リベラリズムによって力を奪われてしまう。というのも、リベラルな社会の規範から排除された結果として彼らが感じる抑圧と周縁化を、リベラリズムが考慮しないからである。リベラルな国家は、正義の分配者として振る舞う場合でさえ、集団的支配のさらなる変種の一つにすぎない。それはアイデンティティに関するある特定の見解を有し、リベラルな政治理論の中で定義される、人格と善き生に関する支配的な構想に異議を申し立てる可能性を排除する。リベラルな国家は統一的なアイデンティティを押しつけることによって、多元性を守るどころか、むしろ脅かすのである。

ヤングによれば、この問題に対する適切な応答は、ある一組の基本財を、それを持つ人々から持たざる人々へと再分配することではない。そうではなく、その応答には、包摂に関するリベラルな規範の根底にある支配的な人格観念に対する政治的な挑戦が伴わなければならない。そしてそれは、国家を多元化し、リベラルな国家が一元的な性格を自明視する傾向を弱めることによってのみ達成できる。これは権利の平等な分配ではなく、差異の政治的表象ないし集団的表象＝代表に関わる。多文化主義に関する議論の中でしばしば見過ごされているのは、文化相対主義の問題（前章で取り上げた）ではなく、むしろこの集団的表象と、一元的なリベラル国家に対するその挑戦という問題である。だが、ダンカン・アイヴィソン、ポール・パットン、ウィル・サンダースといった、先住民の権利に関する理論家たちが採り上げているのは、まさにこの多元主義的デモクラシーの特徴である。[9]このようにして、相異なるアイデンティティの存在によって分配パラダイムが粉砕され、体系的に抑圧されたこれら諸集団が自らの政治的アジェンダを表明し、それについて民主的に交渉できる形で権力を行使することが可能となろう。平等化される必要があるのは、あらかじめ解釈された基本財のセットではなく、むしろ承認である。承認とはまさしく、一元的なリベラル国家からのトップダウン的なやり方では与えられ得ないものであり、もし承認が支配のさらなる発現であってはならないとすれば、それは民主的な交渉を通じて現れるものでなくてはならない。

ラディカルな多元主義者の批判によれば、近代リベラリズムの分配主義的なアジェンダ全体が、国家以外の形態の権威ある民主的コミュニティが行う平等な承認に対して近代国家が振るう専制を再現している。それゆえに不偏主義的なリベラルたちは自らの政治的アジェンダの中心に国家があることについて多くを語らないのであり、そのことが政治的リベラリズムに長い影を落とす背景であり続けている。政治的なものの主張に限界を定める憲法によって、保護された諸権利と諸自由が与えられるという考えは、まさにわれわれが本書で探究してきたアプローチの核心である。同様に、資源の分配を通じた経済的正義の保証という考えもまた、民主的な交渉を超越した中央集権的かつ権威ある分配者を暗示するものである。なぜなら、リベラルにとって、民主的決定に正統性を付与するのは、この正義の優先性という考えにほかならないからである。残された問題は、リベラルが一元的な国家という考えに依拠することは、果たしてラディカルな多元主義者が示唆するほどに有害であるのかどうかということである。さらには、それはリベラルたちが一貫して回避できるような立場なのだろうか。

分配パラダイムとリベラルな国家を擁護する

上に挙げた第一の問いに対する答えは、本書がすでに論じたところから明らかであることを願う。リベラルな政治理論は、国家が正統かつ正義にかなっていると言いうる条件を定めることに関心を抱いている。政治的リベラルは確かに、ホッブズ的な国家像を（二〇世紀におけるそのシュミット的な変種も）受け入れない。ホッブズ的な国家像においては、主権は異議を差し挟む余地のないもの、主権者がどのようにでも行使できるものとされる。現代の政治的リベラルたちにとっては、ジョン・ロックの時代からのその古典的な先駆者たちと同様に、リベラルな政治理論の責務は、国家権力の行使が、それに先行する人格の平等な地位の尊重に対する義務と両立する条件を特定することであった。政治的リベラリズムが、国家とはいかに構築されるべきかについての一つの理論である以上、国家主権の概念は明らかにリベラルの議論の中心を占める。だが、その特定の関係によって、リベラリズムが偏狭な国家主義の是認に加担することになるかどうかは自明ではない。リベラリズムの根底にある立憲主義の理念は、端的に言って、リベラルな政治という善＝財を届けるための制度的な手段である。ラディカルな多元主義者たちが言うように、一元的な主権という政治権力に関する考えとのこの結びつきが、リベラルな政治理論を非難するのに十分かどうかは、多元主義者たちが権威的かつ制度化された包摂の基準に訴えずに議論ができるかどうかにかかっている。本節で私は二つの可能性を示したい。つまり、ことによると彼らはこのリベラル側の指し手を回避することができるかもしれないが、その場合は少なからぬ代償を支払うことになる。あるいは、彼らがその回避に失敗し、結局は憲法によって制約を受ける政治の構想に向かうリベラルの軌跡を正確になぞることになるか、である。

　政治的アソシエーションに関する一元的な構想への訴えを回避する試みは、パレクやタリーに代表される多文化主義のコミュニタリアン的変種において最も明白である。両者とも、組織された宗教的・民族的文化や少数民族の権威ある政治的主張を、リベラルな国家の多元化に向けた挑戦の一環として取り上げている。リベラリズムは主権主義的であるという彼らの主張は、二〇世紀初頭におけるF・W・メイトランド、J・N・フィッギス、ハロルド・ラスキらによるアソシエーション主義的・多元主義的な批判と似ている。[10]現代の多元主義者たちは、重要なアソシエーションの特徴を構想する仕方において、こういった古典的な多元主義者たちとは異なっているものの、文化集団や先住民集団などのアソシエーションには自己決定権を主張する権利があるという考えを保持している。この主張は、こうした形態の共同体がその成員にとってアイデンティティと自尊心の源泉として価値を有することから導かれる。共同体のメンバーシップもまた、そうした集団に固有の特徴的な規範や権威の構造の源泉である。コミュニタリアン的多元主義者は続けてこう主張する。諸々の規範や価値が妥当する範囲はローカルあるいは特殊なので、われわれはそれら規範や価値の内的作用を評価できるような普遍的で外部的な基準を持つことはできない（この主張の認識論的な根拠は前章で吟味した）。したがって、リベラルの掲げる不偏主義的な憲法が、諸々のアソシエーション、文化、少数民族による主張を権威ある形で調停できる根拠はない。それゆえタリーやパレクのような多文化主義的な多元主義者たちは次のように論じる。われわれは協働の条件を、それぞれが対等な地位にあると見なされている諸集団間での民主的な討議のプロセスから生じるものと考えねばならないのだ、と。しかしながら実際のところ、これら諸集団がそのような討議において対等な交渉力を有すると期待すべき十分な理由は存在しない。そのため、それら諸集団はおそらく、社会に現存する権力バランス——重要な公共的価値をめぐって多数派が常に勝利するような——を反復するだけに終わるだろう[11]。こうした既存の権力分配による支配は対処の必要があるが、それは社会に現に存在する権力関係を自明視するようなプロセスによっては不可能である。政治は、それがたんに既存の支配を反映するだけなら、構造的支配の問題に対して解決策を提供することはできない。これを克服するためには、討議の公正な手続きを可能ならしめるような仕方で政治に制約を課さねばならない。そのプロセスにおいては、公正な手続きの性質に対するいくらかの省察が必要となるが、それと同時にその省察を、ある文化的共同体の内的な基準、価値、理解の範囲内で留めることはできない。このことによって、われわれは政治的リベラリズムの課題へと連れ戻される。というのも、「このあたりでのやり方」が有する権威こそがまさに問題とされているがゆえに、われわれは断じてその権威に頼ることができないのである。正義、共同体、あるいは文化の諸領域の自律性に言及するだけでは何の役にも立たない。そして、この問題を政治的な交渉によって解決できると考えることは、どうしようもなく無邪気か、あるいはたんに論点をはぐらかしているかのどちらかにすぎない。それは結局、民主的な討議をめぐる自らの構想の中に、ほかならぬそれら手続き的な諸価値――リベラルが前政治的なものとして是認していると非難されているもの――を組み込むことになるからである。

アイリス・ヤングによる差異の政治学もまた、次のような主張に依拠している。すなわち、リベラリズムはきわめて反‐政治的である。なぜなら政治よりも包摂に関する規範の決定を優先し、それによってリベラルの利害や価値の支配を強化しているからである。彼女は、パレクやタリーといったコミュニタリアン的な多文化主義者たち（彼らはこの呼称を拒むであろうが）とは異なっている。なぜなら、彼女のアイデンティティ付与集団の観念はより広く、集団と並んで社会運動をも包含しているし、また彼女はアイデンティティ付与集団へのメンバーシップや参加は複雑に重なり合っており、単一の集団がわれわれのアイデンティティを構築するわけではないと主張しているからである。

集団の包摂という問題の政治的解決に力を与え、支配に挑戦するために、ヤングは伝統的に周縁化されてきたアイデンティティ付与集団に対して追加的代表権(additional representation)を与えることを提唱する。この点で彼女は、多文化主義的コミュニタリアンであるパレクやタリーといった他のラディカルな多元主義者たちと同意見である。だが彼女のアプローチは、どの集団が特別に追加代表権を与えられるべきで、どのアイデンティティ集団が承認を完全に否定されるべきなのかという問いをはっきりと浮き彫りにする。こうしてわれわれは、諸々の集団がどのように関わり合うべきかという問題ばかりでなく、集団それ自体の内在的な性格についての問題にも直面する。ヤングはタリーやパレクにもまして、多くの社会的・文化的集団が抑圧の場となりうることを認める覚悟がある。しかし、もしわれわれが諸々の文化集団と諸々のアイデンティティを区別し始めるべきだとすると、どのように区別するのか、そしてある社会的実践や文化集団が抑圧的でないかどうかを、誰が決めるのだろうか。この包摂と承認の基準という問題は、明らかにどの集団や文化にも内在するものではありえない。結局のところ、抑圧的で差別的な規範は、その権威をすでに受け入れているアイデンティティ集団の成員にとっては、しばしば完全に理にかなったものなのである。[12]問題は、集団外の人々もその権威を受け入れるべきかどうか、である。

　この問題は、多くの伝統的な文化集団や宗教集団が、女性の役割と地位をどのように考えているかに明白に示されている。それゆえ、ヤングはただ、何らかの意味で非強制的なアイデンティティ付与集団をエンパワーしたいと考えているだけであり、その理由はおそらくそれらの集団が他者の平等な地位を認めているからであろうと思われる。彼女はナチスや人種差別主義者といった、自身がイデオロギー集団と呼ぶところの集団は明確に除外している。だが、そうした集団がなぜ除外されるべきなのかについての彼女の説明は、アイデンティティに関して社会的構成主義の説明に頼っているため、説得力に欠ける。もしあらゆるアイデンティティが社会的に構築されたものであり、あらゆる規範や価値がたんにそうしたアイデンティティに内在するものにすぎないならば、われわれは、一方が他方よりも優れていると言い出せる根拠となる視点を持ち合わせないことになる。しかしながら、ひとたび外部の視点、すなわちあるアイデンティティ付与集団に内在するのとは別の視点に立てば、われわれはリベラルな多文化主義者たちが直面した問題へと後退することになる。つまり、誰がどのような基準で決定するのかという問題である。

　もしヤングが平等への基底的なコミットメントをひそかに保持するのであれば、彼女は、先に議論したような、差異に対する自らのアプローチの限界に突き当たることになる。他方、もし彼女が非平等主義的な原理、つまりたんに何らかの選好に基づいて一部の集団を他の集団を犠牲にした上で恣意的に偏重するような原理を採用するならば、彼女は自身の選好を是認しない人々に対して、何らかの原理に即した応答を行ったことにはならないであろう。その場合、われわれが手にするのはただ闘争と対立だけということになる。第6章で見た闘技的政治の理論家たちの多くは、諸々の通約不可能な世界観の衝突に代わるあり方は存在しないと主張して、まさしくこの結論を支持するであろう。これは醒めたポスト・マルクス主義者にとっては申し分なくまともな立場であるかもしれないが、ヤングが関心を寄せているのは解放の政治であり、あるがままの現実との悲観的な和解ではない。リベラルのアプローチは、集団的アイデンティティについての内在主義的な視点の外へと踏み出し、様々なアイデンティティを制度的に調停・和解させる手続き主義的なアプローチを採用する道を提供するものである。しかし、最も重要なのは、それが調停と包摂に向かう一つのアプローチ、すなわち抑圧の問題を、たんにある政治共同体内の集団間の関係から、ある社会集団ないし文化の内部での諸個人と諸集団の関係へと転嫁しないアプローチを提供する点である。もし諸集団が、それぞれの領域内で個人がどのように振る舞えばよいかについて最終的な決定権を持たないとしたら、個々人に対する平等な配慮と尊敬というリベラルな価値の優先性に訴えることをどうすれば避けられるのか、定かではない。

ウォルツァー、ヤング、タリー、パレクといったラディカルな多元主義者たちは、リベラルな政治理論を、それがとりわけその倫理的個人主義ゆえに、文化的・社会的集団によるアイデンティティ付与実践に対して威圧的で感度の低い包摂規範で動いているという理由で退ける。だが、リベラル理論を批判し、諸々の集団や文化の平等の要求を展開することで、そうした多元主義者たちは、リベラル理論が立憲国家の理念を通じて取り組もうとしている当の問題、つまり党派性や集団的アイデンティティによる専制という問題に自ら身をさらしているのである。これらはまさしく、近代のリベラルな立憲国家が不偏的に調停すると期待されている問題である。だが多元主義者たちは、この課題がどのように達成されるべきかについて、純粋な政治への楽観的な期待以外には、何の仕組みも説明も提示してはいない。彼らは概して、共同体や文化の利益のために個人が犠牲となりうることを認める用意がない。それなのに、そうあるべき経緯や理由、また個人の要求がなぜ常に文化や共同体の要求に勝るのかを説明する用意もないのである。この問題に異を唱えることを望むのであれば、彼らは、アイデンティティの諸側面が集団の外側から付与されうるその程度に関して、かつ、集団の内部から負荷されうるその程度に関しては特に、集団のメンバーに拒否権を与えるア・プリオリな二階の規則(second-order rule)に訴えなければならない。これらの集団間で生じる政治的相互作用の前段階としてそのような包摂の規範を示すことにより、われわれは公正な協働の条件というリベラルの課題に立ち戻ることになる――多元主義者たちがそれにいくら反論しようとも。リベラルな政治理論は、アイデンティティを付与する集団やアソシエーションが持つ価値、また集団のメンバーシップが持つ価値を否定しない。だがリベラルな政治理論は、メンバーの扱いに関して、そうした集団に主権的な権限を与えることは認めない。われわれを立憲国家というリベラルの理想へと導くのは、諸々の集団の主張に制約を課すことの制度的帰結である。政治的なアイデンティティ（シティズンシップ）を集団のメンバーシップから切り離し、その結果として各々の市民を対等な価値と地位を有する者として扱うことにより、リベラリズムは、制限のない多元主義が招くアイデンティティと帰属意識の対立に一つの解決策を提供するのである。立憲国家に関するこのリベラルの構想は不安定な形で達成されたものであって、軽々しく無用とすべきものではない。

リベラルな国家を超えて？

本章の先の二節では、立憲国家についてのリベラリズムの構想に対する一つの異議を考察してきた。その中でわれわれは、多元主義的で断片化した主権を支持して統一的な立憲国家の理念を放棄することには魅力がないと理解するに至った。というのもそれはたんに国家主権の負の側面を文化的共同体や社会集団へと転嫁するにすぎず、それゆえアカウンタビリティや制約の問題を移動させるだけで、払拭することにはならないからである。他方で私は、政治権力の座としての立憲国家という考えが、いかにしてリベラリズムの規範的目的に貢献できるかを示そうとしてきた。しかしながらこの段階で、リベラルの諸価値および諸原理と、リベラルな立憲国家の制度構造との関係が依然として偶然的なものであるということを明らかにしておく必要がある。リベラルが立憲国家のような一連の制度を想定する傾向があるという事実は、リベラルな諸原理や諸価値の適用範囲が必然的に国家の領土や管轄権の内部にのみ限定されることを意味しない。第7章で論じたように、リベラルは普遍主義者であって特殊主義者ではない。たとえロールズやドゥオーキンなど一部の論者が、ある種の特殊主義へと急旋回しているように見えるとしても、である[13]。リベラルな諸価値は、その人がどこに居合わせようとも、万人の心に響き、訴えかけるものであるはずだ。立憲国家が唯一の選択肢であるうちは、リベラルな諸価値と国家主権との関係には比較的問題がなかった。しかしながら、国家に関するわれわれの伝統的な理解はグローバル化の事実によって挑戦を受けていると論じることは、今や当たり前のこととなってきている。それゆえわれわれは、本書で私がリベラルな諸価値および諸原理と呼んできたものと国家との関係を再考する必要がある。もしリベラルな諸価値が国家と結びついており、国家が重大な変革の過程の中にあるとすれば、それはリベラリズムの関心にどのような示唆を与えるのであろうか。第二に、政治理論としてのリベラリズムはコスモポリタニズム――それは国家の制度的構造とは無関係にリベラルな諸価値を支持する――に取って代わられようとしているのであろうか[14]。本書の結論として私は、グローバル化が突きつける挑戦およびコスモポリタン的転回という観点から、リベラリズムの展望について考えてみたい。

リベラリズム、コスモポリタニズム、国家主義

私が擁護してきたようなリベラリズムに対する批判として、徐々に一般的な流れとなってきているのが、リベラリズムは現代の国家構造の中でしか通用しない、政治と分配に関する素朴な国内的アナロジーを採用している、というものである。そのため、リベラリズムは国家主義的、あるいは国際関係の理論家たちがしばしば現実主義的と呼ぶようなイデオロギーや理論に傾きがちだ、というのである。この見解は国家を、それぞれ自らの国益を確保するための熾烈な競争の中で互いに関わり合う自律的な単位と見なしている。それら国益は各々の国家固有のものであり、各々の国家は自国の領土内で国益を追求するための独自の管轄権を有している。国家間の関係は

相互利益の原則に基づく契約や協定（条約や同盟）によって形成される[15]。国内政治と外交・国際政治の間には分業が成り立っており、前者は正義の問題に携わることができ、後者の領域は別の議題から形成されると考えられている。問題は、リベラリズムがそうした国家主義的な考え方にコミットしているかどうかである。私が本書で展開してきた説明は、ここから二通りの方向に進むように思われる。第一に、リベラリズムの核心を、人格の平等な地位に対する一組の普遍的な道徳的コミットメントから構成されるものとして描き出す方向である。これは国内における政治権力の行使の仕方に制約を加えることになる。第二に、リベラリズムは、正義にかなう基本構造、そして権力に対する憲法上の制約および十分な財源に支えられた福祉システムをはじめとする再分配制度を備えた国家という観点から、人格の平等な配慮と尊敬を保証するための適切な原理と制度のセットを要求する、という方向である。平等な道徳的配慮という第一のコミットメントの適用範囲が普遍的であり、したがってわれわれと社会的協働関係にある人々にのみ当てはまるわけではないゆえに、そこには緊張関係が生じる。この道徳的配慮はドーヴァー港なり、別の港なりで途切れるわけではない！　だが明らかに、正義および平等な待遇に関する規定は、それらが一連の制度から生じているゆえに、現実には特定の地点——おそらく国境——で効力を失ってしまう。税制を通じて英国民の福祉を支える私の義務は、私がフランス人や中国人に対して負っているかもしれない義務とは異なる。問題は、こうした義務の違いが示すのは制度上の相違なのか、あるいはまったく異なる義務の認識なのか、ということである。[16]特殊主義者たちはこう論じる。正義に関する義務は国境で消える。国家の外では、われわれはより希薄で緊急性の低いものを担うのだ、と。イデオロギーあるいは理論としての国家主義は、この特殊主義のアプローチを非常によく映し出しているように見える。だが、この特殊主義的アプローチこそ、正義と国家に関するリベラルな理論へのラディカルな多元主義的批判との関連で私が反対してきたものである。なぜなら、もしわれわれが国家との関連をめぐって特殊主義者に譲歩するならば、民族や文化といった国家の下位集団についても同様の主張を行う人々を相手に、説得力のある反論ができなくなるからである。民族や文化の倫理的意義に対する適切な反論は、特殊主義それ自体に対する反論であって、たんに特殊主義の範囲を広げることについての議論ではない。

国家主義に対するリベラルの反論は、たんに倫理的特殊主義の理論的土台に対するものではない。リベラルたちは普遍主義者として、自らの原理と価値観によって、それがどこで起ころうとも、不正義に対して関心を持たずにはいられない。この理由により、多くのリベラルたちは自らをコスモポリタンとも表現するのであり、著作の中では国内の資源分配の変革と同様に、グローバルな分配的正義の問題や、人権侵害を防ぐための介入条件にも関心を寄せるのである。実際、多くのコスモポリタンなリベラルたちは、グローバルなものへの転回はたんに新たな知的流行なのではなく、実は国家における正義そのものを考えるための一つの前提条件でもあるのだと主張するだろう。結局のところ、国家内部の不平等や不正義はしばしばきわめて相対的なものである（些細なものではないとはいえ）。それゆえ、スイスやノルウェーの最富裕層と最貧困層との差は、ノルウェーの最も恵まれない人々と、チャドやニジェールのようなサハラ以南のアフリカ諸国の最も恵まれない人々との差に比べたら、軽微に思われるかもしれない。世界中の国家間や地域間に存在する不平等の問題に対処するまでは、われわれは一国家の内部で公正な機会均等を実現するのに必要な、平等な資源のレヴェルについて考え始めるための基準を確立することはできない。そのうえ、もしリベラルたちが真に基本的諸権利と諸自由の尊重に心を砕き、その侵害や否定に挑戦する気があるのなら、普遍主義者としてのリベラルが、歴史的偶然の産物であるにもかかわらず、司法権や権利侵害への配慮を正統な形で制限する国境というものにこだわるべき理由は明らかではない。グローバルな正義と人権保護のための介入に関するこれら二つの問いは、リベラルな思考における国家の優位性に疑義を呈するとともに、リベラルな普遍的諸価値を、それらがどのように実現されるのかをめぐる制度上の問いと切り離すような、よりコスモポリタン的なアプローチを支持する。このことは果たして、社会や国家の基本構造についてのリベラルな注目は無用の長物であるということを、言い換えれば、リベラリズムは正義の間違った側面に焦点を合わせているということを意味するのだろうか？

この課題に対して最初に言うべきは、リベラリズムと国家との結びつきは偶然的であると強調することである。第7章で見たように、本書で私が記述し擁護してきた形態のリベラリズムは、その中心的諸価値の適用範囲が普遍的であるという点でコスモポリタン的である。このアプローチにおいては、国家はこうした普遍的諸価値と諸目的を実現するための制度的な手段と見なされる。それによって、リベラリズムが剝き出しの国家主義的理論と見なされるのを回避できる。だがそうは言っても、リベラルな理論における国家の偶然性から、国家が無関係であるとか余分であるという結論へと短絡してはならないと主張しておきたい。

理想理論と非理想理論を区別するならば、そこにリベラルな理論と国家との関係が見えてくる。理想理論のレヴェルでは、正義にかなった社会的諸関係の問題は、あらゆる政治共同体においておよそ同じように扱われる[17]。それですべての個人は、地球上のどこに、どのような国家ないし政治共同体に生まれ落ちようとも、平等な配慮と尊敬を保証される。ある人々が、他のではない、ある特定の国家に属していることは問題とはならない。なぜならすべての国家はその成員を等しく尊重し、かつ国家による個々人への対応は不偏的なので、旅行や転勤によって一時的にその管轄下に置かれる他国籍の人々にも同様の配慮と尊敬の条件を認めるはずだからである。この意味における市民権《シティズンシップ》は一つの普遍的なカテゴリーであるが、特定の制度、すなわち国家によって管理されている。だが、これらの国家は人々の特殊で偶然的な特徴に訴えてくることはないであろうから、市民はどこにいようとも同じ地位を享受することができる。英国民と中国国民では、医療や教育といった公共サービスを提供する第一義的な責任をどちらの国が負うかということ以外には、重大な違いはない。リベラルたちにとっては、理想的な条件の下では、ある国家の市民的諸権利が他の国家の市民的諸権利に劣ることはあってはならない。この点で、平等な配慮と尊敬、あるいは法の下の平等な保護は、国家体制の下で達成されるだろう。この理想上の点においてのみ、リベラリズムはまぎれもなく「国家主義的な」理論である。リベラリズムが、国際関係理論において伝統的に理解されてきた現実主義的なアプローチではないことは確かだ。なぜならそれは国家に対して無制限の主権を認めず、国家が行ってよいのはリベラルな正義というより重要な基準に照らして正統性を有する事柄だけだと考えるからである。戦争と法令・規範遵守《コンプライアンス》の問題は、非理想理論が示す状況——そこでは、すべての国家が普遍的な正義の原理に従って行動すべく正しく秩序づけられている、あるいはその用意があるわけではない——においてのみ生じるであろう。

　この話題に目を向ける前に、理想理論としてのリベラリズムがなぜ普遍的な単一の政治共同体を単純に擁護しないのかを、手短に考えてみるのも無駄ではない。もしわれわれが（コスモポリタニズムが主張するように）一つの普遍的な道徳共同体の一員であるとすれば、どうして単一の世界国家やグローバルな政治共同体を持たないのだろうか。この問いに対する答えはリベラリズムの核心にまで遡る。それは、生き方をめぐって諸個人や諸集団が一致しない状況に対処する一つの方法としてのリベラリズムである。諸個人や諸集団のメンバーは互いに対立する動機や願望を抱いているので、リベラルな諸原理に則って振る舞いたいという願望は、たとえその義務が第一義的なものであったとしても、しばしば他の目的を追求しようとする願望と衝突する。リベラルな義務の優先性を維持するためには、その義務が強制される必要がある。とりわけ諸個人から成る集団の間に潜在的な対立が存在する場合にはそうである。リベラリズムは、政治的な手段を通じて地上における人間の救済を達成するという考えを退け、限定的な政治の構想を提示するため、不一致は続くだろう。リベラルたちはそれゆえ、リベラルな諸原理と諸権利を強制し、潜在的な対立がある場合にはそれを調停するような、何らかの制度的・政治的構造を必要としている。これこそリベラルな立憲国家が目指すものである。この目標を達成するために、リベラルたちは次のように主張する。そうしたコンプライアンスのメカニズムや裁定の仕組みは、それが適用される人々にとって比較的身近なものである必要がある。そうすれば、より効率的に、より力ずくでなく強制力を行使することが可能となるからである。そして同じくらい重要なのが、この相対的な近接性によって、市民が政治権力の行使に対してアカウンタビリティを課すことができるということである。あまりに巨大な国家は非効率的であるばかりでなく、市民から遠い存在となり、アカウンタビリティを負わない恐れがある。世界国家や世界規模の主権が存在しない理由に対するこのホッブズ的な洞察は、十分に議論の余地なきものであって、その一つのヴァージョンは近接性あるいは補完性の原理に見出すことができる。その一例が、世界国家ではないもののある種のグローバル・ガバナンスの構想に共鳴するデイヴィッド・ヘルドのような、よりラディカルなコスモポリタン民主主義者によって展開されている議論である[18]。たんに緩やかな連合体ではなく、グローバルな国家や共同体を提唱する完全にコスモポリタンな議論があるとすれば、それは政治的リベラルたちが避けたいと願う類いの、何らかの実質的な倫理を提示しなければならないだろう。したがって、われわれがリベラルな諸目標を達成するために身近な政治制度を持つべき理由については、まだ議論の余地が十分に残されている。

残された問題は、このリベラルな理想が現代政治の現実にどのような像を映し出すかという点である。これによってわれわれは、非理想理論の領域に入ることになる。つまり、われわれはありのままの世界の状況や、多くの国家がリベラルではなく、リベラルな諸価値をただちに承認する見込みもほとんどないという事実を前提として、リベラルな諸原理や諸価値をどのように適用すべきかという問いに直面する。まさしくこのレヴェルにおいて、われわれはグローバルな正義や甚だしい人権侵害を防止するための介入という問題へと立ち戻ることになる。

リベラルな理想理論に課される最初の明白な制約は、グローバルな資源分配の現状である。一国の経済力には国家間で著しい格差が存在する。その多くは偶然の歴史的諸要因から生じており、そこには歴史的不正義が伴う。国境はしばしば、まさしく資源という富へのアクセスからよそ者を排除する目的で引かれた。他の要因は、石油その他の鉱物資源の鉱床分布のように、単なる運の問題である。リベラルな理想へと向かうことを検討する前に、われわれはまずこれらグローバルな不平等という喫緊の問題に取り組む必要がある。ある種のグローバルな基準値が達成されるまでは、どの国家であろうと、一国内における資源の公正な分配という問題は的外れなのである。第二の問題は、リベラルな価値や基本的人権の尊重、そしてそれらが著しく侵害された場合になすべき対処に関わる。ここで再びリベラルは、完全に自国の管轄権内にある問題に介入されないよう国家を保護する、現行の国連憲章第二条から第七条に挑むという状況に置かれる。この保護は、しばしば国内における人権侵害に気づかぬふりをするために用いられる。だが、もし人々が平等な配慮と尊敬を受けるべきだとすれば、国境に関するいかなる問題も、その権利の享受を打ち崩すことはできない。もちろん、このことがただちに介入の義務を伴うわけではない。なぜならわれわれは、権利と平等を守るという名目でなされるたんに恣意的で都合のよい介入を排除するために、いつ誰が介入すべきかについての明確な規則を必要とするからである[19]。しかしこれらは実行可能性の問題であって、国家が領土内で有する自由裁量権は、国内の諸共同体がその成員に対して強制する際に有するそれを上回るという主張を支持するものではない。

残る問いは、これら二つの考察から必然的に導かれるものは何かということである。それらは実際に、国際連合の諸宣言および諸規約に謳われているような現在の国際体制に対する一つの重要な挑戦を含意している。皮肉なことに、確かに国連の様々な宣言や規約は、私が先に概説した理想的なリベラル・モデルよりも、さらにコスモポリタン的な取り決めを含んでいる。その理由はとりわけ、非リベラル諸国がリベラルな諸目標に与える様々な脅威が、立憲国家から成る世界というリベラルな世界観に伴うアカウンタビリティや近接性の問題よりも、相当に大きな懸念となっていることに求められる。だが、先の二つの考察にはそうした要素は含まれない。コンプライアンス違反の問題は、共同防衛のための制度的構造、武力行使の規制、そして介入が要請される状況へとわれわれの関心を向かわせる。これによりわれわれは、国際秩序を確立するための国家間制度——国家主義を規制し、正義にかなった国家間システムの理想に近づけるための一つの方法——の領域へと導かれる。これを、リベラルな理想と両立不可能ではないような最終結末へと向かうプロセスの一部と見なすことは、原理的には可能である。とはいえ、国家間の公正性を維持するための理想的な基準を確立するような一回限りの再分配はあり得ないため、グローバルな正義という制約を廃絶することはできない。この事実はリベラル・モデルの妥当性に疑問を突きつけるのだろうか。確かに、資源移転を差配・調整するためには、国家や身近な政治共同体を超える何らかの再分配構造を確立しなければならない。このことは、たとえわれわれがコンプライアンスの問題を克服し、現代政治におけるより切迫した現実的な関心事であるグローバルな正義の緊急性を国家に理解させることに成功したとしても変わらない。しかし、仮にわれわれがグローバルな正義の義務を受け入れるようにすべての国家を説得できた場合でも、その合意事項を実践に移すための諸々の仕組みが必要となるだろう。すでに述べたように、これはおそらく一時的な措置とはならないだろう。それゆえ、理想理論と非理想理論を区別したとしても、リベラリズムは自らの国家主義を払拭できなかった結果、無用の長物となったという批判から、この思想を救うことには必ずしもならないのである。

現代政治の抜きがたくグローバルな特徴ゆえに、ヘルド、アンソニー・マッグルー、ピーター・

シンガーといった一部の思想家たちは、理想的なリベラル政治にさえ残存する国家主義を克服するような、よりグローバルな統治形態を探求するようになっている。[20] 議論はそれぞれ異なるものの、彼らはいずれも近代国家システムの偶然性、および私がリベラリズムと結びつけてきた普遍的な諸価値を国家のような特定の制度的構造から切り離す必要性に焦点を合わせている。その理由はたんにコンプライアンス違反の問題ばかりでなく、グローバル化現象の結果として国際政治が劇的に変容している、あるいはヘルドとマッグルーによれば質的な変容を被っていることにある。[21] グローバルな相互依存の規模と範囲の広がりは世界を変貌させ、たとえ国家システムからホッブズ的な主権の自律性という概念の残滓を一掃してもシステム内に包含し得ないような、新たな政治問題を生み出したと言われる。国家や国境は、たんに普遍的市民である人々を取り囲む恣意的な境界と見なされるばかりか、グローバルな経済機構のような国境を越えるアクターを包摂するには、またさらには規制するには、ますます不十分なものとなってきている。国家権力に関する一元的なモデルは、そのホッブズ的遺産をどれだけ放逐しようとも時代にそぐわないものとなっており、われわれは様々なレヴェルの民主的なアカウンタビリティをめぐる多元的・重層的・複合的な相互関係をかわりに必要としているのだ。コスモポリタン・デモクラシーへと向かうこの傾向は、普遍的な地位の平等に関するいくつかのよく知られた考え、および歴史の偶然がもたらす属性（たとえば国籍）に対する道徳的優先性を一切認めない姿勢に基づいている。シンガーは著作の中で、ひとえに複合的なグローバル・ガバナンス体制へと移行するプロセスの一環として、強大化する権力と権限を、（適切に軌道修正された）世界貿易機関（ＷＴＯ）、国際労働機関（ＩＬＯ）、ユネスコなどの国際機関に委譲する必要性を説いている。ヘルドもまた、これら新たなグローバル・ガバナンス機関の民主化という問題に関心を寄せている。これらコスモポリタンの理論が提示するグローバルな政治の分析は鋭く、かつ包括的であり、まさにリベラルな理論が無視しているとされるグローバルな不公正の問題をカバーしている。普遍主義的で平等主義的な政治理論の大志を、政治に関するより繊細な説明と再接続するこの試みは、政治理論の一つの方向転換、すなわち一部のリベラル理論が抱く狭隘な国内志向――政治の唯一の課題は課税水準と福祉国家の構造だと思い込んでいるような――からの離脱を示すものである。グローバル・ガバナンスと民主主義に関するコスモポリタン理論は斬新な方向転換を示している。結論として私は、それらの理論が、リベラリズムおよびその国家との結びつきの残滓を払拭するのかどうかという問いを提起したい。それに対する私の答えはこうである。グローバル化の時代にあってさえ、理想的なリベラル国家主義というモデルは、グローバルな政治をめぐる問題を考える上で、いまだ有用なパラダイムであると証明できるのである。

この見解は、国家主義を、いわゆる近代国際関係における現実主義的道徳性――国家は何を国益と見なしうるかを外部から規制されることなく、自律的に自らの利益を追求するという規範――として単純に是認するものではない。この点を再度強調しておくことが重要である。すでに言及したように、リベラル・モデルは正しく組織された国家、つまり正義にかなった憲法と基本構造を備えた国家の主張のみを認めるものであり、ホッブズ的モデルを是認しない。したがって、リベラル・モデルの中に主権の主張が残存するかぎり、このモデルは主権が正しく構成され、行使されることを条件とするのである。この主権の正しい構成と行使はまた、グローバルな分配的正義の主張および法の支配に基づく諸制度を承認することにも依存する。そうした諸制度はリベラルな規範の不遵守に対処するためにあり、ジェノサイドや民族浄化の脅威といった最も深刻な人権侵害に対しては武力介入を行うレヴェルにまで段階的に拡大する。正しく秩序づけられた国家は総じて基本構造が似通ったものになるであろうから、国家主権の主張はかなり弱められることになる。このように、リベラルの理想は近代の法治国家ないし立憲国家の一つのあり方とつながりを保ちつつも、一六世紀にホッブズやボダンとともに出現した主権国家の観念からは大きな発展を遂げているのである。だがこの譲歩は、コスモポリタン民主主義者たちが示唆するほどには役に立たない。その理由は、政治的多元主義や国際的多元主義の価値観に対するリベラルの懐疑と関係がある。国内多元主義のケースで見たように、この問題は意思決定権をある場所から他の場所へと移し、国家の下位集団に主権を与えることにしかならない。グローバルな多元主義の場合も同様に、リベラルたちは、新たな場所に意思決定権が移され、民主的なアカウンタビリティからあまりに遠く隔たったところで主権が行使される傾向を恐れている。もし垂直的な多元主義が存在するならば、われわれは近代国家が（理想的な形で）克服するはずだった帝国主義や地方主義《パロキアリズム》の問題を繰り返すことになる。より高次の権限を有する機関は正しい仕方でアカウンタビリティを果たさなければならない。だが、誰が誰に対して果たすのか。これはトップダウン式でもボトムアップ式でも実現可能である。中世の教会論において補完性の観念が生まれたことを考えれば、これは中央が決定した善をよりよく確保するために、中央がよりローカルなレヴェルへと（たとえば教皇から司教へ）権力を委譲する典型例と言える。ボトムアップ式のアカウンタビリティならば、何らかの共通善を達成するために、たとえば国際的な規制といった形で、国家より上位にある立場に権限を与えるであろう。しかし、ここでの権威の源泉はローカルなものであって、中央の権威に由来するものではない。これまで見てきたように、リベラル・モデルは国家の正統性の説明が普遍的な内容を含むことを求めるが、政治的権威の源泉により適切にアカウンタビリティを課すために、それを機能的にはローカルなものにしておくのである。他方で、グローバルな領域の多元化が水平的であるならば、そこには修正されたリベラルな国家主義の理想に似た何かが映し出されるはずである。リベラル‐コスモポリタン間の問題は、正しく考察するなら、政治における諸々の善の特徴に関するものではない。どちらも倫理的な意味において個人主義的であり、そのコミットメントにおいて普遍主義的である。

両者の重要な相違は、そうしたリベラルないしコスモポリタンな目標（この理論レヴェルにおいてはこれらの用語は置換可能である）をどのように確保するのが最善かという点にある。リベラリズムは、それぞれ理にかなってはいるが不断に対立し合う諸目的を調停する必要ゆえに、公共道徳（public morality）の要求について実践上の懐疑主義を保持する。このことは、制度設計上の問題として、アカウンタビリティが保たれ、最小限の強制で効果を発揮するに十分なほどに権力の場が身近であることを要請する。権力の場がわれわれから遠ざかるほど、われわれに対するその要求は弱まる。これは近接性を支持する論拠であって、補完性のそれではない。ただし、純粋にリベラルな国家の最大サイズの可能性について問題が提起されることになるので、リベラルにとっては刺激的である。リベラルは、コスモポリタン民主主義者が退けるホッブズ的な主権の構想を丸ごと鵜呑みにはしないが、正統な意思決定の場に対するコミットメントを保持する。このことは、もしわれわれがカオスを避けようとするならば、政治組織――いかに大きなものを想像するにせよ――に関する現実的な説明のどこかで必ず再び現れるはずである。リベラリズムがわれわれに提示するのは、この主権の残滓を、その行使を正統化するものは何かという観点から考えるための一つの方法である。この問いに対する答えは普遍的な内容を備えているがゆえに、リベラルな理論は、主権概念についてコスモポリタンが提起する規範的懸念からとげを引き抜くことができる。つまり、リベラルとコスモポリタンの間で交わされる現実的な議論は、主として制度的なものであって、規範的なものではないのである。そしてこの問いをめぐる争点は規範的な政治理論によっては決着しえず、政治学や社会心理学に依拠しなければならない。明らかなのは、国家に対するリベラルのコミットメントは、多文化主義やグローバル化に直面しても実質的に無用とはならないし、コスモポリタニズムと対峙しても規範的に無用とはならないということである。なぜなら適切な一般性のレヴェルにおいて、両者は同じだからである。

結論

私は本書を、「リベラリズムは不安定な成果である」という主張で始めた。この点は、現代の大西洋地域における民主主義諸国の政治によってますます裏づけられており、そこでは私が概説してきたリベラルな理想が放棄され、切り捨てられようとしている。多くの人々にとって、これはリベラルのヴィジョンがいよいよ無用の長物となりつつあることを意味するのだろうが、私は、起訴事実はいまだ証明されていないと論じることで、リベラリズムの弁護を締めくくりたいと思う。現在の政治的実践の趨勢は、馴染みのものではあるがその価値と緊急性を何ら失ってはいない諸々の観念に留意する必要性のほかには、何も証明してはいない。学術界から提示された主要な異議申し立ても、致命的と言うにはほど遠い。それらの多くは、たんにリベラルの議論が展開するのと同程度に不確かな諸々の観念や概念上の区別を利用しているにすぎない。しかしながら私は、リベラリズムが戦線を維持してその挑戦者たちすべてを撃退するとほのめかすつもりはない。世代間正義、環境保全への責務、そしてグローバルな正義に関する論点など、リベラル理論にとってきわめて重要な意味を持つ問題は依然として存在する。リベラルはこれらの問いに対して、非リベラル以上に確固とした見解を持っているわけではない。だが、それは想定内であって、本書で示した議論にとって致命的な懸念ではない。ここで素描したアプローチをどのように拡張し応用するかは複雑な問題ではあるが、それでもなお取り組むべき問いが存在するという事実は、政治への一つのアプローチの無用性ではなく、むしろその活力を証している。もしリベラリズムにはもはや何も語るべきことがないと明らかになれば、リベラリズムは廃れた政治形態ということになるのだから、それこそ問題であろう。それゆえ、本書で提示したリベラリズムの説明が不完全なものであることは避けられない。とはいえ、正しく理解されたリベラリズムは、たんに政治の放棄を意味しないし、まして文化帝国主義や自民族中心主義を伴うものでもないことは明確にしておかなければならない。最も重要なのは、リベラルな国家観は、現に存在する国家の実践を単純に是認するものでもなければ、軽々しく放棄すべきものでもないということである。世界は確かにホッブズが『リヴァイアサン』を著した一六五一年当時とは変わったけれども、近代国家の波瀾万丈の歴史から得られる教訓をすべて用済みにできるほど変わったわけではない。世界の多くの地域では、国家を超越する必要性どころか、国家の建設こそが求められている。しかし、われわれはそれをある特定のやり方で行う必要がある。不正義や専制の場を別の場所に移すだけでは、偉大な業績にはなり得ない。われわれが望み、必要としているのはリベラルな国家であって、それは現に存在するいかなる国家とも大きく異なる。重要なのはそのリベラルな性格であって、領土内で暴力の独占を保持すること——それがしばしばリベラルな諸目標の達成に有効であるにせよ——ではない。だがもし、この国家モデルが現実の実践からあまりにも乖離したものだとすれば、リベラルなプロジェクトはただ絶望的なまでにユートピア的だということになるのではないだろうか。

私は疑いもなく、リベラルのプロジェクトは絶望的なまでにユートピア的ではないと考える。

しかし、リベラリズムは直接的に権力を行使できない傲慢な学者たちが押しつける合理主義的な青写真にすぎないという、戯画化された反論も採用しない。理論を実践に反映させるのは、政治科学者、社会学者、政策立案者の仕事である。制度設計の細部にくまなく取り組むのは政治理論家の仕事ではない。けれども、規範的な政治理論には一つの重要な目的がある。その目的とは、われわれの政治の中で一般化している諸概念を探求し、疑義を投げかけ、そして擁護することである。そうする中で、規範的な政治理論は社会が実際にどのようなものと考えられているのかを探求するのみならず、社会がどうあるべきかという問いをも探求するのである。こうした理論が必要なのは、権力に近い人々が、富と権力の不平等な構造は変えるのが難しいばかりでなく、ある意味では道徳的に望ましいものであるなどと主張することでやり過ごすことがないようにするためである。政治の分析と批判の責務はまた、他の一連の価値や原理の再構築と理論化にもかかっている。この必須の作業は、リベラリズムの明確化と擁護に当たる領域を形成する。現実主義と合理主義の単純な対立図式は、政治理論の役割をプロクルステスの寝台に押し込める〔杓子定規な考え方・方法を指すギリシャ神話の故事〕。だが、政治理論がいずれかのカテゴリーに納まる必要があるかどうかは決して自明ではない。政治的リベラリズムにとって幸いなことに、物事は決してそれほど単純なものではない。単純な対立図式を退ければ、われわれはリベラルな理論が存在するための空間を救い出すことができる。それは一つの活動であって、カテゴリー錯誤や政治の本性に関する何らかの誤解にとどまるものではない。政治的正当化に関する支配的な言説に挑戦する上で、政治的リベラリズムがさらなる価値を有するかどうかは、対立する様々な見解が前提とするものに挑戦するその力量にかかってくるだろう。

詩人のロバート・フロストは、リベラルとは議論において自分に肩入れすることができない人のことであると主張したと言われている（フロストのこの箴言を繰り返さずして、リベラリズムに関する書物は完成しないであろう）。この誤解は、寛容と調停がリベラルな政治の核心にあるという考えにつけこんだものである。確かにその通りではあるが、しかしリベラリズムが所詮は寛容な気質以上のものではないと考えることは単なる誤りである。リベラリズムには、他の理論と同じ程度に、明確かつ擁護可能な内容を与えることができる。そして他のあらゆる政治理論にも劣らず、戦う信条なのである。政治的リベラリズムには、人がそれに対して立場を明確にしうる、また実際そうすべきである十分な内容がある――私が示したかったのはこのことである。

訳者あとがき

本書は、Paul Kelly, *Liberalism*, Cambridge, UK: Polity Press, 2005 の全訳である。著者ポール・ケリーは、本書で「政治権力の行使に対する適切な制限と、正しい政治的行為の範囲とに関する一つの理論としてのリベラリズム」を語り直し、擁護することを目指している。なぜあらためてリベラリズムを擁護する必要があるのだろうか。

一九八九年のベルリンの壁の崩壊とそれに続く東欧、ソ連の社会主義体制の崩壊は戦後の冷戦構造に終止符を打ち、リベラリズムの最終的勝利を示すものと受けとられた。同年に発表されたF・フクヤマの論文「歴史の終わりか」はその典型例だが、しかしその彼が近年、リベラリズムの普遍性を力強く擁護してきた当のアメリカで、リベラリズムへの不満が強まりデモクラシーは危機にあると言っている（『リベラリズムへの不満』二〇二二年、邦訳：会田弘継訳、新潮社、二〇二三年）。

実は、リベラリズムの勝利が謳われたときよりもはるか以前から、伝統的な政治哲学（究極的な価値の探究）の衰退後に、リベラリズムを擁護する政治理論は可能なのかという問いがあった。一つの決着を与えたのが、ロールズの『正義論』（一九七一年）である。その重要性をケリーは、価値多元主義を認めたうえでの正義の構想に認めている。ロールズの議論の要点は、人々の間に究極的な価値や善き生に関する選択をめぐる通約不可能な不一致があるとしても、社会的協働を規制する政治的諸原理をめぐる合意の達成は可能だということにある。

本書で擁護されるリベラリズムは、ロールズ以後の共生の構想に導かれた理論にふさわしく、自らの生をいかに生きるべきかについての各個人の異なる見解を受け容れると同時に、他者の平等な地位の承認と両立可能である限りで、各人の要求する生活様式は公的に理にかなっているとして受け容れられる、とする考え方である。ケリーは、この〈リベラルな平等主義〉の政治理論の可能性と有意性を、多文化社会、ポストモダン、グローバリゼーションという現代世界をラディカルに揺るがす状況のなかで問い直し、それをその臨界点ぎりぎりのところまで突き詰めつつ、なおその内側に踏みとどまりながら擁護しようとしているように見える。

COVID‐19や侵略戦争、分断や格差が地球上のいたるところで他者に対する憎悪と恐怖を掻き立てている今日、〈リベラルな平等主義〉の原理を再提示し、政治権力や多数派の世論による専制に抗する規範的な理由の力を取り戻すことがかつてなく重要であるとケリーは考えている。つまり、最も価値をもつのは個人の人格であり、すべての人格は〈平等な配慮と尊敬〉をもって扱われなければならないという彼が奉じる理念が、個人の道徳的価値と現代の民主的な社会における多元性とを両立するような政治原理と政治秩序構想の探究を求めているのである。

本書の初版以後の世界について言えば、格差のグローバルな拡大と大規模な移民に起因する、新しい諸集団の同化／統合の条件の公正さと正義に関する規範的問題が、政治理論のさらにいっそう喫緊の課題となっている。ケリーは、最近のナショナリズムを論じた論文においても、個人の尊重という観点から、集団的自決の権利を認める必要がある限り、それは個人を尊重する理由だけによるものでなければならないし、個人の集団が集団としての問題を組織する正当な主張と、その構成員の権利や利益には還元されない承認や自己決定に対する主張をもつ国家共同体が存在するという考えとを区別することが必要であることを強調し、〈平等な配慮と尊敬〉の理念を貫いていることを付け加えておきたい(P. Kelly, 'Liberalism and Nationalism,' in S. Wall ed., *The Cambridge Companion to Liberalism*, 2015)。

ここで著者について簡単に紹介しておこう。彼の業績は、単著 *Utilitarianism and Distributive Justice: Jeremy Bentham and the Civil Law*, Oxford: Oxford U. P., 1990 に始まる。それはロールズ正義論のインパクトを受けながら、ベンサムを思想史的に研究するという野心的なものであった。その後、彼は数多くの論文を発表しながら、論争的な論文集の編著者に何度もなっている。彼の思想遍歴を説明する一つの方法は、彼が共に学んだ人々に注目するというものである。学部ではヨーク大学で、S・メンダスらの教えを受け、そこでロックの寛容論を学び、それは後にロック『統治二論』の解説本に結実している。大学院ではロンドン大学でF・ローゼンの指導を受け、既述のベンサム論を物した。スウォンジー大学講師に就任すると、D・バウチャーとともに（ケンブリッジ流の）歴史学的な政治理論の方法論に対抗する論戦を張り、ＬＳＥに移ったとき、当時教授であったＢ・バリーの影響を受け、多文化主義者やコミュニタリアンに対抗する形で、ロールズ＝ドゥオーキン流のリベラルな平等主義の政治理論を批判的に擁護する立場を鮮明にした。このように彼の仕事は常に現代の論争に対して自覚的なものであり、その過程でいわば常識的とも思える立場をあえて擁護するという困難な試みをなしてきた。その背後にあるのは、哲学的には理性の普遍性への信念であり、政治的には保守反動に堕する危険性への警戒である。最近ではオンデマンド版の単著 *Conflict, War and Revolution : The problem of politics in international political thought*, LSE Press, 2021 を発表し、リアリズムを中心にした国際政治思想史に取り組んでいる。

長年にわたる学術交流によって、われわれの仲間にさまざまな学問的示唆と助力をいただいたポール・ケリー教授に、感謝の気持ちを込めて本邦訳を捧げたい。

本書が読みやすく一般読者にも届く翻訳になっているとすれば、それは編集者としての吉住亜矢さんのご尽力によるものである。

佐藤正志・山岡龍一

訳者を代表して

序』〕; D. Held and A. McGrew, *Globalization/ Anti-Globalization*, Cambridge, Polity, 2002; T. Pogge, *World Poverty and Human Rights*, Cambridge, Polity, 2002〔ポッゲ／立岩信也監訳『なぜ遠くの貧しい人への義務があるのか——世界的貧困と人権』生活書院，2010 年〕; P. Singer, *One World*, New Heaven, Yale University Press, 2002〔シンガー／山内友三郎・樫則章訳『グローバリゼーションの倫理学』昭和堂，2005 年〕。

15　以下を参照。Barry, 'Statism and Nationalism: A Cosmopolitan Critique'; C. J. Brown, *Sovereignty, Rights and Justice*, pp. 57-76; S. Lawson, *International Relations*, Cambridge, Polity, 2003, pp. 1-20.

16　デイヴィッド・ミラーのような倫理的特殊主義者は次のように主張する。ある場合においてわれわれは正義の義務を負い，他の場合（国民でない者について）にはそれとは異なった，より緊急でない義務——おそらく慈善の義務——を負う。D. Miller, *On Nationality*, Oxford, Oxford University Press, 1995〔富沢克・長谷川一年・施光恒・竹島博之訳『ナショナリティについて』風行社，2007 年〕および *Principles of Social Justice*, Cambridge, MA, Harvard University Press, 1999 を見よ。

17　それゆえ，私はロールズの *The Law of Peoples,* Cambridge, MA, Harvard University Press, 1999〔前掲『万民の法』〕を，彼がそれ以前に構想していたリベラリズムからの決別と見なす。

18　D. Held, *Democracy and the Global Order*, Cambridge, Polity, 1995〔前掲『デモクラシーと世界秩序』〕; D. Held and A. McGrew, *Globalization/ Anti-Globalization*, Cambridge, Polity, 2002, pp. 88-97.

19　もし人権を保障するために介入する義務があるとすれば，その義務は莫大な石油資源を持つ国に関してと同様に，鉱物資源の乏しい国にも等しく適用されなければならない。

20　D. Held and A. McGrew, *Globalization/ Anti-Globalization*; P. Singer, *One World*, New Heaven, Yale University Press, 2002.

21　D. Held, A. McGrew, D. Goldblatt and J. Perraton, *Global Transformations*, Cambridge, Cambridge University Press, 1999 および D. Held and A. McGrew (eds), *Globalization/ Anti-Globalization*, Cambridge, Polity, 2002 を見よ。

8　ヤングの多文化主義は，移民のエスニシティ集団の具象化されたアイデンティティという「文化」よりも，むしろ新しい社会運動の問題に関係する。とりわけパレクは彼の文化の観念をヤングのそれと区別している。B. Parekh, 'The Logic of Intercultural Evaluation', in J. Horton and S. Mendus (eds), *Toleration, Identity and Difference*, Basingstoke, Macmillan, 1999, p. 163.

9　D. Ivison, P. Patton and W. Sanders (eds), *Political Theory and the Rights of Indigenous Peoples*, Cambridge, Cambridge University Press, 2000; D. Ivison, *Postcolonial Liberalism*, Cambridge, Cambridge University Press, 2002.

10　D. Runcimann, *Pluralism and the Personality of the State*, Cambridge, Cambridge University Press, 1997 を見よ。

11　パレクの多文化理論におけるこの問題に関するより詳しい議論は以下を見よ。P. Kelly, 'Identity, Equality and Power: Tensions in Parekh's Political Theory of Multiculturalism', in B. Haddock and P. Sutch (eds), *Multiculturalism, Identity and Rights*, London, Routledge, 2003, pp. 93-110.

12　この話題に関する最も徹底した議論については，リベラル・フェミニストのスーザン・モラー・オーキンによる 'Is Multiculturalism Bad for Women?'，およびそれに対する応答を収録した次の文献を見よ。S. Moller Okin (ed), *Is Multiculturalism Bad for Women?*, Princeton, Princeton University Press, 1999.

13　J. Rawls, *The Law of Peoples*, Cambridge, MA, Harvard University Press, 1999〔ロールズ／中山竜一訳『万民の法』岩波書店，2006 年〕and R. Dworkin, *Sovereign Virtue*, Cambridge, MA, Belknap/ Harvard University Press, 2000〔ドゥオーキン／小林公・大江洋・高橋秀治・高橋文彦訳『平等とは何か』木鐸社，2002 年〕。

14　主要なコスモポリタンの思想家にはブライアン・バリー，デイヴィッド・ヘルド，トマス・ポッゲ，ピーター・シンガーが含まれる。以下の文献を見よ。B. Barry, 'Statism and Nationalism: A Cosmopolitan Critique', in I. Shapiro and L. Brilmayer (eds), *Global Justice, NOMOS LXI*, New York, New York University Press, 1999, pp. 12-66; D. Held, *Democracy and the Global Order*, Cambridge, Polity, 1995〔前掲『デモクラシーと世界秩

Politics, 3 vols, Cambridge, Cambridge University Press, 2002 を見よ。現代の諸理論における主権の中心性に関するこれと類似した分析は，D. Held, *Democracy and the Global Order*, Cambridge, Polity, 1995〔デヴィッド・ヘルド／佐々木寛・遠藤誠治・小林誠・土井美穂・山田竜作訳『デモクラシーと世界秩序』NTT 出版，2002 年〕に見られる。

3 現実主義の優勢は，国際関係論において決して論争の余地なきものではないが，それでも国際政治についての一般的な思考に対して依然として強い影響力を発揮している。国際関係論における現実主義パラダイムの分析と批判（加えてその他多くの事柄）については，C. J. Brown, *Sovereignty, Rights and Justice*, Cambridge, Polity, 2002 を見よ。

4 M. Walzer, *Spheres of Justice*, Oxford, Balckwell, 1983〔マイケル・ウォルツァー／山口晃訳『正義の領分』而立書房，1999 年〕および *Interpretation and Social Criticism*, Cambridge, MA, Harvard University Press, 1987〔ウォルツァー／大川正彦・川本隆史訳『解釈としての社会批判』ちくま学芸文庫，2014 年〕。以下の議論は，次に挙げる論文で展開したアイディアに依拠している。P. Kelly, 'Contractarian Social Justice,' in D. Boucher and P. Kelly (eds), *Social Justice from Hume to Walzer*, London, Routledge, 1998, pp. 188-194〔ポール・ケリー／飯島昇藏訳「契約論的社会正義」，飯島昇藏・佐藤正志他訳『社会正義論の系譜――ヒュームからウォルツァーまで』ナカニシヤ出版，2002 年，247-72 頁〕。

5 Young, *Justice and the Politics of Difference*〔前掲『正義と差異の政治』〕。

6 ヤングの影響力は現代フェミニズム政治理論において増大し続けている。J. Squires, *Gender in Political Theory*, Cambridge, Polity, 1999.

7 この主張は多くのフェミニスト政治理論家によってなされており，彼女らはジェンダーについての洞察を，リベラルな正義に関する支配的なパラダイムに挑戦するために用いている。N. Frazer, *Justus Interruptus*, New York, Routledge, 1997〔ナンシー・フレイザー／仲正昌樹訳『中断された正義――「ポスト社会主義的」条件をめぐる批判的省察』御茶の水書房，2003 年〕; A. Phillips, *Which Equalities Matter?*, Cambridge, Polity, 1999.

松敬三訳「二つの自由概念」，小川晃一・小池銈・福田歓一・生松敬三訳『自由論』みすず書房，1971年〕。

18 MacIntyre, *Whose Justice? Which Rationality?*; C. Taylor, *Sources of the Self*, Cambridge, Cambridge University Press, 1990〔前掲『自我の源泉』〕; and M. Walzer, *Interpretation and Social Criticism*, Cambridge, MA, Harvard University Press, 1987〔マイケル・ウォルツァー／大川正彦訳『解釈としての社会批判』ちくま学芸文庫，2014年〕。

19 ロールズの『政治的リベラリズム』に対する強硬な批判は次の論文を見よ。B. Barry, 'John Rawls and the Search for Stability', *Ethics*, 105 (1995), 874-915.ロールズは公正としての正義の観念を自立した教説とするために独立した理由を示していることを考えれば，バリーのこの批判が必ずしもロールズについての最も寛大な解釈ではないと主張することは可能だ。問題は次の点にある。もし独立した教説が重要な役割を果たすと期待されるのなら，それは優先されるはずであり，その場合には重なり合うコンセンサスは無用に思える。公正としての正義がたんに重なり合うコンセンサスの一つの候補にすぎないのであれば，ロールズは公正としての正義自身の根拠を，いかにも不必要なまでに不安定なものにしてしまっていることになる。

第8章

1 以下を参照せよ。I. Marion Young, *Justice and the Politics of Difference*, Princeton, Princeton University Press, 1990〔アイリス・マリオン・ヤング／飯田文雄・苑田真司・田村哲樹他訳『正義と差異の政治』法政大学出版局，2020年〕; J. Tully, *Strange Multiplicity*, Cambridge, Cambridge University Press, 1995; B. Parekh, *Rethinking Multiculturalism*, Basingstoke, Macmillan, 2000.

2 近代司法国家（modern juridical state）の出現，および政治的アソシエーションに関する代替的構想の曖昧さは，クェンティン・スキナーの歴史叙述の主要な関心事である。Skinner, *The Foundations of Modern Political Theory*, 2 vols, Cambridge, Cambridge University Press, 1978〔門間都喜郎訳『近代政治思想の基礎』春風社，2009年〕および *Visions of*

W. Kymlicka and M. Opalski (eds), *Can Liberal Pluralism be Exported?*, Oxford, Oxford University Press, 2001 収録の諸論文を参照のこと。

5　Tully, *Strange Multiplicity*, ch. 3. また D. Ivison, *Postcolonial Liberalism*, Cambridge, Cambridge University Press, 2002 も見よ。

6　特に次を参照。B. Parekh, *Rethinking Multiculturalism*, pp. 179-236.

7　J. Gray, *Two Faces of Liberalism*, Cambridge, Polity, 2000〔ジョン・グレイ／松野弘訳『自由主義の二つの顔』ミネルヴァ書房，2006 年〕。

8　偏見の根絶不可能性の説明については以下を参照。H. G. Gadamer, *Truth and Method*, London, Sheed and Ward, 1965〔H・G・ガダマー／轡田収他訳『真理と方法』全 3 巻，法政大学出版局，1986-2012 年〕。

9　MacIntyre, *Whose Justice? Which Rationality?*, pp. 1-11.

10　Newey, *After Politics*, Basingstoke, Palgrave, 2001, pp. 138-58.

11　この形式のリベラリズム批判の最も強力な唱道者の一人はジョン・グレイである。Gray, *Two Faces of Liberalism*, pp. 34-68〔前掲『自由主義の二つの顔』55-110 頁〕を見よ。

12　D. Davidson, 'On the Very Idea of a Conceptual Scheme', in *Inquiries into Truth and Interpretation*, Oxford, Oxford University Press, 1984, pp. 183-98〔ドナルド・デイヴィドソン／野本和幸他訳『真理と解釈』勁草書房，1991 年，192-213 頁〕。

13　私はこの事例を北京大学の Qiang Li 教授に負っている。Qiang Li, 'The Principle of Utility and the Principle of Righteousness: Yen Fu and the Utilitarianism in Modern China', *Utilitas*, 8 (1996), 109-26.

14　S. Benhabib, *The Claims of Culture: Equality and Diversity in the Global Era*, Princeton, Princeton University Press, 2002.

15　A. Kuper, *Culture: The Anthropologist's Account*, Cambridge, MA, Harvard University Press, 1999.

16　特に B. Parekh, *Rethinking Multiculturalism*, および J. Tully, *Strange Multiplicity* を参照。

17　John Gray, *Two Faces of Liberalism*〔前掲『自由主義の二つの顔』〕; J. Raz, *The Morality of Freedom*, Oxford, Clarendon Press, 1986; and Isaiah Berlin, *Two Concepts of Liberty*, Oxford, Oxford University Press, 1958〔バーリン／生

ルツァーである。以下を参照せよ。M. Sandel, *Liberalism and the Limits of Justice*, Cambridge, Cambridge University Press, 1982〔サンデル／菊池理夫訳『自由主義と正義の限界』三嶺書房，1999 年〕; A. MacIntyre, *After Virtue*, London, Duckworth, 1981〔マッキンタイア／篠崎榮訳『美徳なき時代』みすず書房，1993 年〕; *Whose Justice? Which Rationality?*, London, Duckworth, 1988; C. Taylor, *Sources of the Self*, Cambridge, Cambridge University Press, 1990〔テイラー／下川潔・桜井徹・田中智彦訳『自我の源泉』名古屋大学出版会，2010 年〕; M. Walzer, *Spheres of Justice*, Oxford, Blackwell, 1983〔ウォルツァー／山口晃訳『正義の領分』而立書房，1999 年〕。政治理論におけるコミュニタリアニズムを概観する最善の文献は次のものである。S. Mulhall and A. Swift, *Liberals and Communitarians*, 2nd edn, Oxford, Blackwell, 1996〔アダム・スウィフト＆スティーヴン・ムルホール／谷澤正嗣・飯島昇藏他訳『リベラル・コミュニタリアン論争』勁草書房，2007 年〕。

2　多文化主義の思想家にはウィル・キムリッカ，チャンドラン・クカサス，ビーク・パレク，ジェイムズ・タリー，そしてアイリス・マリオン・ヤングがいる。以下を参照。W. Kymlicka, *Liberalism, Community and Culture*, Oxford, Clarendon Press, 1989; C. Kukathas, *The Liberal Archipelago*, Oxford, Oxford University Press, 2003; B. Parekh, *Rethinking Multiculturalism*, Basingstoke, Macmillan, 2000; J. Tully, *Strange Multiplicity*, Cambridge, Cambridge University Press, 1995; I. Marion Young, *Justice and the Politics of Difference*, Princeton, Princeton University Press, 1990〔アイリス・マリオン・ヤング／飯田文雄・苑田真司・田村哲樹他訳『正義と差異の政治』法政大学出版局，2020 年〕。

3　スティーブン・ルークスはこの警句の出典を晩年のマーティン・ホリスとしている。Stephen Lukes, *Liberals and Cannibals: The Implications of Diversity*, London, Verso, 2003, p. 27. ルークスはまた，人類学における自民族中心主義批判の起源について洞察に満ちた説明を提供している。*Liberals and Cannibals*, pp. 10-26. ルークスの議論は有益だったが，私がそこから引き出した結論は彼とは異なる。

4　リベラリズムを東欧へ輸出することの問題点を論じたものとしては，

D. Boucher and P. Kelly (eds), *Political Thinkers*, Oxford, Oxford University Press, 2003, pp. 459-79 を見よ。

6 B. Parekh, *Rethinking Multiculturalism*, Basingstoke, Macmillan, 2000

7 J. Gray, *Two Faces of Liberalism*, Cambridge, Polity, 2000, pp. 69-104〔ジョン・グレイ／松野弘監訳『自由主義の二つの顔』ミネルヴァ書房，2006 年，111-66 頁〕。

8 B. Honig, *Political Theory and the Displacement of Politics*, pp. 126-61.

9 Newey, *After Politics*, p. 25.

10 A. MacIntyre, *After Virtue*, London, Duckworth, 1981〔アラスデア・マッキンタイア／篠崎榮訳『美徳なき時代』みすず書房，1993 年〕。

11 Newey, *After Politics*, p. 24.

12 MacIntyre, *After Virtue*, pp. 74-8〔前掲邦訳 96-101 頁〕。

13 Newey, *After Politics*, pp. 26-31.

14 闘技的政治は，政治を不断に対立し合う諸目的間の闘争の領域と見なす。その最も著名な理論家に含まれるのが，ムフ，グレイ，そしてホーニッグである。以下も参照せよ。W. Connolly, *Identity/Difference: Democratic Negotiations of Political Paradox*, Ithaca, NY, Cornell University Press, 1991〔ウィリアム・E・コノリー／杉田敦・齋藤純一・権左武志訳『アイデンティティ＼差異——他者性の政治』岩波書店，1998 年〕。

15 Schmitt, *The Concept of the Political*, p. 29〔前掲『政治的なものの概念』20-21 頁〕。

16 *Ibid.*, p. 71〔前掲訳書 83 頁〕。

17 Bishop Butler, *Fifteen Sermons*, quoted in G. E. Moore, *Principia Ethica*, revised edn, ed G. Baldwin, Cambridge, Cambridge University Press, 1993, p. 29〔G・E・ムア／泉谷周三郎・寺中平治・星野勉訳『倫理学原理』三和書籍，2010 年，347 頁〕。

18 Newey, *After Politics*, p. 31.

第 7 章

1 主要なコミュニタリアンの思想家は，マイケル・サンデル，アラスデア・マッキンタイア，チャールズ・テイラー，そしてマイケル・ウォ

石山文彦・山﨑康仕監訳『多文化時代の市民権』晃洋書房，1998年〕。

16　これに関連する争点についての非常に優れた概説としては，M. Mattravers, 'The "Equality of What?" Debate', *Political Studies*, 50 (2002), 558-72を見よ。

17　Dworkin, *Sovereign Virtue*, pp. 287-99〔邦訳387-401頁〕。ブライアン・バリーは以下で同様の議論を行っている。'Choice, Chance and Justice', in *Liberty and Justice: Essays in Political Theory*, Oxford, Oxford University Press, 1991, pp. 142-58.

18　M. Mattravers, 'The"Equality of What?" Debate', *Political Studies*, 50 (2002), 558-72を見よ。

19　H. L. A. Hart, *Punishment and Responsibility*, Oxford, Clarendon Press, 1968.

第6章

1　以下を参照のこと。J. Gray, *Enlightenment's Wake*, London, Routledge, 1995; G. Newey, *After Politics*, Basingstoke, Palgrave, 2001; B. Honig, *Political Theory and the Displacement of Politics*, Ithaca, NY, Cornell University Press, 1993; and C. Mouffe, *The Return of the Political*, London, Verso, 1993〔シャンタル・ムフ／千葉眞・土井美徳・田中智彦・山田竜作訳『政治的なるものの再興』日本経済評論社，1998年〕。

2　M. Oakeshott, *Rationalism in Politics* (expanded edn), Indianapolis, Liberty Press, 1991〔マイケル・オークショット／嶋津格・森村進他訳『政治における合理主義』勁草書房，1988年〕; and C. Schmitt, *The Concept of the Political*, ed G. Schwarb, New Brunswick, NJ, Rutgers University Press, 1976〔カール・シュミット／権左武志訳『政治的なものの概念』岩波書店，2022年〕。

3　J. Dunn, *Rethinking Modern Political Theory*, Cambridge, Cambridge University Press, 1985, and *The Cunning of Unreason*, London, Harper Collins, 2000.

4　B. Parekh, 'Theorizing Political Theory', in N. O'sullivan (ed), *Political Theory in Transition*, London Routledge, 2000, pp. 242-59.

5　オークショットの独特で複雑な哲学についての最良の概説としては，

A. Swift, *Political Philosophy*, Cambridge, Polity, 2001, pp. 106-14〔アダム・スウィフト／有賀誠・武藤功訳『政治哲学への招待――自由や平等のいったい何が問題なのか？』風行社，2011 年，149-61 頁〕を見よ。

8　ロールズが無知のヴェールの背後で行われる選択から格差原理を演繹することに失敗しているという古典的議論については B. Barry, *The Liberal Theory of Justice*, Oxford, Oxford University Press, 1973 を見よ。以下も参照のこと。P. Kelly, 'Contractarian Social Justice: An Overview of Some Contemporary Debates', in D. Boucher and P. Kelly (eds), *Social Justice from Hume to Walzer*, London Routledge, 1998, pp. 182-8〔ポール・ケリー／佐藤正志・石川涼子訳「契約論的社会正義」，前掲『社会正義論の系譜』248-57 頁〕。

9　ドゥオーキンのリベラルで平等主義的な正義論は，影響力のある数本の論文に示されているが，近年これらは書物の形で再版されている。*Sovereign Virtue*, Cambridge, MA, Belknap/Harvard University Press, 2000〔小林公・大江洋・高橋秀治・高橋文彦訳『平等とは何か』木鐸社，2002 年〕。

10　例外は G. A. コーエンである。コーエンの論文 'On the Currency of Egalitarian Justice', *Ethics*, 99 (1989), 906-44 を見よ。まさしくコーエンは，恣意的な社会規範や慣習との関連において高価であるにすぎないような選択の補償を望むのである。

11　Dworkin, *Sovereign Virtue*, pp. 65-70〔邦訳『平等とは何か』94-101 頁〕。

12　Dworkin, *Sovereign Virtue*, pp. 67-8 and 139-41〔邦訳 96-98，193-95 頁〕。

13　Dworkin, *Sovereign Virtue*, pp. 73-83 and 100-4〔邦訳 104-17，140-46 頁〕。

14　Cohen, 'On the Currency of Egalitarian Justice', *Ethics*, 99 (1989), 906-44, and W. Kymlicka, *Liberalism. Community and Culture*, Oxford, Clarendon Press, 1989.

15　Kymlicka, *Liberalism. Community and Culture*, and *Multicultural Citizenship*, Oxford, Oxford University Press, 1995〔ウィル・キムリッカ／角田猛之・

することに心を砕いている。同様に，バリーの *Culture and Equality*, Cambridge, Polity, 2000 は，結社の自由に関するリベラルの理論の特質と限界についての長々しい分析として読むことができる。

21 J. Rawls, *Political Liberalism*, New York, Columbia University Press, 1993, pp. 289-372〔ロールズ『政治的リベラリズム』346-435 頁〕。

第5章

1 次を見よ。Q. Skinner, *Liberty before Liberalism*, Cambridge, Cambridge University Press, 1998〔スキナー／梅津順一訳『自由主義に先立つ自由』聖学院大学出版部，2001 年〕。

2 J. Locke, *Two Treatises of Government*, ed P. Laslett, Cambridge, Cambridge University Press, 1970, vol. II, sect. 6, p. 270〔ロック／加藤節訳『統治二論』岩波文庫，2010 年，298 頁〕。

3 J. S. Mill, *Principles of Political Economy*, ed J. Riley, Oxford, Oxford University Press, 1994, p. 5〔J・S・ミル／末永茂喜訳『経済学原理（二）』岩波文庫，1960 年，13-14 頁〕。

4 F. A. Hayek, *The Road to Serfdom*, London, Routledge and Kegan Paul, 1944〔ハイエク／西山千秋訳『隷属への道』春秋社，1992 年〕。

5 F. A. Hayek, *The Mirage of Social Justice*, London, Routledge and Kegan Paul, 1976〔ハイエク／篠塚慎吾訳『法と立法と自由 II ――社会正義の幻想』新版ハイエク全集 I-9，春秋社，2008 年〕。ハイエクの議論は次の論文において再説されている。K. Minogue, 'Social Justice in Theory and Practice', in D. Boucher and P. Kelly (eds), *Social Justice from Hume to Walzer*, London Routledge, 1998, pp. 253-66〔ケネス・ミノーグ／山岡龍一訳「社会正義の理論と実践」，飯島昇藏・佐藤正志他訳『社会正義論の系譜――ヒュームからウォルツァーまで』ナカニシヤ出版，2002 年，343-61 頁〕。ハイエクによる議論の核心は，「社会などというものは存在しない」というサッチャーの悪名高い主張に表現されている。

6 Rawls, *A Theory of Justice*, revised edn, Oxford, Oxford University Press, 1999, sec.46, p. 266〔ロールズ『正義論』403 頁〕。

7 相対性が問題となる平等主義の議論についての優れた概説としては，

〔ジョージ・エドワード・ムア／泉谷周三郎・寺中平治・星野勉訳『倫理学原理』三和書籍，2010 年，44 頁〕。

7　J.-J. Rousseau, 'The Social Contract,' in *The Social Contract and Discourses*, ed G. D. H. Cole, London, Dent, 1955〔ルソー／作田啓一訳『社会契約論』白水社，2010 年〕。

8　J. L. Talmon, *The Origins of Totalitarian Democracy*, New York, Praeger, 1960.

9　C. Taylor, 'What's Wrong with Negative Liberty?,' in *Philosophy and the Human Sciences: Philosophical Papers*, vol. 2, Cambridge, Cambridge University Press, 1985, pp. 211-29.

10　共和主義的伝統の包括的見解については，J. Maynor, *Republicanism and the Modern World*, Cambridge, Polity, 2003 を参照。

11　M. Viroli, *Republicanism*, New York, Henry Holt, 2002.

12　P. Pettit, 'Negative Liberty, Liberal and Republican,' *European Journal of Philosophy*, 1(1993), 17.

13　P. Pettit, *Republicanism*, revised edn, Oxford, Clarendon Press, 1997, p. 287.

14　M. Viroli, *Republicanism*, p. 6.

15　G. C. MacCallum, 'Negative and Positive Freedom,' *Philosophical Review*, 76 (1967), 312-34.

16　J. Rawls, *A Theory of Justice*, Oxford, Oxford University Press, 1999, p. 60〔川本隆史・福間聡・神島裕子訳『正義論』改訂版，紀伊國屋書店，2010 年，84 頁〕。

17　H. L. A. Hart, 'Rawls on Liberty and Priority,' *University of Chicago Law Review*, 40 (1973), 551-5.

18　J. Rawls, *Political Liberalism*, New York, Columbia University Press, 1993, p. 291〔ロールズ『政治的リベラリズム』増補版，神島裕子・福間聡訳／川本隆史解説，筑摩書房，2022 年，348 頁〕。

19　J. Gray, *Two Faces of Liberalism*, Cambridge, Polity, 2000, pp. 78-104〔ジョン・グレイ／松野弘訳『自由主義の二つの顔――価値多元主義と共生の政治哲学』ミネルヴァ書房，2006 年，124-61 頁〕。

20　ロールズの『正義論』だけでなく『政治的リベラリズム』もその大部分は，ある自由を平等な基本的自由のセットに加えうる理由を説明

第4章

1　自由の理念が現代英国の保守思想を支配するようになった経緯については以下を参照。P. Kelly, 'Ideas and Policy Agendas in Contemporary Politics,' in P. Dunleavy, A. Gamble, R. Heffernan and G. Peele (eds), *Developments in British Politics*, 7, Basingstoke, Palgrave, 2003, pp. 242-60.

2　積極的自由および消極的自由については，I. Berlin, 'Two Concepts of Liberty,' in I. Berlin, *Four Essays on Liberty*, Oxford, Oxford University Press, 1969〔アイザィア・バーリン／生松敬三訳「二つの自由概念」，小川晃一・小池銈・福田歓一・生松敬三訳『自由論』みすず書房，1971年，新装版 2018 年〕を参照。共和主義的自由の概念は，Q. Skinner, *Liberty before Liberalism*, Cambridge, Cambridge University Press, 1998〔クェンティン・スキナー／梅津順一訳『自由主義に先立つ自由』聖学院大学出版会，2001 年〕および P. Pettit, *Republicanism*, Oxford, Clarendon Press, 1997 で擁護されている。

3　近代リベラリズムは純粋に消極的自由の概念とともに発展してきたのであり，その起源はベンサム以降の功利主義の台頭に伴う英国リベラリズムの出現にまでさかのぼることができるというのが，スキナーの『自由主義に先立つ自由』の主張の一つである。この見解に対して，私は以下で異議を唱えた。P. Kelly, 'Classical Utilitarianism and the Concept of Freedom: A Response to Republican Critique,' *Journal of Political Ideologies*, 6 (2001), 13-31.

4　Hobbes, *Leviathan*, ed R. Tuck, Cambridge, Cambridge University Press, 1991, pp. 97-8〔トマス・ホッブズ／水田洋訳『リヴァイアサン（一）』岩波文庫，1954 年，229-30 頁。なおホッブズの原文には「剣で脅迫」という表現はなく，「恐怖によって」あるいは「生命と引き換えに」と書かれている〕。

5　R. Nozick, *Anarchy, State, Utopia*, Oxford, Blackwell, 1974, p. 169〔ロバート・ノージック／嶋津格訳『アナーキー・国家・ユートピア』下，木鐸社，1995 年，284 頁〕。

6　Bishop Butler, *Fifteen Sermons*, quoted in G. E. Moore, *Principia Ethica*, revised edn, ed T. Baldwin, Cambridge, Cambridge University Press, 1993, p. 29

『政治的リベラリズム 増補版』筑摩書房，2022 年）では，原初状態における無知のヴェールの背後での選択というアイディアを，自身の正義論のより重要な要素を表現するための装置にすぎないとして軽く扱っている。

15 特に市民社会における実践的熟慮において。ロックの理論の優れた概略については J. Waldron, 'John Locke,' in D. Boucher and P. Kelly, *Political Thinkers*, Oxford, Oxford University Press, 2003, pp. 181-97 を見よ。

16 この議論を，行為功利主義に抗して最も力強く展開したのがバーナード・ウィリアムズである。B. Williams and J. J. C. Smart (eds), *Utilitarianism: For and Against*, Cambridge, Cambridge University Press, 1973. ウィリアムズはこの議論をカント主義に対しても広げている。B. Williams, *Ethics and the Limits of Philosophy*, London, Fontana, 1985〔ウィリアムズ／森際康友・下川潔訳『生き方について哲学は何が言えるか』ちくま学芸文庫，2020 年〕。バリーのウィリアムズへの応答についての批判は，S. Mendus, 'Some Mistakes about Impartiality,' in P. Kelly (ed), *Impartiality, Neutrality and Justice*, Edinburgh, Edinburgh University Press, 1998, pp. 176-85 を参照。

17 R. Nozick, *Anarchy, State and Utopia*, Oxford, Blackwell, 1974〔ロバート・ノージック／嶋津格訳『アナーキー・国家・ユートピア』全 2 巻，木鐸社，1985 年，合本 1995 年〕; H. Steiner, *An Essay on Rights*, Oxford, Blackwell, 1995. ノージックとスタイナーのリバタリアン理論は極めて異なるが，基本的権利を説明すれば道徳と政治の領域を論じ尽くせるという重要な見解では一致している。

18 R. Dworkin, *Taking Rights Seriously*, London, Duckworth, 1977〔前掲『権利論』〕および *A Matter of Principle*, Oxford, Oxford University Press,1985〔森村進・鳥澤円訳『原理の問題』岩波書店，2012 年〕。ドゥオーキンは後期の著作では明らかに，「切り札としての権利」の概念が道徳的・政治的論争を解決する仕方についてより複雑な理解をしている。

重要な批判の源であり，現代政治理論の主要な関心事である。これはリベラリズムに対する最も大きな批判となる可能性があるため，第 7 章においてより詳しく述べる。

8　B. Barry, *Justice as Impartiality*, Oxford, Clarendon Press, 1995; P. Kelly (ed), *Impartiality, Neutrality and Justice*, Edinburgh, Edinburgh University Press, 1998.

9　J. Rawls, *A Theory of Justice*, Oxford, Oxford University Press, p. 11〔前掲『正義論』18 頁〕。

10　リバタリアンによる批判としては R. Nozick, *Anarchy, state and Utopia*, Oxford, Blackwell, 1974〔ロバート・ノージック／嶋津格訳『アナーキー・国家・ユートピア』全 2 二巻，木鐸社，1985 年，合本 1995 年〕を参照。コミュニタリアンからの批判は，M. Sandel, *Liberalism and the Limits of Justice*, Cambridge, Cambridge University Press, 1982〔マイケル・サンデル／菊池理夫訳『自由主義と正義の限界』三嶺書房，1999 年〕を参照。

11　ロールズは自身の契約理論が，伝統的な社会契約の議論に対するこのよくある異議申し立てとは衝突しないことを，相当な骨を折って論じている。とりわけ John Rawls, *Political Liberalism,* New York, Columbia University Press, 1993, pp. 285-88〔ジョン・ロールズ／神島裕子・福間聡訳／川本隆史解説『政治的リベラリズム 増補版』筑摩書房，2022 年，341-45 頁〕を参照。

12　B. Barry, “Something in the Disputation not Unpleasant,” in P. Kelly (ed), *Impartiality, Neutrality and Justice*, Edinburgh, Edinburgh University Press, 1998, pp. 186-200.

13　T. M. Scanlon, ‘Contractualism and Utilitarianism,’ in A. Sen and B. Williams (eds), *Utilitarianism and Beyond*, Cambridge, Cambridge University press, 1982, p. 104〔T・M・スキャンロン「契約主義と功利主義」，アマルティア・セン，バーナード・ウィリアムズ編著／後藤玲子監訳『功利主義をのりこえて』ミネルヴァ書房，二〇一九年，149 頁〕。

14　ロールズは実際，彼の 2 冊目の著書 *Political Liberalism*, *New York*, Columbia University Press, 1993（神島裕子・福間聡訳／川本隆史解説

198 頁。訳は一部改変〕。

4 ドゥオーキンは，タナー講義〔Tanner Lectures on Human Values：欧米の複数の名門大学で定期的に開催される人文学の記念講義。ユタ大学の哲学教授 O・C・タナー（1904-93 年）が 1978 年にケンブリッジ大で行った「人間の価値についての講義」にちなむ〕においては，リベラルな正当化についてのより複雑な理解を披露し，契約主義とコミュニタリアニズムの中道に舵を切ろうとしている。しかし，そこでさえ彼は「是認」あるいは理にかなった同意の概念を，自身のリベラルな議論の基礎的要素として維持しており，これこそが彼のアプローチを政治的アソシエーションの契約論的見解と結びつけるのである。R. Dworkin, 'Foundations of Liberal Egalitarianism,' in G. B. Peterson (ed), *The Tanner Lectures on Human Values*, vol. xi, Salt Lake City, University of Utah press, 1990.

5 ロールズの批判者の多くは，彼が平等の価値を前提としてはいるが，彼の契約論的で個人主義的な平等の説明が，実際は平等主義を損なっていると論じてきた。この議論はジェリー・コーエンによって最も強力に展開されている。G. A. Cohen, 'Where the Action Is: On the Site of Distributive Justice,' *Philosophy and Public Affairs*, 26 (1997), 3-30. だがロールズと契約論的リベラルが，手続き上の平等の概念を提示していることは決定的に重要である。平等の実質的な概念を提示することは，現代のリベラルが出発点とする問題，すなわち理にかなった意見の不一致という現実をはぐらかす危険性があるからだ。多くの契約論的リベラルも主張するように，平等主義が要求するものに関するロールズの説明が間違っているということはありうるだろう。しかし，契約論的リベラリズムを，物議を醸す平等の実質的概念に基づいて批判することは，理にかなった意見の不一致を特徴とする世界において，規範的理論が必然的に機能する範囲を誤解している。

6 B. Barry, 'How Not to Defend Liberal Institutions,' in R. Bruce Douglass, G. M. Mara and H. S. Richardson (eds), *Liberalism and the Good*, New York, Routledge, 1990.

7 リベラリズムが間違った中立性の概念に基づいているという考えは，

13　T. M. Scanlon, 'Constructualism and Utilitarianism', in A. Sen and B. Williams, (eds), *Utilitarianism and Beyond*, Cambridge, Cambridge University Press, 1982, pp. 103-28〔T・M・スキャンロン「契約主義と功利主義」，アマルティア・セン，バーナード・ウィリアムズ編著／後藤玲子監訳『功利主義をのりこえて』ミネルヴァ書房，2019 年，130-174 頁〕; Brian Barry, *Justice as Impartiality*, Oxford, Clarendon Press, 1995. スキャンロンはその後，*What We Owe to Each Other*, Cambridge, MA, Belknap/Harvard University Press, 1999 において道徳的動機に関するより複雑な説明を展開している。

14　ベンサムの功利主義理論についてのより詳細な説明としては，P. Kelly, *Utilitarianism and Distributive Justice: Jeremy Bentham and the Civil Law*, Oxford, Clarendon Press, 1990 を見よ。そしてジョン・スチュアート・ミルについては，F. Berger, *Happiness, Justice and Freedom*, Berkeley, CA, University of California Press, 1984 を見よ。

15　A. Smith, *The Theory of Moral Sentiments*, ed D. D. Raphael and A. L. Macfie, Oxford, Clarendon Press, 1976〔前掲『道徳感情論』〕。

16　R. H. Hare, *Moral Thinking: Its Method, Levels and Point*, Oxford, Clarendon Press, 1981, pp. 44-64〔前掲『道徳的に考えること』67-96 頁〕。

17　この言葉は J. S. Mill, *Utilitarianism*, in J. S. Mill, *On Liberty and Other Essays*, ed J. Gray, Oxford, Oxford University Press, 1991, p. 199〔ミル／川名雄一郎・山本圭一郎訳『功利主義論集』京都大学学術出版界，2010 年，342 頁〕において引用されている。

第 3 章

1　R. Barker, *Political Legitimacy and the State*, Oxford, Clarendon Press, 1990 and *Legitimating Identities*, Cambridge, Cambridge University Press, 2001.

2　J. Rawls, *A Theory of Justice* (revised edn), Oxford, Oxford University Press, 1999, p. 3〔ジョン・ロールズ／川本隆史・福間聡・神島裕子訳『正義論』改訂版，紀伊國屋書店，2010 年，6 頁〕。

3　R. Dworkin, *Taking Rights Seriously*, London, Duckworth, 1997, p. 151〔ドゥオーキン／木下毅・小林公・野坂泰司訳『権利論』木鐸社，1986 年，

1994 および *Locke*, Oxford, Oxford University Press, 1984〔ダン／加藤節訳『ジョン・ロック——信仰・哲学・政治』岩波書店，1987 年〕ならびに Ian Harris, *The Mind of John Locke*, Cambridge, Cambridge University Press, 1994. リベラルな平等主義にとってのロックの意義の重要な修正と分析としては，Jeremy Waldron, *God, Locke and Equality*, Cambridge, Cambridge University Press, 2002 を見よ。

9　J. Locke, *Two Treatises of Government* (1689), ed P. Laslett, Cambridge, Cambridge University Press, 1970〔ロック／加藤節訳『統治二論』岩波書店，2007 年〕。基本的な平等に関するロックの説明に関する興味深い擁護については，Jeremy Waldron, *God, Locke and Equality*, Cambridge, Cambridge University Press, 2002 を見よ。この Waldron (2002) には，基本的な平等の適切な擁護は，結局のところ神学的（とりわけキリスト教的）基礎に依存するという論争的な考えも提示されている。また J. E. Coons and P. M. Berman, *By Nature Equal*, Princeton, Princeton University, 1999 も見よ。

10　J. Locke, *An Essay Concerning Human Understanding*, ed P. H. Nidditch, Oxford, Clarendon Press, 1975〔ロック／大槻春彦訳『人間知性論』全 4 巻，岩波書店，1972-77 年〕。

11　P. Kelly and D. Baucher, 'The Social Contract and its Critics', in Boucher and Kelly (eds), *The Social Contract from Hobbes to Rawls*, London, Routledge, 1994, pp. 1-34〔前掲「社会契約論とその批判者たち」〕。

12　道徳性についてのこの観点への批判としては，B. Williams, *Ethics and the Limits of Philosophy*, London, Fontana, 1986〔バーナド・ウィリアムズ／森際康友・下川潔訳『生き方について哲学は何が言えるか』ちくま学芸文庫，2020 年〕と A. MacIntyre, *After Virtue*, London, Duckworth, 1981〔マッキンタイア／篠崎栄訳『美徳なき時代』みすず書房，1993 年〕を見よ。ウィリアムズとマッキンタイアはいずれもこの道徳性の構想は普遍的で超歴史的であるよりは偶然的であると主張している。しかし，両者はこの偶然性から異なる歴史的結論を引き出している。こうした争点についての最近の議論としては，J. Raz, *The Practice of Value*, Oxford, Clarendon Press, 2003 を見よ。

Thinking: Its Method, Levels and Point, Oxford, Clarendon Press, 1981〔内井惣七・山内友三郎監訳『道徳的に考えること――レヴェル・方法・要点』勁草書房，1994 年〕において大天使を登場させ，不偏的観察者の理想を救い出している。

4　O. O'Neill, *Constructions of Reason*, Cambridge, Cambridge University Press, 1989〔オノラ・オニール／加藤泰史訳『理性の構成――カント実践哲学の探究』法政大学出版局，2020 年〕および C. M. Korsgaard, *The Sources of Normativity*, Cambridge, Cambridge University Press, 1998〔クリスティーン・コースガード／寺田俊郎・三谷俊郎・後藤正英・竹山重光訳『義務とアイデンティティの倫理学――規範性の源泉』岩波書店，2005 年〕を見よ。

5　T. Hobbes, *Leviathan*, (1651), ch. 14, ed R. Tuck, Cambridge, Cambridge University Press, 1996, p. 92〔ホッブズ／水田洋訳『リヴァイアサン（一）』岩波文庫，1954 年，第 14 章，218 頁。元の構文から切り離されて引用されているので，訳文もそれに合わせた〕。

6　道徳的規範を基礎づけるために「ホッブズ的」な議論を用いる最近の試みのうち，最も重要なものは D. Gauthier, *Morals by Agreement*, Oxford, Clarendon Press, 1986〔デイヴィド・ゴティエ／小林公訳『合意による道徳』木鐸社，1999 年〕に示されている。ゴーティエの主張についての議論と批判としては，B. Barry, *Justice as Impartiality*, Oxford, Clarendon Press, 1995 および P. Kelly, *Impartiality, Neutrality and Justice*, Edinburgh, Edinburgh University Press, 1998 所収の諸論文を見よ。

7　近年における「懐疑的ないしは論争好きなリベラルとしてのホッブズ」の見直しについては，R. E. Flathman, *Thomas Hobbes: Scepticism, Individuality and Chastened Politics*, Thousand Oaks, CA, Sage, 1994 および John Gray, *Two Faces of Liberalism*, Cambridge, Polity, 2000〔ジョン・グレイ／松野弘訳『自由主義の二つの顔――価値多元主義と共生の哲学』ミネルヴァ書房，2006 年〕を見よ。

8　とりわけジョン・ダンとイアン・ハリスの以下の著作を見よ。John Dunn, *The Political Thought of John Locke: An Historical Account of the Argument of the Two Treatises of Government*, Cambridge, Cambridge University Press,

2005年）〕。

16 J. S. Mill, ‘On Liberty’, in John Stuart Mill, *On Liberty and Other Essays*, J. Gray (ed), Oxford, Oxford University Press, 1991, pp. 20-61〔前掲，39-124頁〕。

第2章

1 私は「契約論の」（contractarian）ではなく，「契約主義の」（contractualist）という語を用いる。というのは，前者はより広義で，政治的主権に関する契約理論と政治的義務に関する同意の理論の両方を含み，また，仮説的同意の観点から道徳的権威を説明しようとするより最近の試みをも含むからである。三つのアプローチは，それぞれ異なってはいるものの，ともに重要な類似性と関連性がある。私の‘Contractarian Ethics’, in *Encyclopedia of Applied Ethics*, vol. 1, San Diego, Academic Press, 1977, pp. 631-43 および P. Kelly and D. Boucher, ‘The Social Contract and Its Critics’, in P. Kelly and D. Boucher (eds), *The Social Contract from Hobbes to Rawls*, London, Routledge, 1994, pp. 1-34〔デイヴィッド・バウチャー，ポール・ケリー／飯島昇蔵訳「社会契約論とその批判者たち」，バウチャー，ケリー編／飯島昇蔵・佐藤正志他訳『社会契約論の系譜――ホッブズからロールズまで』ナカニシヤ出版，1997年，3-47頁〕を見よ〔以下，「契約主義」は訳語として定着していないが，「契約論」との区別のために用いる〕。

2 正義に関する契約理論の議論としては，P. Kelly, ‘Contractarian Social Justice: An Overview of Some Contemporary Debates’, in D. Boucher and Paul Kelly (eds), *Social Justice from Hume to Walzer*, London, Routledge, 1998, pp. 181-99〔ケリー／佐藤正志・石川涼子訳「契約論的社会正義――いくつかの現代の議論の概観」，バウチャー，ケリー編／飯島昇蔵・佐藤正志他訳『社会正義論の系譜――ヒュームからウォルツァーまで』ナカニシヤ出版，2002年，247-72頁〕を見よ。

3 A. Smith, *The Theory of Moral Sentiments* (1759), eds D. D. Raphael and A. L. Macfie, Oxford, Clarendon Press, 1976〔アダム・スミス／水田洋訳『道徳感情論』上・下，岩波文庫，2003年〕。ヘアは R. M. Hare, *Moral*

〔渡部昇一訳『歴史の終わり』上・下，三笠書房，1992 年〕; R. Geuss, *History and Illusion*, Cambridge, Cambridge University Press, 2000.

6 P. Kelly, ‘Political Theory in Retreat? Contemporary Political Philosophy and the Historical Order’, in Noel O’Sullivan (ed), *Political Theory in Transition*, London, Routledge, 2000, pp. 225-41.

7 R. Dworkin, ‘Liberalism’, in *A Matter of Principle*, Oxford, Oxford University Press, 1985, pp. 181-204.

8 J. S. Mill, ‘On Liberty’, in John Stuart Mill, *On Liberty and Other Essays*, J. Gray (ed), Oxford, Oxford University Press, 1991〔関口正司訳『自由論』岩波文庫，2020 年〕を見よ。

9 J. Raz, *The Morality of Freedom*, Oxford, Clarendon Press, 1984 を見よ。価値としての平等の両義性についての議論としては，L. Temkin, *Inequality*, Oxford, Oxford University Press, 1993 を見よ。

10 リベラルな平等主義のこの側面の率直な擁護としては，ジェレミー・ウォルドロン（Jeremy Waldron）の著作，とりわけ *Liberal Rights*, Cambridge, Cambridge University Press, 1988 を見よ。

11 何人かの批判者，特にアラスデア・マッキンタイア（Alasdair MacIntrye）はその著書 *After Virtue*, London, Duckworth, 1981〔篠崎栄訳『美徳なき時代』みすず書房，1993 年〕において，リベラルたちはすべからく道徳的懐疑主義，あるいは彼が感傷主義や原子論と呼ぶものに関わっていると主張している。本書は彼がいずれの点においても誤っていると論じる。

12 G. Newey, *After Politics*, Basingstoke, Palgrave, 2001.

13 B. Parekh, *Rethinking Multiculturalism*, Basingstoke, Macmillan, 2000.

14 Q. Skinner, *Liberty Before Liberalism*, Cambridge, Cambridge University Press, 1998〔梅津順一訳『自由主義に先立つ自由』聖学院大学出版会，2001 年〕: J. Tully, *Strange Multiplicity*, Cambridge, Cambridge University Press, 1995.

15 D. Held and A. Mcgrew, *Globalization/Anti-Globalization*, Cambridge, Polity, 2002 および，P. Singer, *One World*, New Haven, Yale University Press, 2002〔山内友三郎・樫則章訳『グローバリゼーションの倫理学』（昭和堂，

原　注

第1章

1　J. Gray, *Liberalism*, Milton Keynes, Open University Press, 1986〔藤原保信・輪島達朗訳『自由主義』昭和堂，1991 年〕; *Enlightenment's Wake*, London, Routledge, 1995. および，最新のものとしては，*Two Faces of Liberalism*, Cambridge, Polity, 2000〔松野弘訳『自由主義の二つの顔――価値多元主義と共生の哲学』ミネルヴァ書房，2006 年〕を参照せよ。とはいえ，この傾向はグレイにのみ当てはまるものではない。A. Arblaster, *The Rise and Decline of Western Liberalism*, Oxford, Blackwell, 1984; P. Neal, *Liberalism's Discontents,* Basingtoke, Macmillan, 1997; A. MacIntyre, *After Virtue*, London, Duckworth, 1981〔篠崎栄訳『美徳なき時代』みすず書房，1993 年〕; M. Sandel, *Democracy's Discontent*, Cambridge, MA, Harvard University Press, 1995〔金原恭子・小林正弥訳『民主政の不満――公共哲学を求めるアメリカ』上・下，勁草書房，2010～11 年〕; R. Beiner, *What's the Matter with Liberalism?*, Berkeley, CA, University of California Press, 1992; および G. Newey, *After Politics*, Basingstoke, Palgrave, 2000 も見よ。

2　特にクェンティン・スキナーの *Visions of Politics*, vol. 1, *Regarding Method*, Cambridge, Cambridge University Press, 2002 のなかの論文を見よ。

3　これとは異なったより社会学的な説明として，John A. Hall, *Liberalism*, London, Paladin, 1987 を見よ。

4　J. Gray, *Endgames: Questions in Late Modern Political Theory*, Cambridge, Polity, 1997.

5　右に挙げた見解は以下の著作のうちに見出される。John Dunn, *Western Political Theory in the Face of the Future*, Cambridge, Cambridge University Press, 1977〔半澤孝麿訳『政治思想の未来』みすず書房，1983 年〕; Francis Fukuyama, *The End of History and the Last Man*, New York, Free Press, 1992

Waldron, J. 2002: *God, Locke and Equality*, Cambridge, Cambridge University Press.
Waldron, J. 2003: 'John Locke', in D. Boucher and P. Kelly (eds), *Political Thinkers*, Oxford, Oxford University Press.
Walzer, M. 1983: *Spheres of Justice*, Oxford, Blackwell.〔マイケル・ウォルツァー／山口晃訳『正義の領分』而立書房，1999 年〕
Walzer, M. 1987: *Interpretation and Social Criticism*, Cambridge, MA, Harvard University Press.〔マイケル・ウォルツァー／大川正彦訳『解釈としての社会批判』ちくま学芸文庫，2014 年〕
Williams, B. 1973: 'A Critique of Utilitarianism', in B. Williams and J. J. C. Smart (eds), *Utilitarianism: For and Against*, Cambridge, Cambridge University Press.
Williams, B. 1985: *Ethics and the Limits of Philosophy*, London, Fontana.〔バーナド・ウィリアムズ／森際康友・下川潔訳『生き方について哲学は何が言えるか』ちくま学芸文庫，2020 年〕
Young, I. M. 1990: *Justice and the Politics of Difference*, Princeton, Princeton University Press.〔アイリス・マリオン・ヤング／飯田文雄・苑田真司・田村哲樹他訳『正義と差異の政治』法政大学出版局，2020 年〕

ド・ウィリアムズ編著／後藤玲子監訳『功利主義をのりこえて』ミネルヴァ書房，2019 年〕

Scanlon, T. M. 1999: *What We Owe to Each Other*, Cambridge, MA, Belknap/Harvard University Press.

Schmitt, C. 1976: *The Concept of the Political*, ed G. Schwab, New Brunswick, NJ, Rutgers University Press.〔カール・シュミット／権左武志訳『政治的なものの概念』岩波書店，2022 年〕

Singer, P. 2002: *One World*, New Haven, Yale University Press.〔ピーター・シンガー／山内友三郎・樫則章訳『グローバリゼーションの倫理学』昭和堂，2005 年〕

Skinner, Q. 1978: *The Foundations of Modern Political Theory*, 2 vols, Cambridge, Cambridge University Press.〔クエンティン・スキナー／門間都喜郎訳『近代政治思想の基礎――ルネッサンス，宗教改革の時代』春風社，2009 年〕

Skinner, Q. 1998: *Liberty Before Liberalism*, Cambridge, Cambridge University Press.〔クェンティン・スキナー／梅津順一訳『自由主義に先立つ自由』聖学院大学出版会，2001 年〕

Skinner, Q. 2002: *Visions of Politics*, vol. 1: *Regarding Method*, Cambridge, Cambridge University Press.

Smith, A. [1759] 1976: *The Theory of Moral Sentiments*, ed D. D. Raphael and A. L. Macfie, Oxford, Clarendon Press.〔アダム・スミス／水田洋訳『道徳感情論』上・下，岩波文庫，2003 年〕

Squires, J. 1999: *Gender in Political Theory*, Cambridge, Polity.

Steiner, H. 1995: *An Essay on Rights*, Oxford, Blackwell.

Swift, A. 2001: *Political Philosophy*, Cambridge, Polity.〔アダム・スウィフト／有賀誠・武藤功訳『政治哲学への招待――自由や平等のいったい何が問題なのか？』風行社，2011 年〕

Talmon, J. L. 1960: *The Origins of Totalitarian Democracy*, New York, Praeger.

Taylor, C. 1985: 'What's Wrong with Negative Liberty?', *Philosophy and the Human Sciences: Philosophical Papers*, vol. 2, Cambridge, Cambridge University Press, pp. 211-29.

Taylor, C. 1990: *Sources of the Self*, Cambridge, Cambridge University Press.〔チャールズ・テイラー／下川潔・桜井徹・田中智彦訳『自我の源泉――近代的アイデンティティの形成』名古屋大学出版会，2010 年〕

Temkin, L. 1993: *Inequality*, Oxford, Oxford University Press.

Tully, J. 1995: *Strange Multiplicity*, Cambridge, Cambridge University Press.

Viroli, M. 2002: *Republicanism*, New York, Henry Holt.

Waldron, J. 1988: *Liberal Rights*, Cambridge, Cambridge University Press.

Parekh, B. 2000: 'Theorizing Political Theory', in N. O'Sullivan (ed), *Political Theory in Transition*, London, Routledge, pp. 242-59.

Parekh, B. 2000: *Rethinking Multiculturalism*, Basingstoke, Macmillan.

Pettit, P. 1993: 'Negative Liberty, Liberal and Republican', *European Journal of Philosophy*, 1, 17.

Pettit, P. 1997: *Republicanism*, Oxford, Clarendon Press.

Phillips, A. 1999: *Which Equalities Matter?*, Cambridge, Polity.

Pogge, T. 2002: *World Poverty and Human Rights*, Cambridge, Polity.〔トマス・ポッゲ／立岩信也監訳『なぜ遠くの貧しい人への義務があるのか——世界的貧困と人権』生活書院，2010 年〕

Qiang, L. 1996: 'The Principle of Utility and the Principle of Righteousness: Yen Fu and Utilitarianism in Modern China', *Utilitas*, 8, 109-26.

Rawls, J. 1999: *A Theory of Justice*, Oxford, Oxford University Press.〔ジョン・ロールズ／川本隆史・福間聡・神島裕子訳『正義論』改訂版，紀伊國屋書店，2010 年〕

Rawls, J. 1993: *Political Liberalism*, New York, Columbia University Press.〔ジョン・ロールズ／神島裕子・福間聡訳／川本隆史解説『政治的リベラリズム 増補版』筑摩書房，2022 年〕

Rawls, J. 1999: *The Law of Peoples*, Cambridge, MA, Harvard University Press.〔ジョン・ロールズ／中山竜一訳『万民の法』岩波書店，2006 年／岩波現代文庫，2022 年〕

Raz, J. 1986: *The Morality of Freedom*, Oxford, Clarendon Press.

Raz, J. 2003: *The Practice of Value*, Oxford, Clarendon Press.

Rousseau, J.-J. [1754, 1755, 1762] 1955: *The Social Contract and Discourses*, ed G. D. H. Cole, London, Dent.〔ルソー／作田啓一訳『社会契約論』白水社，2010 年〕

Runcimann, D. 1997: *Pluralism and the Personality of the State*, Cambridge, Cambridge University Press.

Sandel, M. 1982: *Liberalism and the Limits of Justice*, Cambridge, Cambridge University Press.〔マイケル・サンデル／菊池理夫訳『自由主義と正義の限界』三嶺書房，1999 年〕

Sandel, M. 1995: *Democracy's Discontent*, Cambridge, MA, Harvard University Press.〔マイケル・サンデル／金原恭子・小林正弥訳『民主政の不満——公共哲学を求めるアメリカ』上・下，勁草書房，2010-11 年〕

Scanlon, T. M. 1982: 'Contractualism and Utilitarianism', in A. Sen and B. Williams (eds), *Utilitarianism and Beyond*, Cambridge, Cambridge University Press.〔T・M・スキャンロン「契約主義と功利主義」，アマルティア・セン，バーナー

Mill, J. S. 1991: 'On Liberty', in J. Gray (ed), *John Stuart Mill On Liberty and other Essays*, Oxford, Oxford University Press.〔J・S・ミル／関口正司訳『自由論』岩波文庫，2020 年〕

Mill, J. S. 1994: *Principles of Political Economy*, ed J. Riley, Oxford, Oxford University Press.〔J・S・ミル／末永茂喜訳『経済学原理』全 5 冊，岩波文庫，1959-63 年〕

Miller, D. 1995: *On Nationality*, Oxford, Oxford University Press.〔デイヴィッド・ミラー／富沢克・長谷川一年・施光恒・竹島博之訳『ナショナリティについて』風行社，2007 年〕

Miller, D. 1999: *Principles of Social Justice*, Cambridge, MA, Harvard University Press.

Minogue, K. 1998: 'Social Justice in Theory and Practice', in D. Boucher and P. Kelly (eds), *Social Justice from Hume to Walzer*, London, Routledge, pp. 253-66.〔ケネス・ミノーグ／山岡龍一訳「社会正義の理論と実践」，飯島昇藏・佐藤正志他訳『社会正義論の系譜――ヒュームからウォルツァーまで』ナカニシヤ出版，2002 年，343-61 頁〕

Moore, G. E. [1903] 1993: *Principia Ethica*, revised edn, ed T. Baldwin, Cambridge, Cambridge University Press.〔ジョージ・エドワード・ムア／泉谷周三郎・寺中平治・星野勉訳『倫理学原理』三和書籍，2010 年〕

Mouffe, C. 1993: *The Return of the Political*, London, Verso.〔シャンタル・ムフ／千葉眞・土井美徳・田中智彦・山田竜作訳『政治的なるものの再興』日本経済評論社，1998 年〕

Mulhall, S. and Swift, A. 1996: *Liberals and Communitarians*, Oxford, Blackwell.〔アダム・スウィフト，スティーヴン・ムルホール／谷澤正嗣・飯島昇藏他訳『リベラル・コミュニタリアン論争』勁草書房，2007 年〕

Neal, P. 1997: *Liberalism's Discontents*, Basingstoke, Macmillan.

Newey, G. 2001: *After Politics*, Basingstoke, Palgrave.

Nozick, R. 1974: *Anarchy, State and Utopia*, Oxford, Blackwell.〔ロバート・ノージック／嶋津格訳『アナーキー・国家・ユートピア』全 2 巻，木鐸社，1985 年，合本 1995 年〕

Oakeshott, M. 1991: *Rationalism in Politics*, ed T. Fuller, Indianapolis, Liberty Press.〔マイケル・オークショット／嶋津格・森村進他訳『政治における合理主義』勁草書房，1988 年〕

Okin, S. Moller 1999: *Is Multiculturalism Bad for Women?*, Princeton, Princeton University Press.

O'Neill, O. 1989: *Constructions of Reason*, Cambridge, Cambridge University Press.〔オノラ・オニール／加藤泰史訳『理性の構成――カント実践哲学の探究』法政大学出版局，2020 年〕

Kelly, P. and Boucher, D. 1994: 'The Social Contract and its Critics', in D. Boucher and P. Kelly (eds), *The Social Contract from Hobbes to Rawls*, London, Routledge.〔デイヴィッド・バウチャー，ポール・ケリー／飯島昇蔵訳「社会契約論とその批判者たち」，バウチャー，ケリー編／飯島昇蔵・佐藤正志他訳『社会契約論の系譜――ホッブズからロールズまで』ナカニシヤ出版，1997 年，3-47 頁〕

Korsgaard, C. M. 1996: *The Sources of Normativity*, Cambridge, Cambridge University Press.〔クリスティーン・コースガード／寺田俊郎・三谷俊郎・後藤正英・竹山重光訳『義務とアイデンティティの倫理学――規範性の源泉』岩波書店，2005 年〕

Kukathas, C. 2003: *The Liberal Archipelago*, Oxford, Oxford University Press.

Kuper, A. 1999: *Culture: The Anthropologist's Account*, Cambridge, MA, Harvard University Press.

Kymlicka, W. 1989: *Liberalism, Community and Culture*, Oxford, Clarendon Press.

Kymlicka, W. 1995: *Multicultural Citizenship*, Oxford, Oxford University Press.〔ウィル・キムリッカ／角田猛之・石山文彦・山﨑康仕監訳『多文化時代の市民権――マイノリティの権利と自由主義』晃洋書房，1998 年〕

Kymlicka, W. and Opalski, M. (eds) 2001: *Can Liberal Pluralism be Exported?*, Oxford, Oxford University Press.

Lawson, S. 2003: *International Relations*, Cambridge, Polity.

Locke, J. [1689] 1970: *Two Treatises of Government*, ed P. Laslett, Cambridge, Cambridge University Press.〔ロック／加藤節訳『統治二論』岩波書店，2007 年〕

Locke, J. [1689] 1975: *An Essay Concerning Human Understanding*, ed P. H. Nidditch, Oxford, Clarendon Press.〔ロック／大槻春彦訳『人間知性論』全 4 巻，岩波文庫，1972-77 年〕

Lukes, S. 2003: *Liberals and Cannibals : The Implications of Diversity*, London, Verso.

MacCallum, G. C. 1967: 'Negative and Positive Freedom', *Philosophical Review*, 76, 312-34.

MacIntyre, A. 1981: *After Virtue*, London, Duckworth.〔アラスデア・マッキンタイア／篠崎栄訳『美徳なき時代』みすず書房，1993 年〕

MacIntyre, A. 1988: *Whose Justice? Which Rationality?*, London, Duckworth.

Matravers, M. 2002: 'The "Equality of What?" Debate', *Political Studies*, 50, 558-72.

Maynor, J. 2003: *Republicanism in the Modern World*, Cambridge, Polity.

Mendus, S. L. 1998: 'Some Mistakes about Impartiality', in P. Kelly (ed), *Impartiality, Neutrality and Justice*, Edinburgh, Edinburgh University Press.

Hobbes, T. [1651] 1991: *Leviathan*, ed R. Tuck, Cambridge, Cambridge University Press.〔トマス・ホッブズ／水田洋訳『リヴァイアサン』全 4 冊，岩波文庫，1954-85 年〕

Honig, B. 1993: *Political Theory and the Displacement of Politics*, Ithaca, NY, Cornell University Press.

Horton, J. and Mendus, S. 1999: *Toleration, Identity and Difference*, Basingstoke, Macmillan.

Ivison, D. 2002: *Postcolonial Liberalism*, Cambridge, Cambridge University Press.

Ivison, D., Patton, P. and Sanders, W. (eds) 2000: *Political Theory and the Rights of Indigenous Peoples*, Cambridge, Cambridge University Press.

Kant, Immanuel [1785] 1996: *The Groundwork of The Metaphysics of Morals*, trans. M. Gregor, in *The Cambridge Edition of the Works of Immanuel Kant: Practical Philosophy*, Cambridge, Cambridge University Press, pp. 37-108.〔御子柴善之訳『道徳形而上学の基礎づけ』人文書院，2022 年〕

Kelly, P. 1990: *Utilitarianism and Distributive Justice: Jeremy Bentham and the Civil Law*, Oxford, Clarendon Press.

Kelly, P. 1997: ‘Contractarian Ethics’, in R. Chadwick (ed), *Encyclopedia of Applied Ethics*, vol. 1, San Diego, Academic Press, pp. 631-43.

Kelly, P. 1998: ‘Contractarian Social Justice: An Overview of Some Contemporary Debates’, in D. Boucher and P. Kelly (eds), *Social Justice from Hume to Walzer*, London, Routledge.〔ポール・ケリー／佐藤正志・石川涼子訳「契約論的社会正義――いくつかの現代の議論の概観」，デヴィッド・バウチャー，ケリー編／飯島昇蔵・佐藤正志他訳『社会正義論の系譜――ヒュームからウォルツァーまで』ナカニシヤ出版，2002 年，247-272 頁〕

Kelly, P. (ed) 1998: *Impartiality, Neutrality and Justice*, Edinburgh, Edinburgh University Press.

Kelly, P. 2000: ‘Political Theory in Retreat? Contemporary Political Philosophy and the Historical Order’, in N. O'Sullivan (ed), *Political Theory in Transition*, London, Routledge.

Kelly, P. 2001: ‘Classical Utilitarianism and the Concept of Freedom: A Response to the Republican Critique’, *Journal of Political Ideologies*, 6, 13-31.

Kelly, P. 2003: ‘Ideas and Policy Agendas in Contemporary Politics’, in P. Dunleavy, A. Gamble, R. Heffernan and G. Peele (eds), *Developments in British Politics*, 7, Basingstoke, Palgrave, pp. 242-60.

Kelly, P. 2003: ‘Identity, Equality and Power: Tensions in Parekh’s Political Theory of Multiculturalism’, in B. Haddock and P. Sutch (eds), *Multiculturalism, Identity and Rights*, London, Routledge, pp. 94-110.

Fukuyama, F. 1992: *The End of History and the Last Man*, New York, Free Press.〔フランシス・フクヤマ／渡部昇一訳『歴史の終わり』上・下，三笠書房，1992年〕

Gadamer, H. G. 1965: *Truth and Method*, London, Sheed and Ward.〔ハンス＝ゲオルク・ガダマー／轡田収・麻生建・三島憲一・北川東子・我田広之・大石紀一郎訳『真理と方法』新装版，Ⅰ-Ⅲ，法政大学出版局，2012-21 年〕

Gauthier, D. 1986: *Morals by Agreement*, Oxford, Clarendon Press.〔デイヴィド・ゴティエ／小林公訳『合意による道徳』木鐸社，1999 年〕

Geuss, R. 2000: *History and Illusion*, Cambridge, Cambridge University Press.

Gray, J. 1984: *Liberalism*, Milton Keynes, Open University Press.〔ジョン・グレイ／藤原保信・輪島達郎訳『自由主義』昭和堂，1991 年〕

Gray, J. 1995: *Enlightenment's Wake*, London, Routledge.

Gray, J. 1997: *Endgames: Questions in Late Modern Political Theory*, Cambridge, Polity.

Gray, J. 2000: *Two Faces of Liberalism*, Cambridge, Polity.〔ジョン・グレイ／松野弘訳『自由主義の二つの顔――価値多元主義と共生の哲学』ミネルヴァ書房，2006 年〕

Hall, J. A. 1987: *Liberalism*, London, Paladin.

Hare, R. M. 1981: *Moral Thinking: Its Method, Levels and Point*, Oxford, Clarendon Press.〔R・M・ヘア／内井惣七・山内友三郎監訳『道徳的に考えること――レヴェル・方法・要点』勁草書房，1994 年〕

Harris, I. 1994: *The Mind of John Locke*, Cambridge, Cambridge University Press.

Hart, H. L. A. 1968: *Punishment and Responsibility*, Oxford, Clarendon Press.

Hart, H. L. A. 1973: 'Rawls on Liberty and its Priority', *University of Chicago Law Review*, 40, 551-5.

Hayek, F. A. 1944: *The Road to Serfdom*, London, Routledge and Kegan Paul.〔F・A・ハイエク／西山千秋訳『隷属への道』春秋社，1992 年〕

Hayek, F. A. 1976: *The Mirage of Social Justice*, London, Routledge and Kegan Paul.〔F・A・ハイエク／篠塚慎吾訳『法と立法と自由 Ⅱ――社会正義の幻想』新版ハイエク全集Ⅰ-9，春秋社，2008 年〕

Held, D. 1995: *Democracy and the Global Order*, Cambridge, Polity.〔デヴィッド・ヘルド／佐々木寛・遠藤誠治・小林誠・土井美穂・山田竜作訳『デモクラシーと世界秩序』NTT 出版，2002 年〕

Held, D., McGrew, A., Goldblatt, D. and Perraton, J. 1999: *Global Transformations*, Cambridge, Polity.

Held, D. and McGrew, A. 2002: *Globalization/Anti-Globalization*, Cambridge, Polity.

Cohen, G. A. 1997: 'Where the Action is: On the Site of Distributive Justice', *Philosophy and Public Affairs*, 26, 3-30.

Connolly, W. 1991: *Identity/Difference: Democratic Negotiations of Political Paradox*, Ithaca, NY, Cornell University Press.〔ウィリアム・E・コノリー／杉田敦・齋藤純一・権左武志訳『アイデンティティ\差異——他者性の政治』岩波書店，1998 年〕

Coons, J. E. and Berman, P. M. 1999: *By Nature Equal*, Princeton, Princeton University Press.

Davidson, D. 1984: 'On the Very Idea of a Conceptual Scheme', in *Inquiries into Truth and Interpretation*, Oxford, Oxford University Press.〔ドナルド・デイヴィドソン／野本和幸他訳『真理と解釈』勁草書房，1991 年，192-213 頁〕

Dunn, J. 1969: *The Political Thought of John Locke: An Historical Account of the Argument of the Two Treatises of Government*, Cambridge, Cambridge University Press.

Dunn, J. 1977: *Western Political Theory in the Face of the Future*, Cambridge, Cambridge University Press.〔ジョン・ダン／半澤孝麿訳『政治思想の未来』みすず書房，1983 年〕

Dunn, J. 1984: *Locke*, Oxford, Oxford University Press.〔ジョン・ダン／加藤節訳『ジョン・ロック——信仰・哲学・政治』岩波書店，1987 年〕

Dunn, J. 1985: *Rethinking Modern Political Theory*, Cambridge, Cambridge University Press.

Dunn, J. 2000: *The Cunning of Unreason*, London, Harper Collins.

Dworkin, R. 1977: *Taking Rights Seriously*, London, Duckworth.〔ロナルド・ドゥオーキン／木下毅・小林公・野坂泰司訳『権利論』1・2，木鐸社，1986-2001 年／増補版 2003 年〕

Dworkin, R. 1985: 'Liberalism', in *A Matter of Principle*, Oxford, Oxford University Press.〔ロナルド・ドゥオーキン／森村進・鳥澤円訳『原理の問題』岩波書店，2012 年〕

Dworkin, R. 1990: 'Foundations of Liberal Egalitarianism', in G. B. Peterson (ed), *The Tanner Lectures on Human Values*, vol. xi, Salt Lake City, University of Utah Press.

Dworkin, R. 2000: *Sovereign Virtue*, Cambridge, MA, Belknap/Harvard University Press.〔ロナルド・ドゥウォーキン／小林公・大江洋・高橋秀治・高橋文彦訳『平等とは何か』木鐸社，2002 年〕

Flathman, R. E. 1994: *Thomas Hobbes: Skepticism, Individuality and Chastened Politics*, Thousand Oaks, CA, Sage.

Frazer, N. 1997: *Justus Interruptus*, New York, Routledge.〔ナンシー・フレイザー／仲正昌樹訳『中断された正義——「ポスト社会主義的」条件をめぐる批判的省察』御茶の水書房，2003 年〕

参考文献

Arblaster, A. 1984: *The Rise and Decline of Western Liberalism*, Oxford, Blackwell.

Barker, R. 1990: *Political Legitimacy and the State*, Oxford, Clarendon Press.

Barker, R. 2001: *Legitimating Identities*, Cambridge, Cambridge University Press.

Barry, B. M. 1973: *The Liberal Theory of Justice*, Oxford, Oxford University Press.

Barry, B. M. 1990: 'How Not to Defend Liberal Institutions', in R. B. Douglass, G. M. Mara and H. S. Richardson (eds), *Liberalism and the Good*, New York, Routledge, pp. 44-58.

Barry, B. M. 1991: Choice, Chance and Justice', in *Liberty and Justice: Essays in Political Theory*, Oxford, Oxford University Press, pp. 142-58.

Barry, B. M. 1995: *Justice as Impartiality*, Oxford, Clarendon Press.

Barry, B. M. 1995: 'John Rawls and the Search for Stability', 105, 874-915.

Barry, B. M. 1998: 'Something in the Disputation Not Unpleasant', in P. Kelly (ed), *Impartiality, Neutrality and Justice*, Edinburgh, Edinburgh University Press.

Barry, B. M. 1999: 'Statism and Nationalism: A Cosmopolitan Critique', in I. Shapiro and L. Brilmayer (eds), *Global Justice: NOMOS XLI*, New York, New York University Press, pp. 12-67.

Barry, B. M. 2000: *Culture and Equality*, Cambridge, Polity.

Beiner, R. 1992: *What's the Matter with Liberalism?*, Berkeley, CA, University of California Press.

Benhabib, S. 2002: *The Claims of Culture: Equality and Diversity in the Global Era*, Princeton, Princeton University Press.

Berger, F. 1984: *Happiness, Justice and Freedom*, Berkeley, CA, University of California Press.

Berlin, I. 1958: *Two Concepts of Liberty*, Oxford, Oxford University Press.

Berlin, I. 1969: *Four Essays on Liberty*, Oxford, Oxford University Press.〔アイザィア・バーリン／小川晃一・小池銈・福田歓一・生松敬三訳『自由論』みすず書房，1971 年，新装版 2018 年〕

Boucher, D. 2003: 'Oakeshott', in D. Boucher and P. Kelly (eds), *Political Thinkers*, Oxford, Oxford University Press.

Brown, C. J. 2002: *Sovereignty, Rights and Justice*, Cambridge, Polity.

Cohen, G. A. 1989: 'On the Currency of Egalitarian Justice', *Ethics*, 99, 906-44.

ヤ行

ラ行

マ行

ナ行

ハ行

タ行

サ行

索引

ア行

カ行

による文化防衛の正当性」（『思想』1173号，岩波書店，2022年），「アイデンティティの政治思想と啓蒙批判」（和田泰一・髙山裕二編『政治思想と啓蒙』ナカニシヤ出版，2023年）など。

田中将人（たなか・まさと）**第5章・第6章**
1982年生まれ。岡山商科大学法学部准教授。早稲田大学政治学研究科修了。博士（政治学）。『ロールズの政治哲学——差異の神義論＝正義論』（風行社，2017年），『ジョン・ロールズ——社会正義の探究者』（共著，中央公論新社，2021年）など。

森達也（もり・たつや）**第7章・第8章**
1974年生まれ。早稲田大学大学院政治学研究科博士後期課程単位取得退学。博士（政治学）。現在，神戸学院大学法学部准教授。専門は政治理論・政治思想史。著書『思想の政治学——アイザィア・バーリン研究』（早稲田大学出版部，2018年），監訳書『市民的不服従』（ウィリアム・E・ショイアマン著，人文書院，2022年）など。

訳者紹介

佐藤正志（さとう・せいし）**日本語版に寄せて・序文と謝辞・第 1 章・第 2 章**
1948 年生まれ。早稲田大学政治経済学術院教授等を経て早稲田大学名誉教授。専門は政治理論史・政治哲学，特にヨーロッパ初期近代の政治思想史。『政治思想のパラダイム——政治概念の持続と変容』（新評論，1996 年），『政治概念のコンテクスト——近代イギリス政治思想史研究』（添谷育志との共編著，早稲田大学出版部，1999 年），『啓蒙と政治』（編著，早稲田大学出版部，2009年）など。

山岡龍一（やまおか・りゅういち）**第 5 章・第 6 章**
1963 年生まれ。放送大学教授。Ph. D（ロンドン大学）。専門は政治理論・政治思想史，特に 17世紀イングランドの政治思想と，リベラリズムやリアリズムをはじめとする現代の政治理論。『西洋政治理論の伝統』（放送大学教育振興会，2009 年），『西洋政治思想史』（共著，岩波書店，2012 年），'Locke's political constitutionalism' in K. Shimokawa & P. R. Anstey eds, *Locke on Knowledge, Politics and Religion* (Bloomsbury Academic, 2021),『現実と向き合う政治理論』（共著，放送大学教育振興会，2022年）など。

隠岐理貴（おき・まさたか）**第 1 章・第 2 章**
1982 年生まれ。Dr. phil.（テュービンゲン大学）。専門は近代哲学。日本学術振興会特別研究員（PD），テュービンゲン大学非常勤講師などを経て，現在は独立研究者。*Kants Stimme. Eine Untersuchung des Politischen bei Immanuel Kant* (Duncker & Humblot, 2016), 'The Proper Task of Kantian Politics: The Relationship Between Happiness and Freedom' in L. Krasnoff, N. S. Madrid, P. Satne eds, *Kant's Doctrine of Right in the 21st Century* (University of Wales Press, 2018),「来たるべき友情のために——カント『啓蒙とは何か』とその歴史的意義について」（和田泰一・髙山裕二編『政治思想と啓蒙』ナカニシヤ出版，2023年）など。

石川涼子（いしかわ・りょうこ）**第 3 章・第 4 章**
1976 年生まれ。早稲田大学大学院政治学研究科博士後期課程修了。立命館大学国際教育推進機構准教授。博士（政治学）。「文化的多数派

ポール・ケリー（Paul Kelly）

1962年生まれ．ロンドン・スクール・オブ・エコノミクスの教授．専門は政治理論．ベンサムや功利主義の研究から出発し，英国の政治思想の伝統をふまえ，ロールズ以後の米国を中心とした現代政治理論の展開を視野に入れた多くの著作を発表．邦訳としてD・バウチャーとの共編著『社会契約論の系譜』（ナカニシヤ出版，1997年）および『社会正義論の系譜』（同，2002年），佐藤正志との共編著『多元主義と多文化主義の間』（早稲田大学出版部，2013年），編集顧問としてまとめた共著『政治学大図鑑』（三省堂，2014年）が出版されている．

リベラリズム　リベラルな平等主義を擁護して

2023年8月2日　初版第1刷発行

著　者　ポール・ケリー

訳　者　佐藤正志　山岡龍一
隠岐理貴　石川涼子
田中将人　森　達也

発行者　武　市　一　幸

発行所　株式会社　新　評　論

〒169-0051 東京都新宿区西早稲田 3-16-28
http://www.shinhyoron.co.jp

電話　03（3202）7391
FAX　03（3202）5832
振替　00160-1-113487

定価はカバーに表示してあります
落丁・乱丁本はお取り替えします

装丁　山田英春
印刷　理　想　社
製本　中永製本所

ISBN978-4-7948-1245-2
Printed in Japan